Gerold Lingnau
Freiheit auf zwei Rädern

Gerold Lingnau

Freiheit auf zwei Rädern

BMW
Charakter einer Motorradmarke

BMW Edition im
ECON Verlag

Der Autor dankt allen, die sich von ihm haben porträtieren lassen, und besonders seinem Freund Erasmus Grüttefien, ohne den dieses Buch nicht zustande gekommen wäre.

BMW-Edition im ECON Verlag
besorgt von Gernot Brauer
Gestaltung Otl Aicher

1. Auflage 1982

Gesetzt aus der Helvetica der Fa. Hell, Kiel
Satz: Dörlemann-Satz, Lemförde
Druck- und Bindearbeiten: Richterdruck, Würzburg
Printed in Germany
ISBN 3 430 16122 3

Inhalt

Hier die Pferde, dort die Kutschen: Nicht nur die Zahl der Räder scheidet die Autos von den einspurigen Fahrzeugen mit Motor. Es müssen zwar keine feindlichen Lager sein, die sich da gegenüberstehen. Aber der Motorradfahrer hat eine ganz andere Beziehung zu seinem Gerät als der Autobenutzer. Gefühle spielen eine viel wichtigere Rolle: Sogar echte Freundschaft kann Mensch und Maschine verbinden. Motorradfreunde sind anders, verhalten sich anders als der Rest der motorisierten Welt. Ob sie dabei Eigenbrötler bleiben, ob sie gesellig sind – sie suchen jedenfalls ihre getrennten Wege. Heute haben viele von ihnen auch ein Auto: Also geht ein kleiner Riß mitten durch ihre Seele. Welche Hälfte wohl die bessere ist?

Von Menschen und Motorrädern

Mit einem Motorrad fing alles an. Noch ehe das erste Auto auf der Straße rollte, war Paul Daimler schon auf dem »Motor-Reitwagen« seines Vaters Gottlieb drei Kilometer weit von Cannstatt nach Untertürkheim gefahren. Das trug sich 1885 zu.

Ohne das Motorrad wäre der Mensch um ein interessantes Stück Technik ärmer. Aber was wäre das Motorrad ohne den Menschen? Nichts. Ein Auto kann auch ohne Fahrer dahinrollen – bis der Straßengraben oder ein Baum es schließlich bremst. Ein Motorrad indes kann nicht einmal einen Meter zurücklegen ohne den, der darauf sitzt und es (hoffentlich) beherrscht. Mensch und Maschine ergänzen sich hier so, wie es selten in der Welt der Technik zu finden ist. Erst gemeinsam werden sie zum galoppierenden Zentauren der modernen Zeit oder, weniger poetisch gesagt, zu einem funktionierenden Regelkreis, der allerdings aus der nüchternen Fortbewegung von Ort zu Ort ein faszinierendes Erlebnis macht. Auf dem Motorrad wird man nicht gefahren. Man fährt selbst unmittelbarer, hautnaher und eigenverantwortlicher als mit jedem anderen Fahrzeug.

Dieses Buch ist den BMW-Motorrädern gewidmet. Sie sind bei weitem nicht die ersten gewesen, und das Werk, das sie baut, war und ist nicht das größte. Und doch können die Maschinen dieser Marke mehr als alle anderen stellvertretend stehen für das Motorrad schlechthin – für seinen Reiz, seine Möglichkeiten, für die Herausforderung, die es bietet, und für die Fahrfreude, die es schenken kann. Die Begeisterung, die viele Menschen für BMW-Motorräder empfunden haben und empfinden, ist typisch für die mehr gefühlsbetonte Beziehung, die Mann (oder Frau) und Maschine hier ebenso selbstverständlich verbindet wie den Reiter und sein Pferd. Echte Freundschaft mit einem technischen Gegenstand – wo gibt es das sonst? Ein Außenstehender mag für so etwas kein Verständnis haben. Aber das kann Motorradfreunde nicht davon abhalten, auch mit dem Herzen beim Fahren zu sein und nicht nur mit dem Kopf.

Diese tiefergehende Liebhaberei – ganz wörtlich genommen – verbindet sie untereinander, ganz gleich, für welche Marke sie sich entschieden haben, und trennt sie zugleich von der Mehrzahl der Autofahrer. Und da heute viele Motorradfahrer zugleich Autobesitzer sind, geht sogar ein kleiner Riß mitten durch ihre Seele. Muß man lange darüber streiten, welche die bessere Hälfte ist?

Motorradfahren ist anders als Autofahren. Außer den Straßen hat beides nicht viel gemeinsam. Besonders kraß wird das Unvereinbare beim Kurvenfahren deutlich: Der Wagen wird herumgezwungen, mit fester Hand am Lenkrad und gegen den Protest der Reifen; auf dem Motorrad schwingt man hindurch und schlägt, mit der Schräglage von Mensch und Maschine, der Fliehkraft ein Schnippchen. Mühsal dort, Eleganz hier – das ist schon fürs Auge ein drastischer Unterschied. Nicht minder genießt der Motorradfahrer, daß sein Fahrzeug kleiner, leichter und beweglicher ist als alles Vierrädrige. Er fährt durch die Landschaft und nicht an ihr vorbei, ja er riecht sie – etwa das frische Heu auf den Wiesen, Rauch oder den Moder eines Tümpels. Daß er Wind und Wetter viel stärker ausgesetzt ist als im Auto, empfindet er nicht nur als gerechten Ausgleich für so manchen Vorteil im Verkehr, sondern auch als willkommene Möglichkeit, sich zu bewähren und vor sich selbst zu bestehen. Mag er im dicken Regen fluchen – ist er am Ziel und wieder trocken, bleibt nur die Erinnerung an ein erfolgreich bestandenes Abenteuer.

Auch die angespannte Aufmerksamkeit, die er der Straße und ihrem Zustand widmen muß, wertet er positiv: Die Auseinandersetzung mit Nässe, Sand, Fallaub und Öl (oder gar mit den Tücken des Geländes abseits der asphaltierten Fahrbahnen) ist sein Erlebnis, sein immer neuer Drachenkampf. Mancher Instinkt, den der Motorradfahrer braucht, ist im wohlig-sicheren Auto längst verkümmert. Ihn zu aktivieren, ist fast wie eine Rückkehr in ein natürliches Leben – und das mit Hilfe moderner Technik. Wen könnte so etwas nicht reizen?

Man sieht: Motorradfahrer sind anders als die üblichen motorisierten Menschen. Sie gehen, wie die Technik ihrer Maschinen, ihre getrennten Wege, auch wenn sie weder Eigenbrötler noch verklemmte Außenseiter sind. Die Marke BMW und ihre Freunde haben dabei ein besonderes Profil: prinzipientreu, selbstbewußt, ein wenig elitär. Die nächsten Kapitel sollen berichten, wie sich die BMW-Motorräder entwickelten, und die Menschen beschreiben, die sie fahren und fuhren. Das eine ergänzt – und prägt – das andere. Denn was wäre eine BMW ohne ihren Reiter?

Als es begann
Die Zwanziger Jahre

1923: Das ist ein Jahr, das gerade die Deutschen nicht so schnell vergessen werden. Von den »goldenen Zwanzigern«, wie man sie heute sieht, ist noch nicht viel zu spüren. Im Gegenteil – es ist, alles in allem, ein ziemlich böses Jahr.

Der kleine Mann hat nichts zu lachen. Ein Streit über Telegrafenstangen als Reparationsgut wächst sich aus: Die Franzosen besetzen das Ruhrgebiet, das übrige Reich muß den Gürtel enger schnallen. Gleichzeitig gerät die Inflation vom Traben ins Galoppieren. Nur wer Dollars hat kann strahlen. Ein einziger davon ist im Januar schon 18000 Mark wert, im November schließlich 4,2 Billionen. Die Geldentwertung überschlägt sich: Im Herbst kostet ein Brötchen dreißig Milliarden Mark. 300 Papierfabriken und 150 Druckereien arbeiten mit Volldampf, um die immer wertloseren Banknoten herzustellen. Erst im November kommt die Wende – das »Rentenmarkwunder« beendet den Inflationsspuk und läßt auf eine bessere Zukunft hoffen.

Um die stand es gar nicht so schlecht, ließe man einmal Politik und Wirtschaft aus dem Spiel. Allerhand Wichtiges bahnte sich an: Es geht los mit dem Rundfunk, und auch das Fernsehen macht – zumindest in den Labors der Erfinder – ermutigende Fortschritte. Hermann Oberth rechnet vor, wie man zu den Nachbarplaneten reisen könnte, und eröffnet damit, wenn auch nur theoretisch, das Weltraumzeitalter.

Zum ersten Mal wird ein »Mädchen vom Amt« in Deutschland arbeitslos, weil die Anrufer ihre Ferngespräche selber wählen können. Der erste Diesellastwagen beginnt seinen langen Weg, und in Hamburg wird – als vielbeachtetes Beispiel moderner Architektur – das Chilehaus fertiggestellt. Das Tempelhofer Feld in Berlin wird Flugplatz, und der Finne Nurmi läuft die Meile in vier Minuten und 10,4 Sekunden – erst 1954 können dann die vier Minuten unterboten werden.

Es geht also ganz schön voran; und das ist nach den vergangenen Jahren auch bitter nötig. Die Literaten spitzen genauso emsig die Federn. Sie schenken der Welt drei unvergeßliche Figuren: Felix

Schlangestehen für eine warme Mahlzeit aus dem Blechnapf: Im Inflationsjahr 1923 heißt es zunächst einmal überleben.

Politiker entdecken den Rundfunk: Reichskanzler Marx spricht über den Äther. Aber wer hat ein Radio? Die hinter den Tschakos demonstrierenden Arbeitslosen nicht.

Der Papiergeldflut sind Portemonnaies und Brieftaschen nicht mehr gewachsen: Im Herbst 1923 sind die Bankboten mit Schließkörben unterwegs.

Krull, Kuddel Daddeldu und Bambi. Und Henry Ford, der große Selfmademan, veröffentlicht seine Biografie »Mein Leben und Werk«.

Die Motorisierung steht in Europa vor einer Wende, die Amerika schon hinter sich hat: vom Luxus zur Selbstverständlichkeit. Mit einem Rad rollen die Autos noch im letzten Jahrhundert – mit Rechtslenkung, Azetylenlicht und Holzkarosserie –, die drei anderen fahren schon der Zukunft entgegen. Paul Jaray entwirft seine futuristischen Stromlinienwagen, die Vierradbremse setzt sich durch, die ersten Fließbänder in der Alten Welt sind bereits eingerichtet. Vierzehn Hersteller im Deutschen Reich bauen Personenwagen, aber die erste Tankstelle ist gerade ein Jahr alt. Und die Verkehrsschilder werden noch nicht von Staats wegen, sondern von Automobilklubs und Reifenproduzenten aufgestellt.

An Autobahnen ist ebensowenig zu denken wie an einen »Volkswagen« – bis dahin muß ein weiteres Jahrzehnt und mehr ins Land gehen. Fernfahrten in Deutschland sind immer noch abenteuerlich. Asphaltierte Nebenstraßen gibt es kaum, dafür genug unvorsichtige Hühner und Tausende von Hufnägeln, die sich in die Reifen bohren. Wer auf Reisen geht, muß Staub und Kälte ertragen können: Der offene Wagen ist noch üblich, an eine Heizung haben die Hersteller bisher nicht gedacht.

Autofahren ist überhaupt noch sehr teuer. Selbst der kleine Opel Laubfrosch kostet schon 4000 Goldmark. Für einen NSU 5/20 PS, untere Mittelklasse, muß man 7500 Mark hinblättern. Ein großer Benz, ein Kompressor-Daimler oder gar ein hypermoderner Einzelgänger wie der »Tropfenwagen« des berühmten Flugzeugkonstrukteurs Edmund Rumpler sind nicht unter 18 000 Mark zu haben. Wer soll das bezahlen? Gewiß nicht Herr Jedermann, der gerade in der Inflation seine bescheidenen Ersparnisse verloren hat. Für ihn bleibt selbst das kleinste Auto vorläufig ein Traum. Kein Wunder, daß nach der Rechnung der Statistiker 1923 noch 590 Deutsche auf einen Personenwagen kommen.

Aber auch ohne Auto braucht man nicht unbedingt zu Fuß zu gehen. Das Motorrad sorgt dafür, daß der Wunsch nach individueller Fortbewegung nicht unerfüllt bleibt.

Es begleitet die zwanziger Jahre mit seinem Auspuffgedröhn und -geknatter und sorgt mit dafür, daß sie nicht zu Unrecht »the roaring twenties« heißen. Schon 1923 gibt es 60 000 davon im Deutschen Reich, sechs von ihnen kommen auf je zehn Personenwagen. Und dabei wird es nicht bleiben.

Ein paar hundert Motorradhersteller jagen zwischen Rhein und Pregel den Käufern nach: die meisten davon winzige Bastelbuden, die wenig später wieder spurlos verschwunden sind, aber auch schon richtige Fabriken mit respektabler Produktionsstückzahl. DKW in Zschopau, die Zweitakt-Hochburg, baut bereits 10 000 Maschinen im Jahr – brave Alltagsfahrzeuge wie das »Reichsfahrtmodell« mit einem Zylinder und 142 cm³ Hubraum. Auf der Viertakter-Seite eifert eine längst vergessene Düsseldorfer Marke mit Namen Snob den Sachsen nach.

Die damals größten Schlager sind freilich jene Motorenzwerge, mit denen man Fahrrädern das Laufen beibringen kann. Von ihnen gibt es Dutzende zur Auswahl, und sie bemühen sich um die Wette, die schwachen Stahlrösser mit ihren Vibrationen zu zerschütteln. Mehr Dauerhaftigkeit versprechen da in der Ta die kleinen Motorräder, deren Rahmen von Anfang an für einen Motor ausgelegt wurde. Er konnte dazu sogar aus armiertem Eichenholz gemacht sein – wie bei der 129-cm³-Bekamo des bekannten Konstrukteurs Hugo Ruppe –, wenn sich

Poilus an der Ruhr. 1923 besetzen die Franzosen einen Teil des Reichsgebiets, um ihre Reparationsansprüche zu sichern. Der kleine Mann muß weiter hungern.

Düstere Vorzeichen: Hitlers Freikorps putschen in München, 9. November 1923. Aber die Republik kommt noch einmal davon. Es darf gehofft werden.

auch bald herausstellte, daß Stahl durch nichts zu ersetzen ist. So greift man dann lieber zu einer Cockerell, zu einer Allright oder zu einer Opel (jawohl, aus dem heutigen Autowerk in Rüsselsheim) oder kauft in Nürnberg ein, bei Zündapp oder Triumph.

Wer derlei Kleinzeug nicht mag, kann auch mit zwei Rädern Exklusives haben. Zwar sind so berühmte Marken wie Imperia, Standard, Windhoff, Tornax und Schüttoff 1923 noch nicht geboren, und auch Horex beginnt erst mit zaghaften Schritten. Aber da gibt es schon die einmalige Megola mit ihrem Fünfzylinder-Sternmotor, der im Vorderrad sitzt und mit ihm rotiert, die begehrte »weiße Mars« mit ihrem 950-cm³-Motor von Maybach und die Mabeco aus Berlin, die der amerikanischen Indian Scout aufs I-Tüpfelchen gleicht, und es gibt große Zweizylinder von NSU und Wanderer. Es ist allerdings nur wenig wirklich Fortschrittliches darunter – und wenn, dann ist es kompliziert und teuer. Haben die deutschen Hersteller nicht genügend Ideen?

Tankstellen-Idylle in Oberbayern: Die ersten bunten Zapfsäulen stehen beim Dorfschmied oder Stellmacher im Hof.

Nein – wer 1923 den Stand der Motorradtechnik ergründen will, darf nicht in Deutschland suchen. Das gelobte Land heißt Großbritannien: Da kann man sehen, was morgen überall modern sein wird. Die Kette hat den Keilriemen dort längst als Hinterradantrieb verdrängt, während sie sich auf dem Kontinent erst Mitte der zwanziger Jahre endgültig durchsetzen kann. Und während hier noch – neben den Zweitaktern, die in Deutschland mit viel Liebe weiterentwikkelt werden – die seiten- und wechselgesteuerten Viertaktmotoren mit ihren bescheidenen Drehzahlen gängige Ware sind, hat in England der Aufbruch zu den Kopfgesteuerten auf breiter Front begonnen.

Matchless bringt 1923 bereits eine Serienmaschine mit obenliegender Nockenwelle. Die berühmten britischen Marken – Norton an erster Stelle, aber auch AJS, Matchless, Rudge, Panther, Excelsior, Velocette, Brough-Superior, Douglas, Triumph, BSA, Ariel, Sunbeam, Scott – haben diesseits des Kanals einen faszinierenden Klang. Damit verglichen wirken die deutschen Motorräder provinziell, auch wenn sie noch so ordentlich gebaut sein mögen. Nicht zuletzt im Renn- und Geländesport zeigt sich die drückende Überlegenheit der Briten.

1923: Das ist aber auch das Jahr, in dem das erste BMW-Motorrad auf der Bühne erscheint. Kann der Auftritt gelingen? Wird ein Weltstar entdeckt, oder fällt der Neuling durch? Nur soviel vorweg: Es ist eine glückliche Stunde – für BMW, für die deutsche Technik, für das Motorrad überhaupt.

Der erste Boxermotor von BMW – aber (noch) nicht das erste BMW-Motorrad. 1922 wird der »Bayern-Kleinmotor« zunächst für die Nürnberger Marke Victoria geliefert. Beim Gruppenbild mit fünf Maschinen ist – als dritter von rechts – BMW-Konstrukteur Max Friz dabei. Rechts daneben sein Assistent Martin Stolle.

Der Konstrukteur Max Friz

Die Geschichte der BMW-Motorräder begann also 1923. Aber zunächst einmal ist ein Geständnis fällig. Was nämlich in jenem Jahr unter dem Typennamen R 32 vorgestellt wurde, war gar nicht das erste Motorrad von BMW. Es war das dritte.

Das erste Modell der Bayerischen Motoren Werke hatte den lustigen Namen Flink. Es begann seinen kurzen Lebenslauf im Jahr 1921, und es war alles andere als ein kräftiges Baby. Im Gegenteil: Es sah ziemlich schmächtig aus, mit fahrradähnlichem Rahmen und Sattel, einem Keilriemenantrieb und einer Pendelgabel, die nur vor und zurück, nicht aber auf und nieder federn konnte. Ein Getriebe gab es, wie bei vielen Motorrädern jener Jahre, noch nicht. Der Motor in der Flink war schließlich auch nichts, das den Namen BMW verdient hätte. Es war ein kleiner Zweitakter mit 148 cm³ Hubraum, der zwar im Münchner Werk gefertigt wurde, aber von dem Berliner Konstrukteur Curt Hanfland entwickelt worden war. Das kleine Triebwerk hatte, wie damals alle seiner Art, einen Nasenkolben, und seine Leistung durfte etwa der eines heutigen Mopeds entsprochen haben. Kurz: Das war nichts Originelles, und als es zwei Jahre nach seiner Geburt wieder verschwand, weinte ihm wohl niemand eine Träne nach.

Aussichtsreicher war schon der zweite Anlauf, und ihn unternimmt ein Mann, dessen Name für immer mit den BMW-Motorrädern verbunden sein wird: Max Friz. Der Schwabe hatte bei der Daimler Motoren Gesellschaft (wo sonst?) Karriere gemacht, hatte den überaus erfolgreichen Grand-Prix-Mercedes von 1914 und vor allem auch Flugmotoren konstruiert. Als Paul Daimler – er wurde schon als der erste Motorradfahrer der Welt erwähnt – ihm 1916 in typisch schwäbischer Sparsamkeit eine Gehaltserhöhung von fünfzig Mark im Monat verweigerte, sah sich Friz nach einem neuen Arbeitsplatz um und fand ihn zum 1. Januar 1917 in München, bei der Rapp Motorenwerke GmbH, die ein Vierteljahr später zur Bayerischen Motoren Werke GmbH wurde.

Das Originellste am Motorrad-Debut der Bayerischen Motoren Werke war der Name des Gefährts: Flink. Er war freilich bald wieder vergessen.

Max Friz genügten Schreibtisch und Reißbrett nicht. Er fuhr selbst Motorrad, und er war dabei (hier in Bildmitte stehend), als sich seine Maschinen erstmals im Sport bewähren sollten.

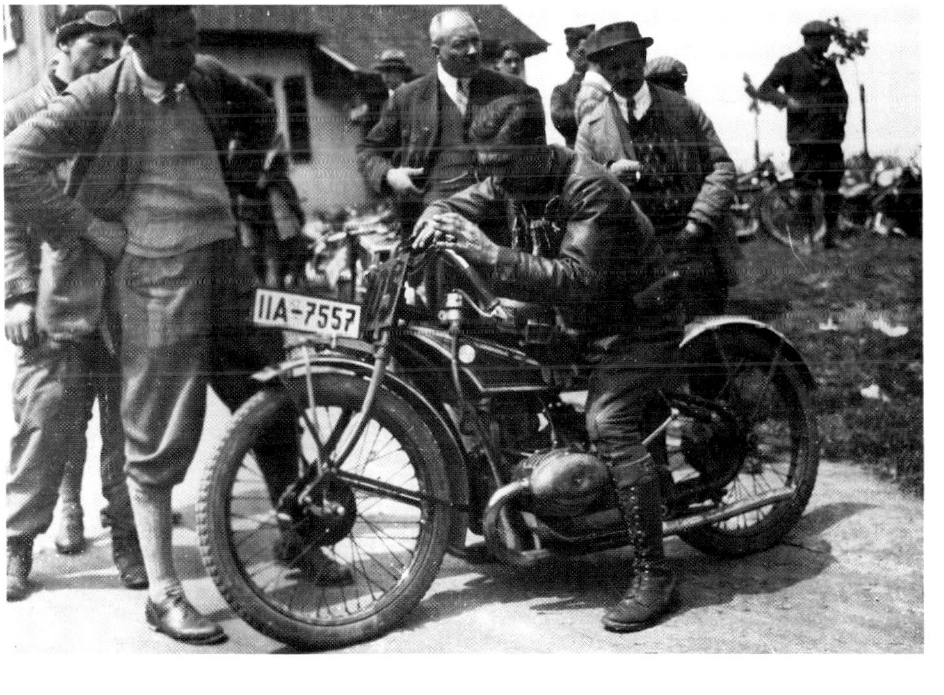

Der Schwabe Max Friz war der Vater der BMW-Motorräder: Da kann es gar keinen historischen Streit geben. Zusammen mit Martin Stolle schuf er nicht nur den ersten Zweizylinder-Boxermotor der weiß-blauen Marke. Er verwirklichte auch die Idee, ihn quer in den Rahmen einzubauen und das Hinterrad – technisch folgerichtig – mit einer Welle statt mit Kette oder Keilriemen anzutreiben. Diesem Bauprinzip sind die Zweizylinder-Motorräder von BMW viele Jahrzehnte lang bis heute treu geblieben. Im Frühling 1923 hatte Friz seinen genialen Einfall aufs Zeichenpapier gebracht, und noch im gleichen Jahr wurde aus den Bayerischen Motoren Werken eine richtige Motorradfabrik. Die »Bettelei« mit dem Motorenverkaufen an andere Marken hatte ein Ende. Als die R 32 als erste BMW auf den Markt kam, erkannten die Käufer rasch das Besondere an ihr. Das neue Konzept war ein Erfolg, es konnte weiterentwickelt werden. Max Friz tat das nicht nur am Reißbrett: Wann immer möglich, setzte er sich selbst auf eine seiner Maschinen und prüfte, ob ihm auch alles gelungen war – als Konstrukteur und Testfahrer in einer Person. Da ging es oft von München in die alte Heimat, nach Stuttgart, aber auch bis nach Frankreich und Italien. BMW verdankt dem begabten Allround-Ingenieur viel. Und der »Alte Friz« hielt fest zu dem bayerischen Unternehmen, bis er 1966 starb.

Der neue Mann trat als Flugmotorenkonstrukteur ein, denn damals, mitten im ersten Weltkrieg, lag hier noch das alleinige Tätigkeitsfeld von BMW. Mit den Höhenflugmotoren III a und IV setzte sich Friz schon in dieser Sparte ein Denkmal: Der Weltrekord von 1919 – unglaubliche 9760 Meter – war eine technische Sensation.

Der schwäbische Ingenieur war freilich kein Spezialist, sondern ein Allround-Genie. Das mußte er beweisen, als der Versailler Vertrag den Deutschen das Flugzeugbauen vorläufig verboten hatte: Auch BMW war gezwungen, anderes zu fertigen. Da man schließlich eine Motorenfabrik war, entstanden auf Friz' Reißbrett ein vierzylindriger Lastwagenmotor (der erste seiner Art mit obenliegender Nockenwelle), eine davon abgeleitete Bootsmaschine und schließlich 1921 ein für die bisherigen BMW-Verhältnisse kleines Motörchen mit zwei gegenüberliegenden Zylindern, dessen Kolben sich nach dem Boxer-Prinzip immer gleichzeitig nach außen oder nach innen, also von der Kurbelwelle weg oder zu ihr hin, bewegten. Diese Bauart hatte sich schon vielerorts bewährt, weil sie im Vergleich zu anderen Zweizylindern von nur wenig Vibrationen geplagt wurde. Das neue Münchner Produkt war zunächst als Stationärmotor, aber auch als Triebwerk für Motorräder gedacht.

1922 hatte Friz diesen M 2 B 15 serienreif, und nun galt es, den »Bayern-Kleinmotor« – so wurde er offiziell benannt – an den Mann zu bringen. Bei der Fülle der Motorradproduzenten, die es damals in Deutschland gab, hätte es an Abnehmern eigentlich kaum mangeln dürfen. Aber da die meisten von ihnen nur kleine Maschinen bauten und der BMW-Motor immerhin 486 cm^3 Hubraum und 6,5 PS bei 2800 Umdrehungen je Minute hatte, waren die Kunden nicht so dicht gesät. Immerhin gelang es, den Boxer an einige Motorradkonfektionäre zu verkaufen. Die meisten davon sind heute längst vergessen, trotz so einprägsamer Namen wie Bison und Corona. Nur einer davon hatte mehr Format und wurde zum ernsthaften Partner für BMW: die Victoria-Werke AG in Nürnberg. Dort hatte man schon seit 1904 Motorräder gebaut und suchte nach dem Weltkrieg ein passendes Triebwerk für einen neuen Anfang. So kam es zum Kontakt mit BMW. Der »Bayern-Kleinmotor« wurde in das Victoria-Modell längs – ein Zylinder nach vorn, einer nach hinten – eingebaut und trieb über einen Keilriemen das Hinterrad an.

Die gute Motorradkonjunktur der zwanziger Jahre ließ bei BMW den Plan reifen, sich – anknüpfend an die kleine Flink – auch auf längere Sicht mit der Produktion kompletter Maschinen zu versuchen. Ein Fahrwerk aus der eigenen Schublade war allerdings nicht zur Hand. So nahm man eine Lizenz für eine Konstruktion, in die der M 2 B 15 ebenfalls hineinpaßte: natürlich auch, wie bei Victoria, längs eingebaut, aber immerhin schon mit einer Kette zum Hinterrad.

Dieses Motorrad kam 1922 unter dem Namen Helios auf den Markt, es war also das zweite Modell von BMW. Vom Motor einmal abgesehen, war es kein sehr gutes Produkt, und Max Friz mochte es überhaupt nicht. Mit dem damaligen BMW-Generaldirektor Popp war er sich bald einig, daß etwas ganz Neues, Besseres geschaffen werden mußte – etwas, das zu den drei Buchstaben und dem Markenzeichen mit dem weiß-blauen Propellerkreis, zum Image von technischem Fortschritt und Zuverlässigkeit der Münchner Flugmotorenexperten, fugenloser paßte als Flink und Helios; zumal der Fremdverkauf des M 2 B 15 nicht mehr gesichert erschien.

Schon 1921 war ein junger Assistent von Friz, Martin Stolle, von BMW zu Victoria gegangen und arbeitete dort an einem eigenen Motor, in den er viel von seinem in München erworbenen Wissen hineinkonstruieren konnte. 1923 standen dann die Nürnberger auf eigenen Füßen (Stolle wurde im weiteren Lauf der Jahre, bei verschiedenen Unternehmen, zu einem bekannten und erfolgreichen Auto- und Motorradkonstrukteur), und BMW hatte zunächst einmal das Nachsehen.

Rudolf Schleicher – seit Herbst 1923 Mitarbeiter von Friz und später Versuchs- und Konstruktionsleiter des Hau-

NUMMER 23
Berlin, 10. 12. 1924

1. Ausstellungsnummer

EINZELPREIS
50 Pf.

DAS MOTOR-RAD

ILLUSTRIERTE FACHZEITSCHRIFT FÜR MOTORRADBAU UND SPORT

Ingenieur R. Schleicher
mit seiner sieggewohnten B.M.W. Maschine der Bayrischen Motoren-Werke
A.-G. München

Techniker und Rennfahrer zugleich: Rudolf Schleicher sorgte für die ersten Sporterfolge auf BMW.

Motorradrennen wurden schnell populär. BMW Maschinen am Start im August 1926.

In den zwanziger Jahren schrecken die jungen Damen vor nichts mehr zurück: nicht einmal vor dem Motorradsport. Der würdige alte Herr kann nur staunen.

ses – erinnert sich, daß sein Chef nicht zuletzt deshalb ein eigenes BMW-Motorrad haben wollte, »weil er die Bettelei mit dem Motorenverkaufen satt hatte«.

Daß Friz dann gleich Nägel mit Köpfen machte, ist eine der Sternstunden in der Geschichte des Motorrads gewesen. Die BMW-Überlieferung weiß, daß er sich im kalten Frühjahr des Jahres 1923 für ein paar Tage in sein Haus – München-Milbertshofen, Riesenfeldstraße – zurückgezogen habe, um dort ungestört und vor allem in einem einigermaßen wohlgeheizten Zimmer die Pläne für ein neues Motorrad zu zeichnen. Was er von dort ins Werk mitbrachte, darf heute wie damals genial genannt werden: Er hatte den Zweizylinder-Boxer einfach um neunzig Grad gedreht, so daß die Zylinder rechts und links im Fahrtwind standen, hatte den Motor mit dem Getriebe in einem Block zusammengefaßt und, da sich die Kurbelwelle nun in der Fahrzeuglängsachse drehte, als einzig logische Form des Hinterradantriebs die Kardanwelle gewählt. Rahmen, Federung und Bremsen des Entwurfs entsprachen voll dem damaligen Stand der Technik und waren weitaus besser als bei der Helios.

Unter den BMW-Mannen einschließlich Popp brach über das, was Friz da von seiner Denkpause mitbrachte, nach kurzer Skepsis Begeisterung aus. Etwas völlig Neues und Besseres als die Konkurrenz zu haben, beflügelte auch den letzten Mitarbeiter. Friz war für BMW der Mann des Jahres.

Und für ihn war »Motorradbauen ein Kunsthandwerk für Ingenieure, die im Herzen jung geblieben sind« (Helmut Werner Bönsch). Die R 32, wie das erste »echte« weiß-blaue Modell nun hieß, wurde bei ihrem Debüt auf dem Pariser Salon im Herbst zu einer Sensation.

Max Friz, Jahrgang 1883, stattliche Statur, freundliche Augen, kleiner Oberlippenbart – ein überaus begabter Ingenieur also, aber auch, trotz mancher schwäbischer Schrullen, ein liebenswerter Mensch. Dickköpfig konnte er freilich schon sein (das hat für BMW fast nur Vorteile gehabt), und auch seine Sparsamkeit machte seiner württembergischen Herkunft alle Ehre. Franz Bieber, einer seiner besten Freunde und der erste private Rennfahrer auf BMW, erzählte schmunzelnd von seiner zehntägigen Expedition zu einem Rennen in der entlegenen Eifel,

Amazone mit BMW: Eine der bekanntesten Rennfahrerinnen der zwanziger Jahre auf den Münchner Boxer-Maschinen war die Österreicherin Mizzi Nahmer. Beim Riederbergrennen 1926 zeigt sie beherzte Kurventechnik.

die – anno 1924 – mit einem Gesamtsieg für die Münchner Marke endete. »Du kannst doch unmöglich die 500 Mark ausgegeben haben, die wir dir mitgegeben haben?« fragte Friz den erfolgreichen Heimkehrer, kaum daß er verschnauft hatte.

Der Bayer und der Schwabe verstanden sich gut – nicht zuletzt deswegen, weil auch Friz viel und gern Motorrad fuhr, nicht selten mit seiner Frau als Sozia. So machten sie sich oft gemeinsam von München nach Untertürkheim auf den Weg, wo Friz' Schwager eine Gastwirtschaft betrieb. Unvergeßlich für Bieber auch eine ausgedehnte Testfahrt der beiden nach Italien und Frankreich. Es galt, die Ursache für eine kleine Epidemie von Rahmenbrüchen zu finden – aber ein listiger Verwandter des bekannten »Vorführeffekts« wollte es, daß kein Rahmen, dafür aber ein Motor und ein Getriebe kaputtgingen. Das freilich, so vereinbarten es die Kumpane, wurde daheim nicht erwähnt: Wie abenteuerlich die Reparaturen waren, behielt man für sich.

Bis in den zweiten Weltkrieg arbeitete der »Alte Friz« für BMW, zuletzt als Leiter des Werks in Eisenach. 1945 schlug er sich mit Rucksack und Fahrrad von Thüringen zum Starnberger See durch, wo Bieber lebte. Der half ihm weiter zu Friz' Haus am Tegernsee. Dort nahm der »Vater der BMW-Motorräder« noch aufmerksam Anteil am neuen Start der Motorisierung auf zwei und vier Rädern, bis er 1966 starb.

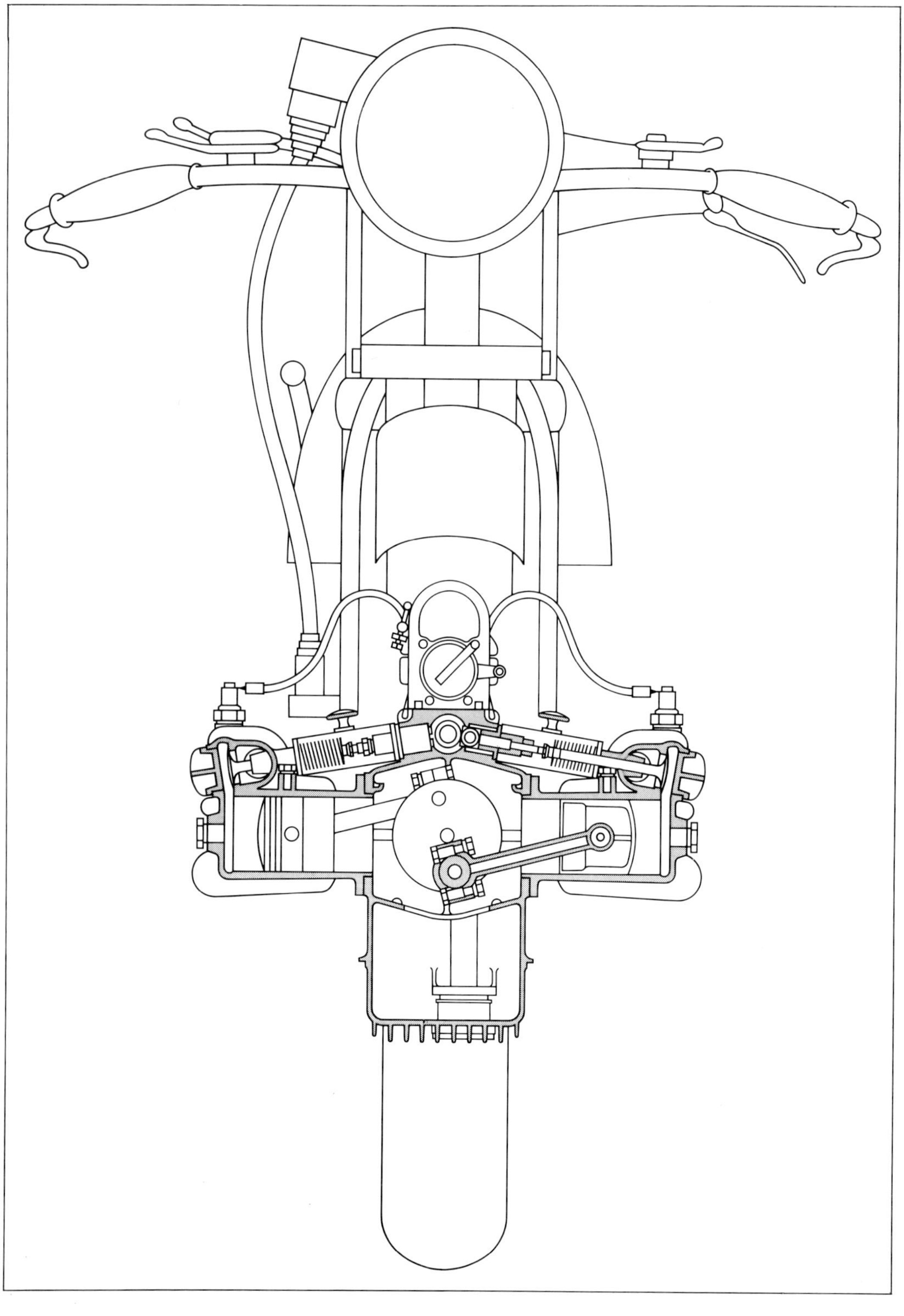

Wie überzeugend das BMW-Konzept von 1923 war, zeigt die Frontansicht der R 32 mit dem Querschnitt durch ihren Motor. Den beiden Zylindern des Boxertriebwerks kann es kaum mehr zu warm werden, denn sie strecken sich breit in den Kühlluftstrom. Beim früher üblichen Längseinbau lag immer der hintere Zylinder im Windschatten des vorderen. Gleich über der Kurbelwelle hat die Nockenwelle ihren Platz gefunden und steuert die seitlich stehenden (hier, beim Boxermotor, richtiger »liegenden«) Ventile, die von oben und außen gut zugänglich sind. Gekrönt wird das Ganze vom Zündmagneten, während unten »im Keller« der Ölvorrat mitfährt. Von der Kurbelwelle kann die Motorkraft über Getriebe und Antriebswelle ohne Umweg zum Hinterrad fließen: Nur dort ist dann schließlich eine Umlenkung – über Kegel- und Tellerrad – notwendig. Eine logische Anordnung, die heute wie damals ihre Vorzüge hat.

BMW Technik
Motor und Antrieb

Zum Beispiel 1923: Die R 32

Das Urbild aller BMW-Motorräder: die R 32 von 1923. In ihr war zum ersten Mal die typische Konzeption der Marke verwirklicht.

Da war sie nun also, die R 32. So, wie sie sich den Motorradfans des Jahres 1923 präsentierte, war sie in der Tat revolutionär. Ein Boxermotor ohne Kühlungsprobleme (bisher, beim Längseinbau, lag der hintere Zylinder immer im Schatten des Fahrtwindes und wurde zu heiß), ein zusammenhängender, »aufgeräumter« Motorgetriebeblock statt zerklüfteter Getrenntbauweise, ein »logischer« Kardanantrieb, der wie selbstverständlich zum Motor mit der längslaufenden Kurbelwelle paßte, dazu eine bei Viertaktern bisher oft vermißte Reparaturfreundlichkeit – das war ein Konzept, das in den motorradbegeisterten zwanziger Jahren Aufsehen erregen mußte.

Mit ihren Fahrleistungen fiel die R 32 allerdings nicht aus dem Rahmen: Der seitengesteuerte, also noch nicht mit im Zylinderkopf hängenden Ventilen ausgestattete Motor hatte 486 cm³ Hubraum und bescheidene 8,5 PS. Das reichte für ein Tempo von 90 km/h. Noch mehr als heute war freilich damals Zuverlässigkeit wichtig und nicht Höchstgeschwindigkeit. Und da hatte die neue BMW mehr zu bieten als die meisten ihrer Zeitgenossinnen.

Entscheidender als Zahlen war schließlich auch etwas anderes. Mit dem Zweizylinder-Boxermotor in der von Friz gewählten Anordnung plus Kardanantrieb war ein Prinzip geschaffen worden, das über mehr als ein halbes Jahrhundert aktuell geblieben ist, weil es einfach sinnvoll und organisch war. Durch die Geschichte des Hauses BMW zieht es sich wie ein roter Faden: Von einer kurzen Unterbrechung nach dem Zweiten Weltkrieg abgesehen, hat es immer Motorräder dieser Bauweise mit dem weiß-blauen Markenzeichen gegeben.

Bei allen Verbesserungen und Leistungssteigerungen wurde aber das Ziel, alltagsgerechte und vernünftige Maschinen zu bauen, nie aus den Augen verloren. So wurden die BMW-Serienmotorräder zu keiner Zeit »über die PS verkauft«. Es gab immer stärkere und, auf dem Papier, schnellere Konkurrentinnen. Ob man mit ihnen pünktlich dort ankam, wo man hinwollte – das hing von anderen Eigenschaften des Motorrads ab.

Kettenschäden, Reifenpannen, Rahmenbrüche und andere Defekte, von denen der Fahrer von heute selten oder nie geplagt wird, waren in den zwanziger Jahren und noch später an der Tagesordnung. Ein Motorrad, das hier auch nur ein wenig besser war als der Durchschnitt, mußte sich rasch einen Namen machen. Und die BMW war deutlich besser.

Der R-32-Boxermotor, eine Weiterentwicklung jenes ersten M 2 B 15 aus der Helios, ist also der Ahnherr der BMW-Zweizylinder. Seine Nachkommenschaft ist vielfältig, wenn sich auch der technische Fortschritt bei der bayerischen Marke nie überschlagen hat – Bewährtes wurde nicht unnötig verändert.

So verwendete man auch eine Ventilsteuerung, die zwar um 1923 herum schon ein wenig altmodisch zu werden begann (sie hielt sich dann aber, in Motorrädern und vor allem in Autos, noch lange), doch den Vorzug braver Zuverlässigkeit hatte: die direkte, geradlinige Übertragung des Nockenhubs auf das Ventil. Daß man das »stehende« oder »seitliche« Ventile nennt, paßt beim Boxermotor eigentlich nicht zum optischen Bild – denn die Ventile liegen hier, wie die Zylinder, waagerecht. Unverändert blieb auch der Nachteil, daß Ein- und Auslaßkanäle bei dieser Anordnung nicht im Verbrennungsraum selbst münden können, sondern in einem Seitenzimmerchen enden. Einer ordentlichen Leistungsentfaltung war das ebenso abträglich wie die flache und breite Form des Brennraums, in dem es lange dauern mußte, bis der Zündfunke auch im hintersten Winkel wirksam geworden war.

Geringe Verdichtung und niedrige Drehzahlen kennzeichnen einen solchen sogenannten sv-Motor, »Tourenmotor« nannten ihn die Münchner. Die erste BMW hatte denn auch, den noch wenig klopffesten Kraftstoffen zuliebe, ein Verdichtungsverhältnis von nur 5 : 1 und erreichte ihre Höchstleistung schon bei 3300 Umdrehungen je Minute. Es sollte

Ein wenig fremd sieht der Motor der R 32 (Bild rechts) für heutige Augen schon aus. Die Kühlrippen laufen längs statt quer, die Zündkerze thront an einem ungewohnten Platz, und die Deckelchen mit den Kreuzstegen fallen auf, hinter denen die Ventile stecken.

Die klassische Linie der »Sportmotoren« von BMW verkörpert das Triebwerk der R 63 von 1928, das erste mit mehr als 500 cm³ Hubraum.

dann fast dreißig Jahre dauern, bis ein BMW-Motorradmotor (im Modell R 68) eine Verdichtung von mehr als 7 : 1 und eine Nenndrehzahl von 7000/min vorweisen konnte.

Versuchsleiter Rudolf Schleicher, der für den sportlichen Einsatz noch mehr PS suchte, stieß bei Friz durchaus nicht auf offene Ohren. Aber er setzte sich schließlich durch: Zwei Jahre nach dem Start der R 32 folgte ein moderneres Triebwerk, das in Rennen schon 1924 erprobt worden war. Dieser »Sportmotor«, wie er erstmals im Serienmodell R 37 eingebaut wurde, bedeutete einen richtigen Sprung nach vorn: Nicht nur, daß er im Zylinderkopf hängende Ventile hatte, die über Stößelstangen von der zentralen Nockenwelle bewegt wurden (ohv-Anordnung), sondern der Kopf selbst war auch, der besseren Wärmeabfuhr wegen, aus Leichtmetall, der Ventiltrieb war voll gekapselt.

Bei der R 32 waren die Kühlrippen noch längs statt, wie von der R 37 an, quer verlaufend. Zylinder und Zylinderkopf hatten zudem aus einem Stück bestanden. Das mochte bei den stehenden Ventilen angehen, denn die saßen hinter kleinen runden Schutzdeckelchen und ließen sich von außen, von der Kopfseite des Zylinders her, herausfädeln.

Diese Schutzdeckel mit ihrem charakteristischen Rippenkreuz bereiteten R-32-Fahrern Verdruß: Der Motor spuckte sie mitunter von sich wie Pflaumenkerne, und wenn sie vom rechten Zylinder davonflogen, durfte der wackere Reiter sie auf allen vieren, zwischen Gras und Laub, im Straßengraben suchen. Das war nun beim »Sportmotor« vorbei: Er hatte eine schöne ovale Zylinderkopfabdeckung, die schon sehr an heutige BMW-Modelle erinnert. Auch die späteren sv-Motoren von BMW verzichteten auf die springfreudigen Einzelstopfen zugunsten ordentlicher, mit mehreren Schrauben befestigter Zylinderdeckel. Dabei blieb es, solange bei BMW seitengesteuerte Motoren gebaut wurden – und das dauerte immerhin bis 1939.

Die erste BMW war eine Halblitermaschine, und fünf Jahre lang war dieser Hubraum auch der größte im Programm. 1928 kam mit der R 62 der erste der bayerischen Zweizylinder mit 750 cm³, und dieses Hubvolumen sollte dann wieder bis 1973, also 45 Jahre lang, nicht überschritten werden; die R 90 brach schließlich das Eis.

»Fünfhunderter« von BMW hat es übrigens durchaus nicht immer gegeben. So waren zwischen 1930 und 1936 nur 750-cm³-Maschinen der Marke zu haben, und nach 1973 fiel die »runde« Hubraumklasse, die ihre Bedeutung vor allem dem Motorsport verdankte, im BMW-Angebot vollends fort. Bis zum Zweiten Weltkrieg hat es aber stets »Tourenmotoren« und »Sportmotoren«, also sv- und ohv-Prinzip, nebeneinander gegeben. So entstanden Paare wie R 32/R 37, R 42/R 47, R 52/R 57, R 62/R 63, R 11/R 16, R 12/R 17 und R 61/R 66, von denen jeweils der erste Partner einen seiten-, der zweite einen obengesteuerten Motor hatte, bei sonst weitgehender Übereinstimmung.

Die ohv-Maschinen übertrafen ihre jeweiligen sv-Pendants in der Leistung beträchtlich – mindestens um ein Drittel, im äußersten Fall sogar um 88 Prozent. Stets wurden aber die Seitenventiler in viel größeren Stückzahlen verkauft: zum einen natürlich, weil sie billiger waren, zum anderen aber auch, weil zumindest in den zwanziger Jahren der Name »Sportmotor« ganz wörtlich genommen werden mußte. Die obengesteuerten Maschinen jener Zeit waren in erster Linie Sportgeräte, die für Wettbewerbe eingesetzt und erst später auch zunehmend im Alltag gefahren wurden. Zum Touren und vor allem für den beliebten Seitenwagenbetrieb schwor man auf die unverwüstlichen, weich, elastisch und leise laufenden, doch immer unmoderner werdenden sv-Motoren.

Nach 1928 hat es freilich keine Zweizylinder-BMW mehr gegeben, die solo nicht mindestens 100 km/h erreicht hätte. Rekordhalter unter den Serienmaschinen war vor dem Zweiten Weltkrieg die R 66, die über 140 km/h schnell war, und den Ruhm, die erste deutsche »Hundert-Meilen-Ma-

Und so sahen jahrelang die »Tourenmotoren« (hier R 11) aus: seitengesteuerte Ventile hinter einem flachen Zylinderkopfdeckel.

schine« (Spitze 160 km/h) zu sein, erntete 1952 die R 68.

Heute sind die schnellsten BMW gut für rund 200 km/h. Sie sind auch inzwischen bei einer Leistung von 70 PS je Liter Hubraum angelangt, während es bei der R 32 mit gut 17 PS begann. 50 PS je Liter wurden erst 1951 überschritten, denn bei BMW galt Zuverlässigkeit stets mehr als eine hohe Nennleistung. Was man aus den Motoren wirklich herausholen konnte, zeigte man ja in vielen erfolgreich bestandenen Rennen.

Vom »Bayern-Kleinmotor« des Jahres 1923 ausgehend, hat es natürlich im Lauf der Jahre viele mehr oder weniger große Fortschritte gegeben. Ein Meilenstein war 1936 die R 5: Ihr ohv-Motor ging als die erste grundlegende Neukonstruktion des Zweizylinder-Boxers seit der R 37 von 1925 in die BMW-Annalen ein. Die über Stirnräder oder – von 1934 an – über eine Kette angetriebene zentrale Nockenwelle wurde hier durch zwei weiter nach außen verlegte ersetzt, die von der Kurbelwelle über eine gemeinsame Kette bewegt wurden. Das ermöglichte kürzere, leichtere Stößelstangen und damit höhere Drehzahlen.

Gegenüber dem vorigen 500-cm^3-»Sportmotor«, an der R 57 von 1930, wuchs die Nenndrehzahl von 4000 auf stolze 5800 Umdrehungen je Minute. Haarnadel- statt Schraubenfedern für die Ventile unterstrichen den sportlichen Anspruch des Triebwerks, und ein Tunnelgehäuse anstelle des horizontal geteilten Gehäuses sorgte für größere Steifigkeit des Motorblocks. Bei dieser Zweinockenwellen-Lösung für die ohv-Zweizylinder R 5 und R 51 blieb es auch noch nach dem Krieg bis 1951, als BMW wieder zur einzelnen Nockenwelle – erst mit Stirnrädern, später kettengetrieben – zurückkehrte.

Einen ähnlichen Einschnitt in der Entwicklung wie mit der R 5 gab es freilich erst wieder 1969, als die /5-Serie mit ihren Gleitlagermotoren vorgestellt wurde. Doch davon soll ein späteres Kapitel berichten.

Zehn Jahre lang hatten sich die BMW-Zweizylinder mit nur einem Vergaser bescheiden müssen. Er thronte oben auf dem Block und war mit den Zylinderköpfen durch lange Schwanenhälse von Ansaugrohren verbunden. Auch die später – 1931 – hinzugefügte Heizleitung vom Auspuff- zum Saugrohr konnte nicht viel daran ändern, daß der umständliche Weg des Kraftstoff-Luft-Gemischs einer kräftigen Leistungsentfaltung abträglich war. Zwei Vergaser, je einer pro Zylinder, mußten also her, die man an kurzen Stutzen direkt vor die Ansaugkanäle hängen konnte. 1932, mit der R 16 Serie III, war es soweit, und von da an gab es, mit ganz wenigen Ausnahmen, nur noch die neue, bis heute übliche Anordnung. Drei Jahre später, mit der R 6, kam auch der zentrale große Luftfilter anstelle je eines kleinen an jedem Vergaser.

Beim Zündsystem der BMW-Zweizylinder hatte es mehrmals, je nach dem Stand der Technik, eine Neuorientierung gegeben: Bis 1934 wurden Magnetzündanlagen verwendet, mit der R 11 Serie V zog die Batteriezündung ein,

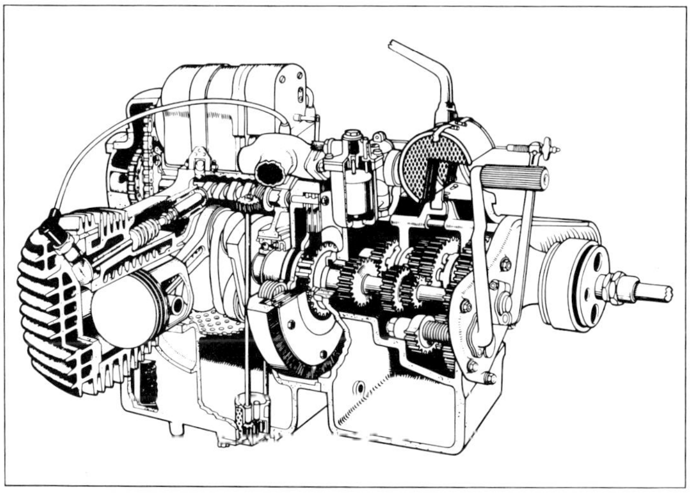

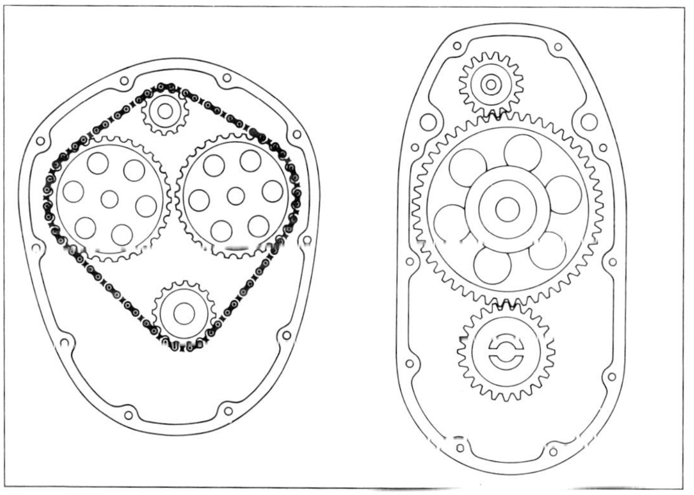

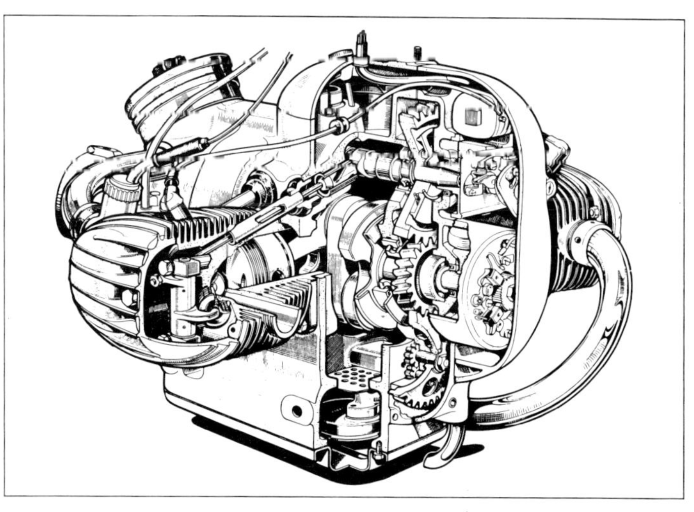

Erfolgsstationen eines »Boxers«. 1935, in der R 12, kam das Vierganggetriebe. Die Zeichnung (oben) zeigt, wie sauber – schon seit der R 32 – Motor, Kupplung und Getriebe in einem glatten Gehäuse zusammengefaßt sind. Beim Nockenwellenantrieb wechselten sich Ketten- und Stirnräder im Laufe der Jahre ab. Das Schnittbild (Mitte) zeigt links den Zweinockenwellen-Ventiltrieb der R 5, rechts die »Direktübertragung«, wie sie bis 1934 und wieder ab 1951 (unten) verwendet wurde.

Nichts könnte die bestechende Logik und Einfachheit des BMW-Antriebs besser deutlich machen als dieser Schnitt parallel zur Standebene des Motorrads. Die Kurbelwelle läuft exakt in der Mittelachse der Maschine, ebenso die Getriebeeingangswelle. Der Getriebeausgang ist dagegen nach rechts versetzt: Das ist notwendig, damit die Kardanwelle, die sich unmittelbar anschließt, seitlich vom Hinterrad laufen und mit ihrem Kegelrad ins Tellerrad des Endantriebs eingreifen kann.

Um es auch für technische Laien verständlich zu sagen: Die Motorkraft muß keine großen und an der Leistung zehrenden Umwege machen, um zum Hinterrad zu kommen – dorthin, wo man sie schließlich braucht. Die Zeichnung gibt aber auch einen Begriff von der Wartungsfreundlichkeit des Boxermotors. Die Zylinderköpfe liegen seitlich wie auf einem Präsentierteller; Ventileinstellen ist ein Kinderspiel. Auch an Vergaser und Lichtmaschine und Zündanlage kann man gut heran.

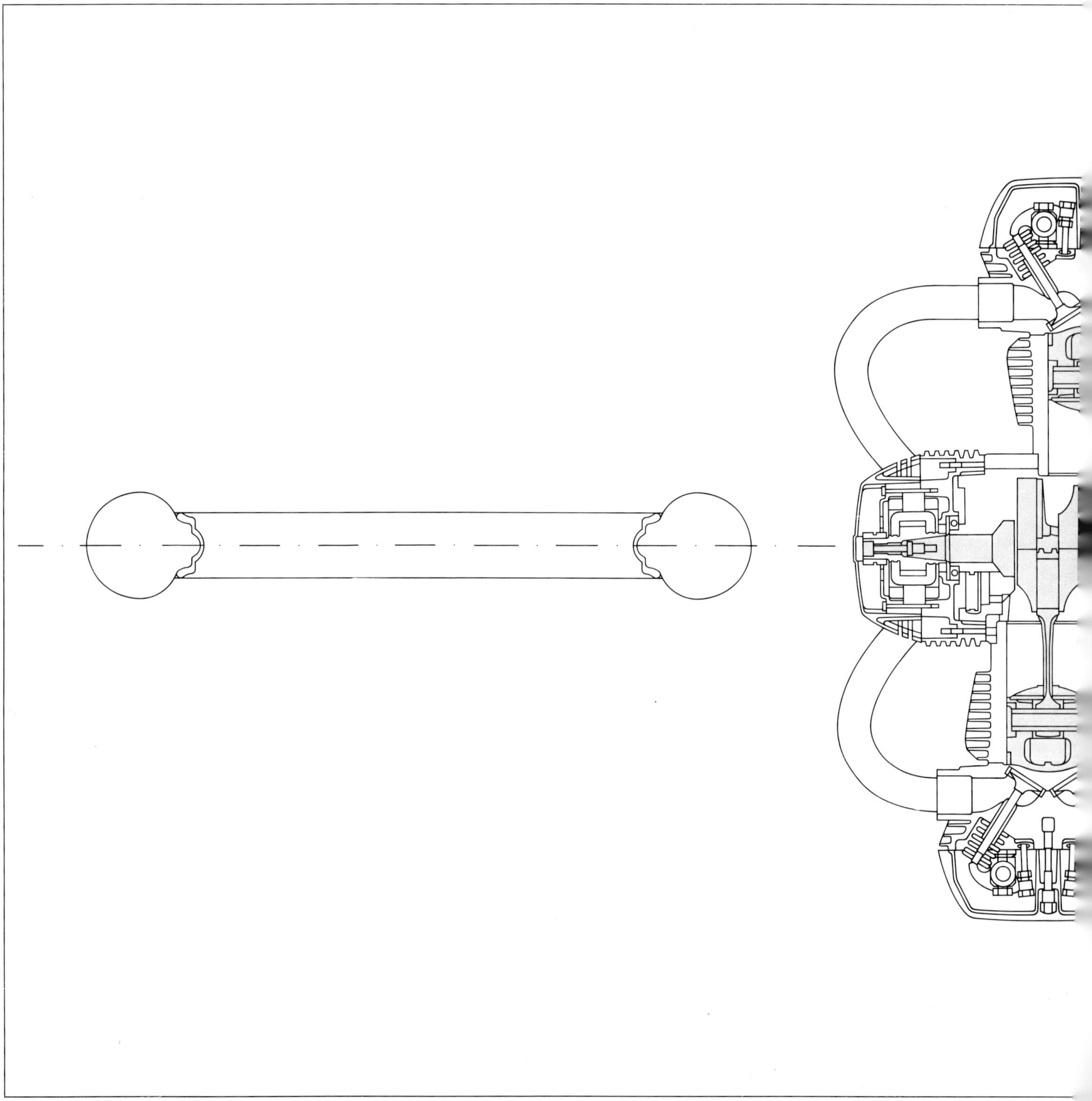

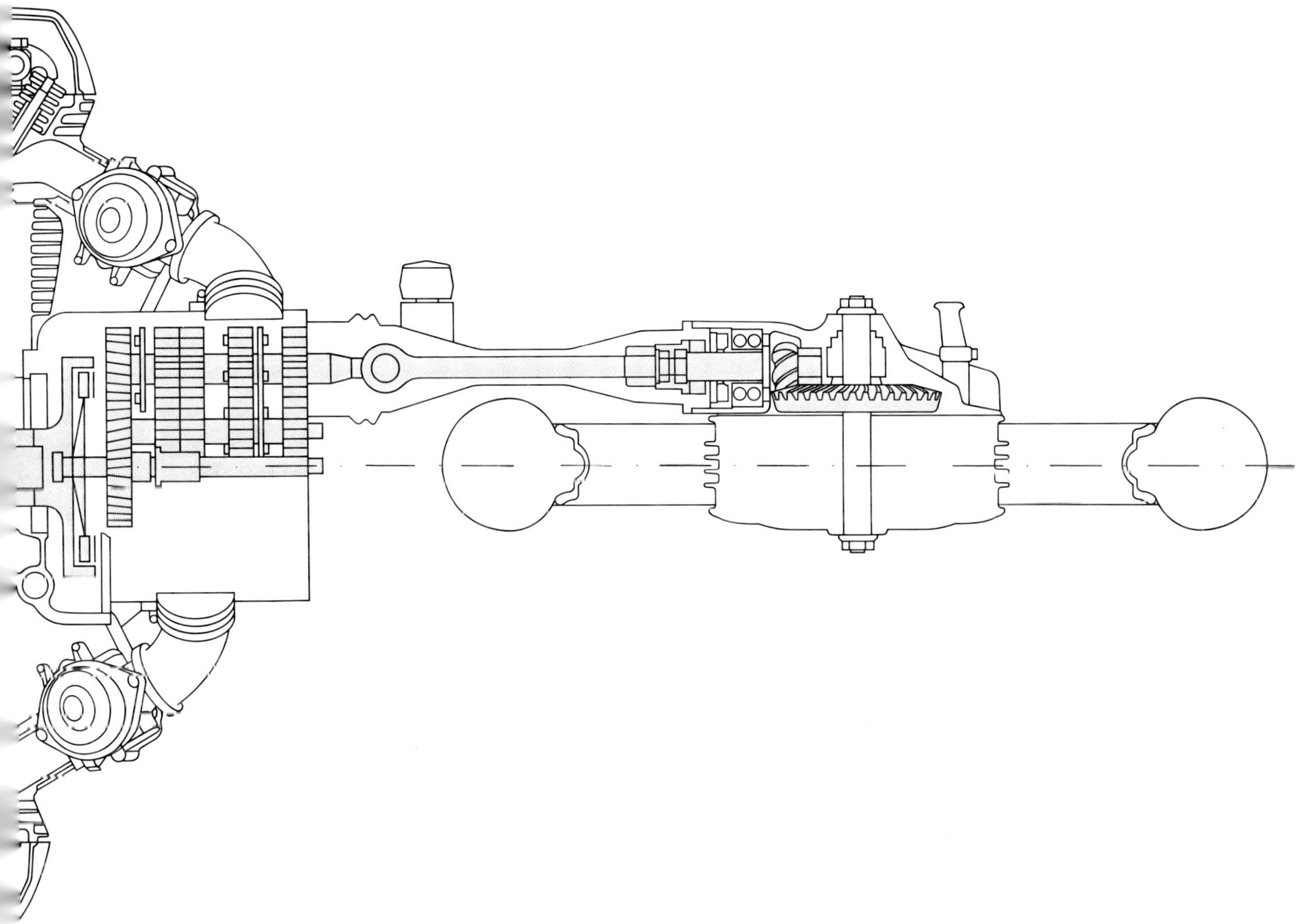

und von 1951 bis 1973 war wieder die Magnetzündung an der Reihe. Die /5-Serie brachte – bis heute – die Rückkehr zum batterieabhängigen Zündfunken, nicht zuletzt wegen der Einführung des elektrischen Anlassers. Fast fünfzig Jahre lang hatten BMW-Fahrer bis dahin ihre Maschinen mit dem Kickstarter in Gang setzen müssen. Den verschleißanfälligen Unterbrecherkontakten wurde 1980 adieu gesagt, seither tut eine elektronische Zündanlage wartungsfrei ihren Dienst. Zündmagnet und Lichtmaschine fanden stets ihren Platz an der Stirnseite des Motors, wo sie entweder direkt oder – wie die Nockenwelle(n) – von Zahnrädern oder Kette angetrieben wurden.

Ähnlich konsequent wie beim Motor zeigte sich das Münchner Unternehmen bei der Kraftübertragung. Nicht nur der Kardanantrieb kennzeichnete alle BMW-Motorräder ohne Ausnahme, sondern auch die Trockenkupplung, die erst 1955 mit dem Einbau einer Tellerfeder modernisiert zu werden brauchte.

Zwölf Jahre lang nach dem Start der weiß-blauen Motorräder hatten ihre Fahrer allerdings nur die Wahl zwischen drei Gängen; für die elastischen Triebwerke jener Zeit reichte das aus. Erst die R 12, die 1935 vorgestellt wurde, bekam ein Vierganggetriebe, und auf die fünfte Stufe mußten die BMW-Freunde dann noch sehr lange – bis zur /6-Serie 1973 – warten.

Ein gewisses Handikap war von Anfang an das Fehlen einer Primärübersetzung zwischen Kurbelwelle und Getriebe: Die Gangzahnräder liefen mit hoher Drehzahl, und es war daher stets schwierig, eine BMW ohne Geräusch zu schalten. Als die Gänge noch gemächlich mit der Hand gewechselt wurden (der gewaltige, direkt zum Getriebe führende Schaltknüppel wich erst 1933, mit der R 11 Serie IV, der damals üblichen Kulissenschaltung), regte das »Klack« der Zahnräder noch kaum jemanden auf. Lästiger wurde es nach der Einführung der »schnelleren« Fußschaltung im Modell R 5 (1936). Trotz vieler Mühen ist dieser kleine, den BMW-Getrieben angeborene Mangel bis heute noch nicht ganz beseitigt. Übrigens hat es bis 1954 zusätzlich zum Fußschalthebel stets noch einen Hilfshandhebel direkt am Getriebe gegeben.

Die Kardanwelle, unveränderliches Kennzeichen aller BMWs, bestand ursprünglich zusammen mit dem Antriebsritzel aus einem Stück. Zur Stoßdämpfung, deren diese »harte« Kraftübertragung dringend bedarf, gab es nur ein elastisches Zwischenteil aus Gummigewebe (Hardyscheibe). Spiralverzahnte, also laufruhige Kegelräder wurden 1928 eingeführt, und drei Jahre später (R 11 Serie III) wurden Welle und Ritzel voneinander getrennt.

Von 1938 an, als die erste BMW mit Hinterradfederung serienreif war, brauchte die Antriebswelle selbstverständlich ein Kreuzgelenk, um den Federbewegungen des Rads folgen zu können. Und 1955, als eine Schwinge die Geradweg-Hinterradfederung ablöste, wurde die Hardyscheibe durch einen Knaggenstoßdämpfer auf der Antriebswelle ersetzt. Die Kardanwelle lief jetzt, vollgekapselt und im Ölbad, im hohlen rechten Schwingenholm. Von Anbeginn geblieben ist das saubere und elegante Aussehen des Wellentriebs, dem BMW mit Recht so unbeirrbar die Treue gehalten hat.

Kaum jemals ist die Laufbahn eines Boxers so erfolgreich gewesen wie die des BMW-Zweizylinders. Es war ein gerader Weg von 1923 bis zu den modernen BMW-Maschinen der Nachkriegszeit. Er hat gezeigt, wie man etwas im Ansatz Richtiges verbessern und fortentwickeln kann: Der »Alte Friz« kann mit seinen Nachfolgern zufrieden sein.

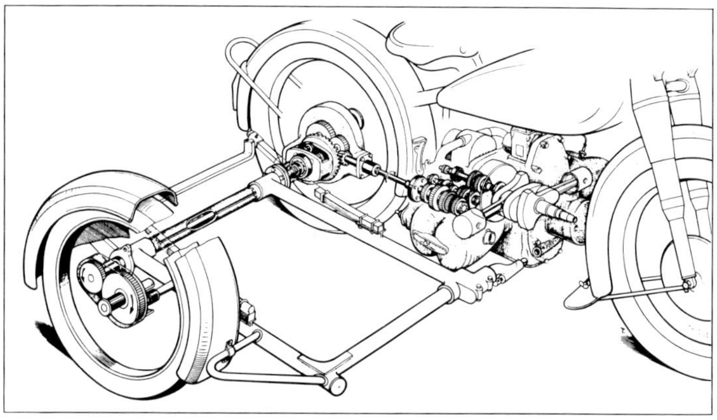

Ein Sonderfall der BMW-Kraftübertragung ist an der R 75 zu finden. Diese Maschine war als Geländefahrzeug fürs Militär entwickelt worden und ging 1941 in Serie. Vom Hinterrad wurde über ein sperrbares Differential das Seitenwagenrad angetrieben.

Der Veteran Otto Steinfellner

»Ach, Sie san der Herr Steinfellner – fahren's nur geschwind weiter. Alles Gute – auf Wiedersehen!« Der Polizist reicht den Führerschein zurück, salutiert kurz – und der Motorradfahrer gibt wieder Gas. Schon bald sind er und seine BMW hinter der nächsten Kurve verschwunden. Der Mann mit Schnürstiefeln, Regenmantel und Schirmmütze schmunzelt: Ja, mit der Polizei steht er auf bestem Fuß. Nicht nur, weil er ein prominenter Motorradsportler ist. Es ist auch ein Stück Kameradschaft dabei. Denn auch Österreichs Gendarmen fahren BMW – und das ist jetzt, Ende der zwanziger Jahre, schon ein feiner Name, auf den man stolz sein kann. Dazu hat er, der Otto Steinfellner, nicht wenig beigetragen. Denn in Österreich war der Steinfellner BMW, und BMW, das war der Steinfellner.

Wie es dazu kam? Der alte Herr erinnert sich leicht und gern. Frisch und gar nicht wie ein fortgeschrittener Siebziger sieht er aus, wie er da sitzt auf der Terrasse seines schönen Hauses in Kierling bei Wien, im Sommer des Jahres 1979. »Österreich war in ganz Europa das stärkste Motorradvolk – wir waren nämlich zu arm, uns Autos zu leisten. Und so gab es bei uns eine Reihe sehr berühmter Motorradfahrer und ebenso berühmter Rennen.« Und es gab den Motorrad-Bazillus – schon bei den kleinsten Buben.

Auch den Fabrikantensohn Otto Steinfellner hatte er infiziert: Mit fünfzehn saß der zum ersten Mal auf Vaters Maschine, bald folgte – vom Taschengeld und mit Zuschuß des Seniors – eine Moto Guzzi. Ein schönes Motorrad, doch der junge Mann war noch nicht zufrieden: »Ich wollte immer eine Spitzenmaschine, das Beste in der Welt.« Und das war für ihn, wie für viele, eine mit dem weißblauen Markenzeichen. Natürlich keine seitengesteuerte BMW – »die haben mich nicht interessiert, ich wollt' ja schnell fahren«. Der »Sportmotor« mit der ohv-Ventilsteuerung mußte es schon sein. Doch damit ins Rennen, gegen soviel etablierte Konkurrenz? Das Selbstvertrauen und das Können Steinfellners kann man erst richtig würdigen, wenn man weiß, daß er seine Dutzende von großen Erfolgen auf käuflichen, serienmäßigen BMWs herausgefahren hat. Die Maschinen wurden zwar genau durchgesehen, die Sitz- und Lenkerposition angepaßt – doch von Frisieren keine Spur.

Wiedersehen nach mehr als einem halben Jahrhundert: Otto Steinfellner und die BMW R 47. Mit diesem Modell fuhr der Österreicher in den zwanziger Jahren Rennen – und gewann viele davon, als Privatfahrer gegen »Profis«. Als er 1980 BMW in München besuchte, war die Begegnung mit der Erfolgsmaschine von damals eine sorgsam arrangierte Überraschung: Dem inzwischen über siebzig Jahre alten, aber immer noch fürs Motorrad begeisterten Rennveteranen verschlug es fast die Sprache. Viele Erinnerungen hängen für ihn an diesem BMW-Modell. Und so gleichen sich denn auch die Bilder – fast.

Otto Steinfellner, Rennfahrer: So kannte man ihn in den zwanziger Jahren. Ein Teufelskerl, der nur eins wollte – gewinnen. Und zwar auf BMW, »dem Besten in der Welt«. Fünfzig Jahre später sind seine

Dem jungen Rennfahrer war das eigentlich gar nicht recht: »Wie oft hab' ich die Leute in München um eine Spezialmaschine angebettelt, wie sie die Werksfahrer hatten, Stelzer, Gall und Henne – aber ich hab' sie nicht bekommen. Die wollten, daß ich mit der gewöhnlichen Maschine gegen die englischen Werksfahrer gewinne.«

Und diesen Gefallen tat ihnen der Amateur Steinfellner nicht nur einmal, sondern immer wieder. Wie mancher Außenseiter hatte er Erfolg, weil er es den Arrivierten zeigen wollte. Freilich: Die Zeiten waren auch noch anders. Natürlich gab es unter den Rennfahrern schon ausgebuffte Experten, fast Profis im heutigen Sinne. Aber die Kluft zwischen Serien- und Rennmotorrädern war noch gering. Ein guter Mann auf einer sportlichen Straßenmaschine hatte auch im Wettbewerb eine ehrliche Chance – zumal es noch keinen Hockenheim- oder Salzburgring gab, sondern auf normalen (und das hieß in Österreich fast überall noch: nicht asphaltierten) Straßen Rennen gefahren wurden.

Otto Steinfellner nutzt diese Chance in den Jahren von 1927 an weidlich. Er ist ein Bär von einem Kerl, der weder raucht noch trinkt, mit gewaltigen Pratzen, die ihm beim Reifenwechseln die Montiereisen ersparen, und mit einem Herzen, in dem für Angst kein Platz ist. Als ihn ein-

Haare weiß geworden, doch das alte Feuer ist geblieben. Gern erzählt er von seinen Erfolgen. Mit Kopf ist er immer gefahren, auch wenn es so aussah, als sei nur die schiere Kraft am Werk – in einer Zeit, als es noch heftig zuging in den Rennen, »mit Axt und Keule«. Nicht ohne Grund nannten ihn seine Konkurrenten »den Professor«. Zu einem solchen Mann paßt es, daß er im Ruhestand noch einmal das Studieren angefangen hat und, mit über siebzig, den Doktor der Philosophie machte. Und es paßt nicht minder, daß er auch als alter Herr noch Spaß daran hat, eine R 100 RS zu bewegen – und nicht eben langsam.

Das waren noch Rennen: Steinfellner 1929 beim Großen Preis von Österreich. Unbefestigte Straßen, bockharte Maschinen – Hut ab vor den Fahrern von damals.

Der Meister und seine Fans: Steinfellner konnte sogar ohne Hinterreifen gewinnen, wenn der Defektteufel nicht anders kleinzukriegen war. Kein Wunder, daß ihn die motorradbegeisterte Alpenrepublik wie einen Nationalheiligen verehrte.

mal, nach einem gewonnenen Rennen, ein Reporter fragt: »Meister, nach welcher Taktik haben Sie das Rennen gefahren?«, da kann er sein Erfolgsgeheimnis in einem Satz preisgeben: »Das ist ganz einfach. Ich fahr' von Anfang bis zum Schluß so schnell als ich nur kann.« Und das ist ganz schön schnell, denn er zeigt vielen Prominenten den Auspuff.

Auch die Freunde von BMW – die ihn immer tatkräftig unterstützen, auch wenn sie sich für seinen Wunsch nach einer richtigen Rennmaschine taub stellen – kriegen das eines Tages zu spüren, als der Wiener in einer Internationalen Sechstagefahrt aus Nationalstolz eine 250er Puch und keine BMW ins Treffen führt. Im Schlußrennen des großen Geländewettbewerbs spielt er die Vorteile des leichteren Motorrads aus und hängt die BMW-Werksfahrer jede Runde in der gleichen Kurve ab – just vor den Tribünen. »Aber Herr Steinfellner, daß Sie uns gerad' vor den ganzen Leuten vorfahren mußten, das war nicht schön von Ihnen«, beschwerten sich die Münchner augenzwinkernd hinter dem Ziel. Doch der schnelle Amateur flachst zurück: »Ich mach's nur, wie's kommt – und da war's gerade am günstigsten.«

Seine Unbekümmertheit ist, neben dem fahrerischen Können, sein wichtigstes Kapital. Er braucht sie auch, wenn er als junger Privatfahrer gegen die Werksexperten ankommen will. Es geht noch heftig zu in den Rennen, »mit Axt und Keule«, doch ritterlich. »Ich wünsch' mir nichts Ärgeres von meinen Gegnern, als daß sie sich derschlagen.« Rauh, aber herzlich, so ist der Steinfellner.

Da die Werksmaschinen in der Spitze 10 bis 20 km/h schneller gehen als sein Serienmotorrad, muß er die Sekunden zum Gewinnen in den Kurven holen. »Wenn ich antrete, bin ich entweder an der Spitze oder tot«, lautet seine Devise. Sein Testament ist gemacht, und um so mehr freut er sich nach jedem Rennen, wieder einmal überlebt zu haben.

Doch das ist gar nicht so einfach: Die Maschinen von damals haben noch

Zu den tollsten Rennen der zwanziger Jahre gehörte die Internationale 24-Stunden-Fernfahrt. Die Sache war eigentlich ganz einfach: Nach dem Start führte die Strecke, auf öffentlichen Straßen, in eine vorbestimmte Richtung; jeder konnte so weit fahren wie er wollte – nur mußte er rechtzeitig, spätestens nach 24 Stunden, am Ausgangspunkt zurück sein. Wer die meisten Kilometer geschafft hatte, war Sieger. Und wer sich zuviel vorgenommen hatte, konnte an den letzten paar Kilometern scheitern.

Auch das ist (mit Steinfellner, Nummer 27) ein Großer Preis, anno 1928. Was sagen die Herren Rennfahrer von heute dazu?

keine Hinterradfederung – »wenn man sich nicht richtig anhält mit Händen und Füßen, fliegt man runter« – und auch vorn noch keine Radaufhängung, mit der man die fürchterlichen Straßen glattbügeln könnte. Der Bizeps allein tut's freilich nicht, wenn Steinfellner auch seiner guten Kondition und dauerndem körperlichen Training manchen Erfolg verdanken mag. Er strengt nicht minder seinen Kopf an, trainiert sehr sorgfältig, studiert jede Rennstrecke ausgiebig. »Der Professor kommt«, sticheln seine Freunde und Konkurrenten. (Dazu bringt er es allerdings nicht, trotz Matura und Handelsakademie; aber der Kaufmann, Möbelfabrikant und Baumaschinenhändler spart sich seine Liebe zur Wissenschaft auf und promoviert 1980, mit 74 Jahren, zum Doktor der Philosophie.) Und dann natürlich das Motorrad: Ohne die Stärken der BMW – Robustheit, Zuverlässigkeit, Kardan statt Kette – hätte es statt manchen Siegs einen Ausfall gegeben.

Nur einmal bricht ihm die Kurbelwelle, natürlich als er an der Spitze des Feldes liegt. Das passiert bei einer Art von Rennen, über die man fünfzig Jahre später nur den Kopf schütteln kann: bei der berühmten Internationalen 24-Stunden-Fernfahrt. Nach dem Start geht es auf eine festgelegte Strecke, die immer weiter in die gleiche Himmelsrichtung führt; jeder darf soweit fahren, wie er will – nur muß er in spätestens 24 Stunden wieder am Ausgangsort zurück sein –, und es gewinnt, wer die größte Distanz zurückgelegt hat. Hier gilt es, seine Möglichkeiten realistisch einzuschätzen und sich nicht wie der Bauer Pachom aus Tolstois Erzählung »Wieviel Erde braucht der Mensch?« – der soviel Land geschenkt erhalten soll, wie er von Sonnenaufgang bis Untergang umschreitet – aus lauter Raffgier mehr vorzunehmen, als man bewältigen kann.

In einer solchen 24-Stunden-Fahrt also ist Steinfellners Motor dahin, und, da es Samstag ist, können auch die eilends antelefonierten Münchner nicht helfen. Zum Glück hat ein Freund den Champion bei Salzburg ein Stück begleitet, zufällig auf einer BMW des gleichen Typs. Schnell werden die Nummernschilder umgeschraubt. Trotzdem gehen anderthalb Stunden drauf, bis der Wiener auf der geliehenen Maschine starten kann. Jetzt will er's wissen. Und obwohl ihm schon bald

Wer auf solchen Straßen um die Wette fährt – hier Steinfellner vorn, beim Großen Preis von Österreich 1929 –, der muß sein Herz in beide Hände nehmen. Und viel Vertrauen ins Motorrad haben.

die ersten Wettbewerber wieder, auf der Rückfahrt, entgegenkommen, riskiert er es und fährt weiter als alle anderen: Zwölfdreiviertel Stunden sind verstrichen, als er an der französischen Grenze seinen Kontrollstempel bekommt. Jetzt pressiert es natürlich – und obwohl man eine 750er BMW in jenen Jahren mit reichlich 120 km/h laufen lassen kann, wenn man keine Angst vor einem Reifenschaden hat, wird es knapp. Mit dem Schlag der Turmuhr knallt Steinfellner am Start- und Zielort Enns seine Kontrollkarte auf den Tisch: gewonnen! Einen Atemzug später hätte es »verloren« bedeutet, denn Karenzzeiten und »die ganze mildtätige Bewegung von heute« – wie es der alte Herr auf der Terrasse in Kierling nennt –, das gab's damals noch nicht. Hose durchgewetzt, Gesäß zerschunden, aber glücklich.

Draufgänger wie den Steinfellner hat das Publikum zu allen Zeiten gemocht. Als ihm einmal, im Sechsstundenrennen des »Großen Preises von Österreich«, bei 160 km/h »der Hinterreifen runtergeht« und er – nach wundersamer Rettung vor Bäumen und Straßengraben – eine halbe Stunde den neuen Pneu aufziehen muß, wenden sich die Zuschauer enttäuscht ab. Doch der junge Mann mit dem weißblauen Pullover über der Lederjacke kehrt auf die Strecke zurück: Es hat zu regnen angefangen, und das ist seine Chance. Freilich hat er die Faust im Nacken, denn die Überbeanspruchung mußte jetzt eher noch größer sein. Die Leute bekommen aber etwas geboten in den verbliebenen drei Stunden des Rennens (das, wie damals üblich, über eine weitaus größere Strecke ging als heute). Ihr Idol fährt allen auf und davon. Und als ihn in der letzten Runde an der gleichen Stelle wieder der Pneu im Stich läßt und er auf der blanken Felge ins Ziel rollt, kennt das begeisterte Gebrüll keine Grenzen.

Riesige Erfolge, riesige Stürze – das liegt dicht beisammen in einem Rennfahrerleben. Auch Steinfellner bleibt davon nicht verschont. Einmal war Öl auf die Kardanbremse seiner Maschine gekommen: Er verfehlt die Kurve und fährt, mit etwa 60 km/h, in eine Mauer. »Da bin ich richtig geflogen – wie ein Engel, oder wie Superman – die Hände ausgebreitet, den Kopf voraus«, erinnert er sich fünfzig Jahre danach. Ein Sturzhelm, damals noch nicht selbstverständlich, verhindert das Schlimmste. Zusammengeflickt wird er dann, dank Vaters Beziehungen, im Wiener »Fußballerspital«, wo man sich mit gebrochenen Beinen auskennt. Der Veranstalter des Rennens schickt ihm übrigens den Pokal, »weil Sie ja doch Erster geworden wären, wenn das nicht passiert wäre«.

Ein andermal geht es noch spektakulärer zu, aber glimpflicher ab. Vor einem Grand Prix trainiert der erfolgreiche

»Wenn ein Fahrer die ersten Stürze überlebt, dann wird was aus ihm. Mein Gott, auch ich hab' ein paar fürchterliche Stürze gemacht. Einmal war mir Öl auf die Kardanbremse gekommen. Ich konnte in der Kurve nimmer bremsen und bin in eine Mauer gefahren, mit vielleicht 60 Kilometer. Da bin ich von der Maschine weggeflogen wie ein Engel – richtig geflogen, die Hände so ausgebreitet, den Kopf voran. Zum Glück hatt' ich einen Sturz-

helm auf. Im Fußballerspital – mein Papa war Präsident vom Sportclub Rapid – haben's mich dann wieder zusammengeflickt. Oder wie ich bei Biedermannsdorf früh um fünf trainiert hab': Kam doch ein Pferdekopf seitlich zwischen den Alleebäumen heraus, dann das Pferd und der Wagen. Der Bauer wollt' bremsen, ich auch – aber es war zu spät. Doch ich hab' einen Ausweg gesehen, zwischen der Deichsel und der Hinterhand des Pferdes, wie ein Fenster – da mußt' ich durch. Und so ging's wirklich! Von der Maschine war nur noch Kardan und Hinterrad zu gebrauchen. Aber die Leut' von BMW haben mir in der Nacht eine neue zusammengebaut, und damit bin ich Zweiter geworden. Ja mei – was waren das noch für Zeiten!« (Otto Steinfellner, April 1980)

Amateur auf einer Allee bei Wien, morgens um fünf Uhr. Als er gerade einen hübschen Zahn draufhat, sieht er plötzlich links zwischen den Bäumen einen Pferdekopf auftauchen mit Pferd, Bauer und Leiterwagen hintendran. Steinfellner bremst, der Landwirt reißt seinen Gaul zurück – doch als der Rennfahrer wieder Gas gibt, hat sich auch der Mann auf dem Wagen zum Weiterfahren entschlossen, und eine Kollision ist unvermeidlich. »Am besten, ich wache jetzt auf und liege im Bett«, sagt sich der tollkühne BMW-Reiter, denn der Bremsweg reicht offenkundig nicht aus. Aber blitzschnell erspäht er einen Ausweg zwischen den Beinen des Pferdes und der Deichsel des Wagens. »Wie ein Kellerfenster, hab ich mir noch gedacht – dann waren wir ran, ich warf die Maschine und mich nieder, zog den Kopf ein, und durch waren wir.«

Das Wunder geschieht: Außer ein paar Schürfwunden zieht sich Steinfellner nichts zu, doch von der BMW sind bloß noch der Kardan und das Hinterrad zu gebrauchen. Mit einer neuen Maschine tritt er am nächsten Tag zum Rennen an. Wenngleich der Schaden gering war – das Pferd hatte nur eine unerhebliche Wunde, und die Bäuerin hinten im Wagen erlitt einen Weinkrampf –, muß der Frühaufsteher wegen des Unfalls Strafe zahlen. Die Logik des Richters ist überzeugend: »Sie sind der Städter, Sie hätten aufpassen müssen und nicht der Bauer.«

Ein Teufelskerl, dieser Steinfellner – und auch ein halbes Jahrhundert später ein bewundernswerter Mann. Wenn's ihn juckt, läßt er sich von seinem Freund Wolfgang Denzel, Österreichs größtem BMW-Händler, eine R 100 RS geben. »Bittschön, tun s mir die Röhrln nicht ganz blau machen«, sagt der Monteur dann, und der unerschrockene Doktor der Philosophie beläßt es bei 150 km/h, damit die Auspuffkrümmer wirklich schön blank bleiben. Auch mit seinem Auto läßt er sich noch manchmal auf eine Wettfahrt ein: »Da hab ich das Gefühl, nicht auf Rädern zu sitzen, sondern in einem bequemen Fauteuil – so sicher.« An seine große BMW-Zeit denkt er gern zurück. Und die BMW-Freunde von heute haben ihn, den erfolgreichen Veteranen, ebensowenig vergessen.

»Damals in Österreich, nach dem ersten Krieg, da waren wir das stärkste Motorradvolk in ganz Europa. Es gab Hunderttausende Motorradfahrer zwischen 1925 und 1935, denn wir waren zu arm, uns ein Auto zu leisten. Das Motorrad war also ein Jedermann-Fahrzeug, und man konnte mit jedem übers Motorrad reden. Ganz selten, daß es Autos gab: Von zehn motorisierten Personen haben vielleicht zwei einen Wagen gehabt. Und Motorradfahren war auch gar nicht deklassierend seinerzeit, selbst wenn man nicht immer saubere Fingernägel hatte. Wer auf zwei Rädern fuhr, war ein Gentleman. Kein Wunder, daß es in Österreich damals eine Reihe sehr berühmter Motorradfahrer und sehr berühmter Rennen gab. Zur Österreichischen TT, die auf schlechten Straßen – kaum Asphalt – gefahren wurde, kamen riesige Zuschauerzahlen. Das war ein Sechs-Stunden-Rennen, stellen Sie sich einmal vor: Von unseren heutigen Rennfahrern würde da keiner aufstehen. In Deutschland waren wir Österreicher früher immer begeistert von den wunderbar hergerichteten Straßen. Bei uns war alles ärmlicher: Es drängte ja auch niemand den Staat, die Straßen in Ordnung zu halten.«

Rahmen und Bremsen

Zum Beispiel R 11 1929

Stahlblech statt Rohre für den Rahmen: Mit der R 11 hält bei BMW die rationelle Fertigungsweise Einzug.

»Die Durchfahrt durch den Harz hielt mich bedeutend länger auf, als ich erwartet hatte. Ich hatte mich gerade hierauf gefreut. Aber der Harz zeigte sich von seiner häßlichsten Seite. Nieselnde Sprühregen und auf den Höhen Wolkenfetzen. Der Anstieg durchs Drecktal, sonst so hübsch, machte heute dem Namen des Tals alle Ehre. Bei dieser Gelegenheit konnte ich mich aber von der Rutschfestigkeit der Maschine überzeugen; denn einigemal kam ich doch an lehmigen Stellen der Straße mit dem Hinterrad ins Schleudern; aber man hat die schwere Maschine überraschend schnell wieder fest in der Hand.«

Er war offenbar sehr zufrieden, der Tester des bekannten Fachblatts »Motor & Sport«, dessen Bericht im Jahr 1931 gedruckt wurde. Sein Prüfling war die R 16, die zweite 750-cm³-BMW mit ohv-Motor und damit das sportliche Schwestermodell der berühmten seitengesteuerten R 11, deren Produktion im Jahr 1929 begann.

Zu jener Zeit waren die BMW-Motorräder schon gut auf dem Markt etabliert und auch bereits zu vielen Erfolgen in Rennen und Geländewettbewerben gekommen. Aber es hatten sich ebenfalls Schwächen gezeigt, die 1923 in die ursprüngliche Konzeption mit eingebaut worden waren und die sich zum Teil erst bemerkbar machen konnten, als die Motorleistungen und damit die möglichen Geschwindigkeiten – auf gleichbleibend schlechten Straßen – wuchsen.

Mit der R 63 von 1928 war BMW immerhin schon bei einer Leistung des 750-cm³-Sportmotors von 24 PS angelangt. Das war das Zweieinhalbfache dessen, was die R 32 als erste BMW an Kraft zu bieten hatte. Auch das Gewicht der Maschinen hatte inzwischen um mehr als dreißig Kilogramm, also um fast ein Viertel, zugenommen.

Es war bei BMW ein offenes Geheimnis geworden: Der Rahmen machte nicht mehr mit. Als Max Friz die R 32 entwarf, sah er ein für 1923 fortschrittliches Skelett vor. Sie hatte einen mit Muffen hart gelöteten Doppelrohrrahmen, also in einer Verbindungstechnik, wie sie auch bei Fahrrädern üblich war und ist.

Ein Motorrad ist aber nun einmal kein Fahrrad, und daran können auch dickere Rohre und noch so sorgfältiges Löten nichts ändern. Es gab – nicht oft, aber doch in alarmierendem Ausmaß – Rahmenbrüche. Einer davon stieß ausgerechnet Friz selber zu, unter den Augen seines Freundes Franz Bieber, bei einer Geländefahrt, die der Chefkonstrukteur noch persönlich mitmachte. (Von der großen Testreise der beiden, die trotz aller Bemühungen mit ungebrochenem Rahmen beendet wurde, war schon die Rede.)

Als schließlich auch die Behördenkunden von BMW – Polizei und Militär – auf ein haltbares Rückgrat für die Maschinen drängten, entschloß man sich in München zu einer Radikalkur: Die Rohre und das Hartlöten wurden über Bord geworfen und ein völlig neuer Rahmen aus Stahlblech konstruiert, der sich zudem noch einfacher und billiger fertigen ließ.

Wie er im einzelnen aussah, läßt sich in der Betriebsanleitung der R 11 nachlesen:

»Der Rahmen ist ein gepreßter Stahlblechdoppelrahmen mit U-förmigem Querschnitt und als Dreiecksfachwerk ausgebildet. Die seitlichen Hauptglieder sind unterhalb des Steuerkopfes sowie hinter dem Brennstoffbehälter durch Querstreben und vor dem Hinterrad durch eine entsprechend der Wölbung des Hinterradkotbleches gekrümmte, aus einem Stück gepreßte Doppelquer- und Senkrechtstrebe versteift. Außerdem sind in die Rahmenlängsträger nach den Knotenpunkten zu verlaufende Vertiefungen eingepreßt, wodurch die Seitensteifigkeit des Rahmens bei Seitenwagenfahrten erhöht wird. Der Steuerkopf wird von

Die erste BMW, die R 32, zeigte was sie hatte: Der schöne Schwung, mit dem das Rahmenoberrohr – noch nicht vom Tank verdeckt – dem Lenkkopf zustrebt, erfreut nicht nur das Auge des Technikers.

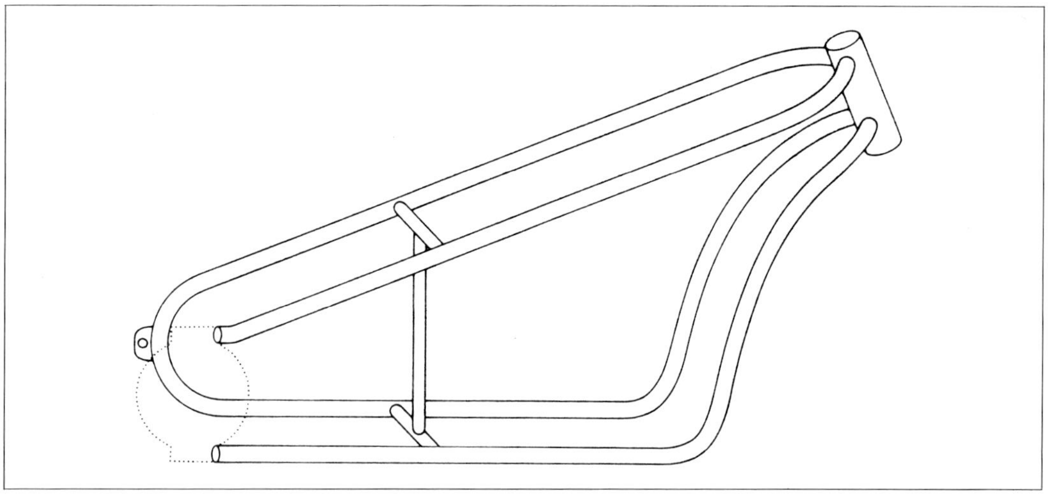

In bewährter Fahrrad-Technik entstanden die Rahmen der ersten BMW-Modelle, von der R 32 bis zur R 63: Die doppelten, parallel laufenden Rohre wurden mit Muffen hart gelötet.

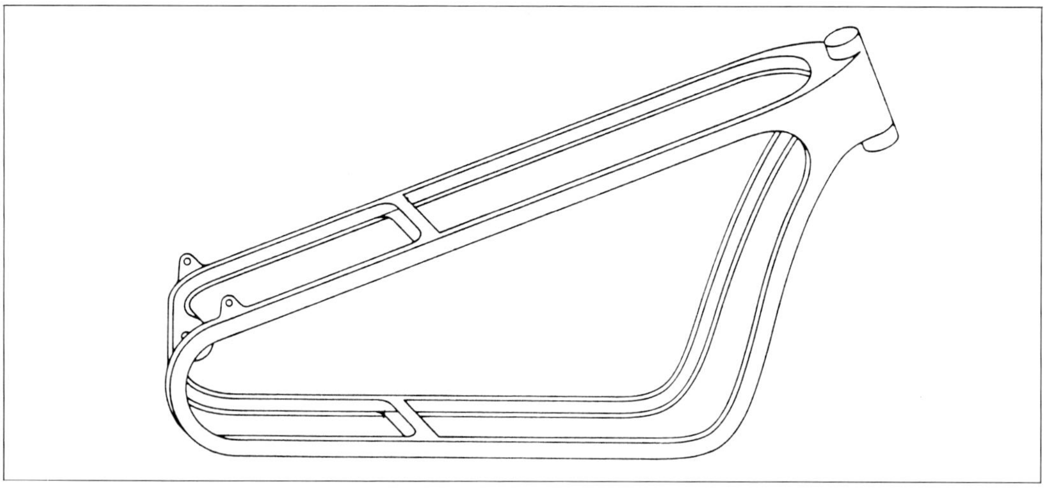

Schwer, aber stabil war der Stahlblechrahmen, der 1929 mit der R 11 eingeführt wurde und bis 1937 – an der R 17 – im Programm blieb. Das U-Profil war geschraubt und genietet.

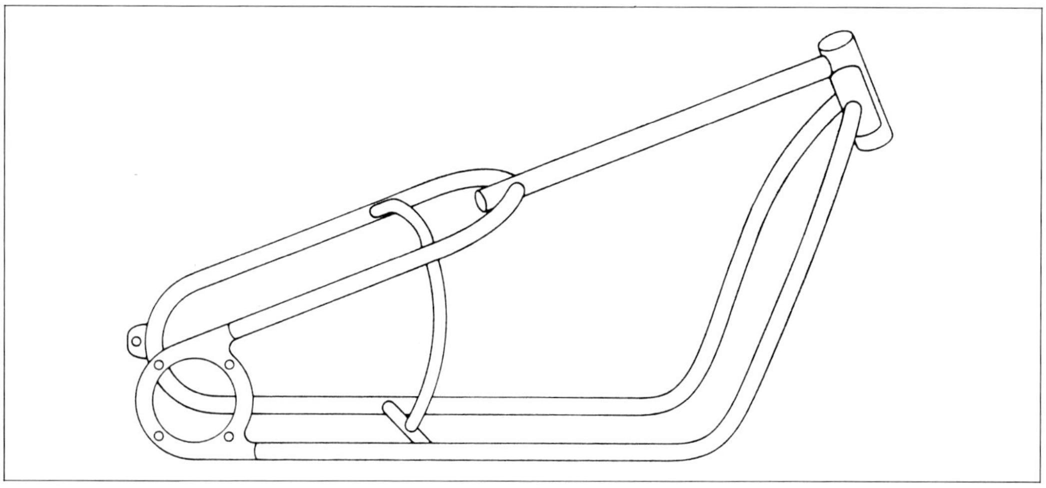

Das erste wirklich moderne Traggerüst bekamen die BMW-Motorräder 1936, beim Modell R 5. Neu waren daran die Form (mit einzelnem Rückgratrohr), das Material (konisch gehämmerte, elliptische Stahlrohre) und die Verarbeitung (Elektroschweißen).

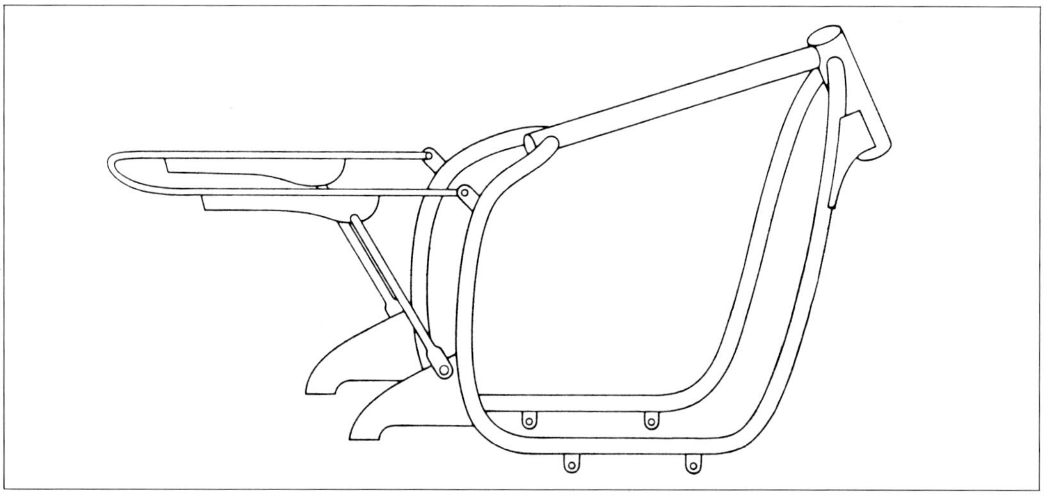

Den heute noch üblichen BMW-Rahmen zeigt diese Schemazeichnung. Er wurde 1969 mit der Serie /5 eingeführt. Im Prinzip fußt er immer noch auf dem Skelett der R 5 von 1936: eine geschweißte Rohrkonstruktion, doppelt bis auf das einfache Oberrohr. Für Verstärkung sorgen Knotenbleche. Der Hinterrahmen ist mit dem Hauptteil verschraubt.

den beiden Rahmengliedern vorn halbkreisförmig umschlossen und rückwärts durch gepreßte Knotenblechwinkel verbunden, die mit den Stegen und Flanschen der Rahmenglieder sowie mit dem Steuerkopf selbst vernietet sind.«

Das klingt nach allerhand Stabilität – und die hatte dieser Rahmen auch, obwohl er noch nicht geschweißt, sondern geschraubt und genietet war. Sein einziger Nachteil gegenüber dem Rohrvorgänger war, daß er deutlich mehr wog: Die R 11 war bereits 162 Kilogramm schwer, und das war für 18 PS eine ganze Menge.

Der Preßstahlrahmen, der auch mit einer Vorderradgabel aus Preßstahl kombiniert war, blieb als Bestandteil der Zweizylindermaschinen fast acht Jahre im BMW-Programm. Seine Haltbarkeit war unbestreitbar – aber je moderner und schöner die Motorräder der Konkurrenz wurden, um so häßlicher und ungeschlachter mußte das Blechgebilde mit dem dazwischengequetschten Tank wirken. Zudem waren in den dreißiger Jahren wichtige Fortschritte in der Schweißtechnik gemacht worden, so daß BMW daran denken konnte, zum Rohrrahmen zurückzukehren.

Die neue Wende war das Werk von Rudolf Schleicher: Der begabte Ingenieur hatte BMW 1927 verlassen, weil er unter dem »Alten Friz« nicht mehr recht weiterkam und weil es auch mancherlei sachliche – nicht persönliche – Differenzen zwischen beiden gegeben hatte; um etwas Neues zu machen, verbrachte er vier Jahre bei dem Automobilunternehmen Horch, wurde aber 1931 von BMW zurückgeholt. Er führte dann den geschweißten Rohrrahmen (zusammen mit der schlackenfreien Elektroschweißung) ein, der aus dem neuen Modell R 5 im Jahr 1936 auch äußerlich das erste moderne BMW-Motorrad machte. Das tragende Gerüst der Münchner Maschinen bestand fortan aus konisch (also mit unterschiedlicher Wandstärke) gehämmerten Stahlrohren mit elliptischem Querschnitt; nur zwischen Sattel und Lenkkopf wurden die doppelt geführten Rohre in ein einzelnes, besonders kräftiges zusammengeführt.

Wie fortschrittlich diese Rahmenkonstruktion gewesen ist, hat sich erst später so richtig herausgestellt: dadurch nämlich, daß sie im Grundsatz bei den BMW-Motorrädern bis heute erhalten bleiben konnte und damit noch einmal eine Verdreifachung der Motorleistung – von den 24 PS der R 5 aus gerechnet – lächelnd vertragen hat. Verbesserungen an der Hinterradaufhängung – Geradwegfederung ab 1938, Schwinge ab 1955 – haben sie nur im Detail verändert. Eine nennenswert andere Form, mit getrenntem, verschraubtem Hinterrahmen, kam erst 1969 mit der Serie /5. Doch davon soll in einem späteren Kapitel die Rede sein.

Wenn der Motor das Herz eines Motorrads ist, dann ist der Rahmen sein Knochengerüst. Für seine tragende Rolle muß er gut vorbereitet sein: Hohe Kräfte wirken auf ihn ein, und die Sicherheit von Fahrzeug und Fahrer hängen von ihm ab. Auf den Rahmenbau wird daher auch stets die größte Sorgfalt verwendet. Genaue Lehren und exaktes Vermessen sorgten schon in den dreißiger Jahren – wie das Bild aus der BMW-Produktion zeigt – für ein vertrauenerweckendes Maß an Präzision.

Viel mehr – und notwendige! – Entwicklungsschritte hat es seit 1923 bei den Bremsen gegeben. Wie es bei der (immerhin 90 km/h schnellen) R 32 anfing, das kann man sich heute nur noch mit Schaudern vorstellen, obwohl es damals noch dem Stand der Technik entsprach: Im Vorderrad war überhaupt keine Bremse, und hinten wurde – mit einem Fußhebel auf der rechten Seite – ein Bremsschuh von außen gegen eine Art Riemenscheibe gepreßt, die wie eine zweite, kleinere Felge konzentrisch an den Speichen befestigt war.

Diese sogenannte Keilklotzbremse arbeitete also etwa nach dem Prinzip des Hemmschuhs an einem Bauernwagen und nicht einmal so wirkungsvoll wie die Felgenbremsen eines Fahrrads heute. Es muß schon abenteuerlich gewesen sein, eine fast zweieinhalb Zentner schwere R 32 nebst Fahrer (und vielleicht gar noch Sozia) mit dieser Verzögerungsvorrichtung zum Stehen zu bringen – zumal beim Motorrad das Hinterrad ohnehin nur ein Bruchteil der Bremskräfte des Vorderrads auf den Boden bringen kann.

Hier wurde also dringend etwas Besseres gebraucht, und das gab es dann auch schon bei der zweiten Serie des BMW-Erstlings in Gestalt einer richtigen Trommel- oder Innenbackenbremse im Vorderrad. Jetzt erst durfte man

Wenn ein Motorrad bremst, verlagert sich sein Gewicht stärker aufs Vorderrad. »Dynamische Achslastverschiebung« wird das von den Technikern genannt. Das Vorderrad kann also größere Verzögerungskräfte aufnehmen als sein Partner hinten. Wenn aber vorn gar keine Bremse ist? Dann muß man schon sehr vorausschauend fahren, wenn man stets pünktlich zum Stehen kommen will. Die allererste BMW, die R 32, hatte vorne keine Bremse und hinten – in Gestalt der Keilklotzbremse – ein Verzögerungsinstrument, dessen zweifelhafte Wirkungsweise die Schemazeichnung zeigt: Es arbeitet wie ein Hemmschuh an einem Bauernwagen, also schwach.

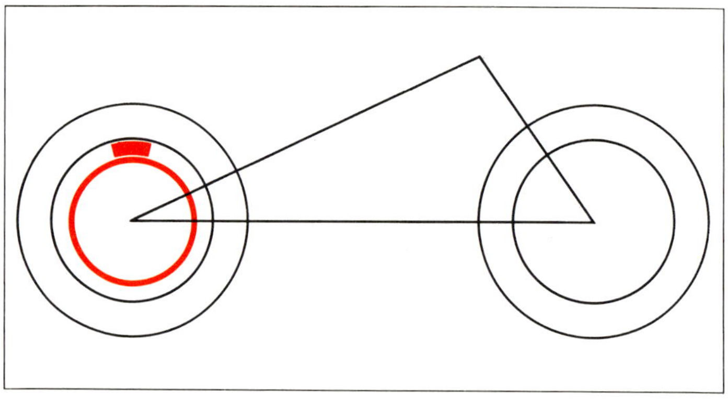

Der Fortschritt kam freilich schon bald. Ins anfangs leere Vorderrad rückte eine Trommelbremse mit zwei Bremsbacken, die über einen Seilzug nach außen, gegen die Innenwand der Trommel, gespreizt werden. Am Hinterrad zog BMW ab 1926 Nutzen aus dem Wellenantrieb: Die Außenseite der dämpfenden Hardyscheibe diente hinfort als Reibfläche für den Bremsbelag. Die Kardanbremse – eine Außenbackenbremse – war geboren. Sie blieb bis zum Jahr 1934.

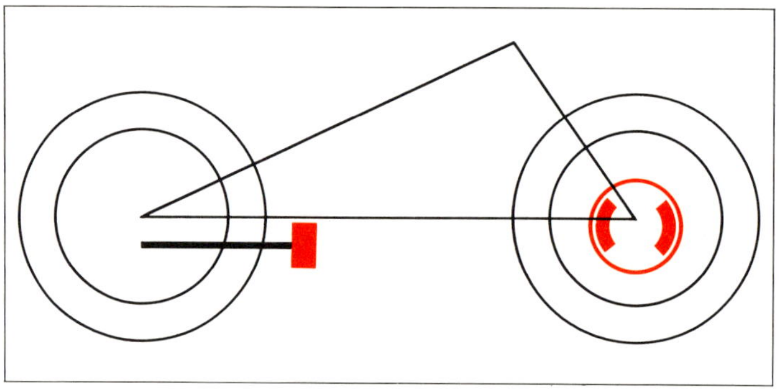

Lange Jahre wurde dann eine BMW gebremst wie jedes andere Motorrad: Nachdem 1935 auch am Hinterrad die Trommelbremse in Serie gegangen war, hatte sich dieses Bauprinzip endgültig als Standardausrüstung etabliert. Als später mehr Bremsleistung vorn erwünscht war, konnten noch Reserven mobilisiert werden: In Dienst traten die Duplexbremse mit zwei Betätigungsnocken und mehr »Selbstverstärkung« sowie die Vollnabenbremse mit ihren größeren Kühlflächen, die einer schnellen Überhitzung vorbeugten.

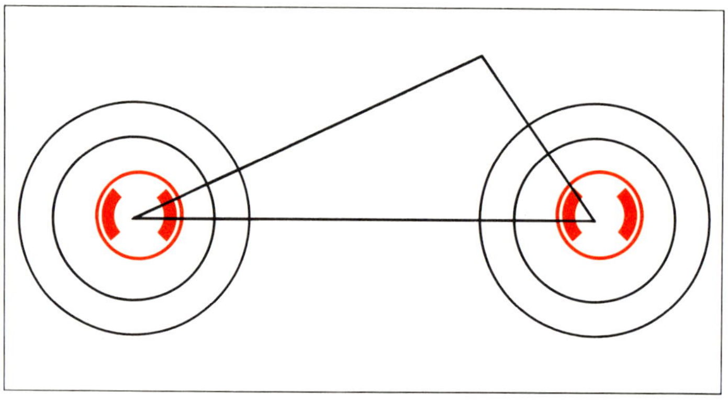

Im Jahr 1973 brach dann auch für BMW die Neuzeit an: Die Scheibenbremse kam. Sie brachte zugleich den Abschied von der mechanischen Bremsbetätigung über Seilzug und Gestänge. Ersetzt wurde sie durch die hydraulische Kraftübertragung vom Hauptzum Radbremszylinder. Die Scheibenbremse im Hinterrad gab es erst ab 1978, und auch nur bei den größten Modellen. Ihr Nutzen bleibt umstritten: Eine gute Trommelbremse kann ihren Part fast ebensogut – und bei Nässe sicherer – übernehmen.

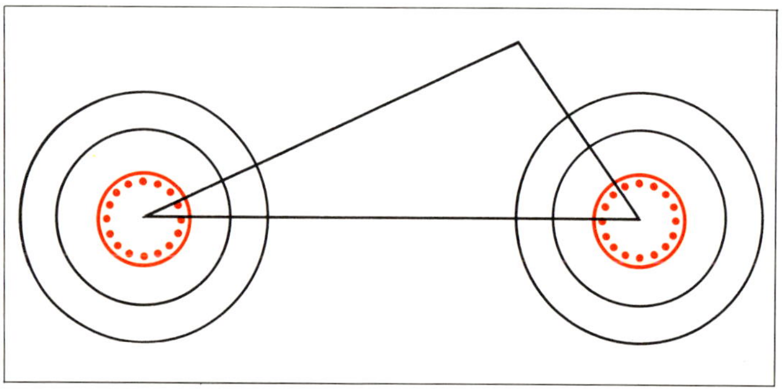

Grober Klotz am Hinterrad: Die simple Keilklotzbremse der R 32 preßt sich gegen eine Art zweiter Felge, die an den Speichen befestigt ist.

Hardy hilft bremsen: Das stoßdämpfende Element am Vorderende der Kardanwelle diente bis in die dreißiger Jahre als Reibungsfläche.

Trommeln für den Fortschritt: Die Innenbackenbremse hat fast fünf Jahrzehnte lang in BMW-Motorrädern dominiert – erst im Vorder- und später auch im Hinterrad.

Reiben mit Scheiben: Wie im Auto setzte sich auch im Motorrad die Scheibenbremse – zumindest im Vorderrad – durch. BMW locht die Fläche für bessere Nässe-Verzögerung.

sich eigentlich mit dieser Maschine auf die Straße wagen, und das Fahrerhandbuch konnte jedem neuen BMW-Käufer Mut machen: »Mit dem Motor als Bremse und den beiden Radbremsen läßt sich jedes überhaupt vorkommende Gefälle vollständig gefahrlos bewältigen.«

Im Jahr 1926 hatte dann auch bei BMW die Abschiedsstunde für die Keilklotzbremse geschlagen. Ersetzt wurde sie aber nicht etwa durch eine Trommelbremse, ähnlich wie im Vorderrad, sondern durch ein geniales anderes Ding, das der Kardanantrieb möglich machte: die Kardanbremse. Dort, wo die Antriebswelle das Getriebegehäuse in Richtung Hinterrad verließ, war ein stoßdämpfendes Zwischenstück, die Hardyscheibe, angebracht; ihre Außenseite diente zugleich als Reibfläche für den darübergreifenden Bremsbelag (Außenbackenbremse).

So sparte man sich den langen Übertragungsweg, der zu einer Bremse im Hinterrad notwendig gewesen wäre, und erschwerte den bei der R 32 sehr einfachen Ausbau des Hinterrads nicht unnötig. Bei den häufigen Reifenschäden der damaligen Zeit war das ein sehr bedeutsames Argument.

Die Kardanbremse wurde übrigens nicht mit der Fußspitze, sondern mit der Ferse getreten; bei dieser »Hackenbremse« blieb es, bis mit der R 5 im Jahr 1936 die Trittbretter durch Fußrasten ersetzt wurden und die bis heute gängige »Zehenbremse« in Mode kam.

Die Vorderradbremse der BMW-Zweizylinder-Modelle wurde im Lauf der Jahre immer wirkungsvoller, doch hielt man an der anfangs gewählten Bauart fest. Es dauerte auch bis 1935, ehe der R 12 als erster Zweizylinder-BMW auch im Hinterrad eine Trommelbremse (mit Betätigung über ein Gestänge) zugedacht wurde – die Kardanbremse war endgültig passé.

Danach tat sich wenig bis nach dem Krieg, als die weiter steigenden Motorleistungen gebieterisch nach besseren Verzögerungsmöglichkeiten verlangten: So bekam das Modell R 51/3 im Jahr 1952 eine Duplexbremse vorn (also eine Trommelbremse mit zwei statt nur einem Betätigungsnocken, zwei auflaufenden Backen und damit verdoppeltem »Selbstverstärkungseffekt«) und 1953 die damals gebräuchlich werdende Vollnabenform der Bremse (Bremskörper so breit wie die Radnabe). Gleichzeitig wurden, nach dreißig Jahren Alleinherrschaft der stählernen Räder, Felgen aus Leichtmetall und gerade anstelle von gekröpften Speichen eingeführt.

Die große Bremsenrevolution, in Gestalt der Scheibenbremse, brach dann erst 1973

Mit der R 60 endete die Zeit der Seitenwagen-Motorräder von BMW. Schon die R 32 war als Gespann zu fahren, und auch später wurden vor allem die Modelle mit seitengesteuerten Motoren gern mit Beiwagen kombiniert. Dann verdrängte das Auto die Gespanne.

aus, als BMW die neue Bauart mit hydraulischer Betätigung für die Serie /6 übernahm, zunächst freilich nur im Vorderrad (und bei der R 90 S bereits als Doppelscheibenbremse). Eine Scheibenbremse hinten wurde erstmals mit der R 100 RS des Modelljahres 1978 angeboten; sie blieb bisher auf die Spitzenmodelle beschränkt. Und ein Jahr früher, 1976, war zum ersten Mal ein Rad aus Leichtmetall-Druckguß an einer BMW zu sehen.

Nicht vergessen sei, daß eine BMW schon Anfang der vierziger Jahre eine hydraulische Bremse hatte – und das sogar an zwei Rädern. Es war die R 75 mit Seitenwagen, die von 1941 an für die deutsche Wehrmacht gebaut wurde. Mit dem Fußhebel wurden hier das Hinterrad der Maschine und das Seitenwagenrad gemeinsam mit Öldruck gebremst; die Vorderradbremse wurde ganz normal über einen Seilzug betätigt.

Dieses Kapitel darf ohnehin nicht zu Ende gehen, ohne die Zweizylinder-BMWs als Seitenwagenmaschinen zu erwähnen. Schon die R 32 war für einen 62 Kilogramm schweren Beiwagen zugelassen, der seinerseits 80 Kilogramm tragen durfte. 340 Kilo mit Fahrer und Passagier auf der einen Seite, 8,5 PS auf der anderen – das dürfte wohl kein sehr gesundes Verhältnis gewesen sein. Als von 1926 an die Motorleistungen stiegen, besserten sich die Voraussetzungen, und von der R 42 an war denn auch eine solide Seitenwagenbefestigung – am späteren Preßstahlrahmen sogar ein Fünfpunktanschluß – vorgesehen.

Bis zum 2. Weltkrieg blieben vor allem die BMW-Zweizylinder mit seitengesteuerten Motoren die klassischen Seitenwagenmaschinen. Sie ersetzten in jener Zeit vielen Motorradfahrern das Auto, das sie sich nicht anschaffen konnten oder wollten. Modelle wie R 11, R 12, R 6, R 61 und R 71 mit ihren Leistungen zwischen 18 und 22 PS aus 600 oder 750 cm³ Hubraum boten den kräftigen Durchzug aus niedrigen Drehzahlen und die Unverwüstlichkeit, die für den Seitenwagenbetrieb so wichtig sind.

Höhepunkt dieser Entwicklung war die R 75, die in diesem Kapitel schon einmal erwähnt wurde und der noch ein weiteres gewidmet sein wird. Diese Militärmaschine mit angetriebenem Seitenwagenrad hat sich an allen Fronten des Zweiten Weltkriegs tapfer geschlagen und sich einen dauerhaften Ruf geschaffen. Es gab kaum ein Gelände, das sie nicht bewältigen konnte, und kaum eine Strapaze, der sie technisch nicht gewachsen war. Sie war zugleich die einzige BMW, die ausschließlich für die Verwendung mit Seitenwagen konzipiert worden ist.

Nach dem Krieg blühte die »zivile« Seitenwagentechnik noch einmal auf. Mitte der fünfziger Jahre war das Nürnberger Unternehmen Steib mit 10000 Stück im Jahr der größte Seitenwagenhersteller der Welt. Seine Modelle S 350, S 500 L und TR 500, schon mit getrennter Federung von Rad und »Boot«, wurden auch (neben den klassischen Royal-Beiwagen) an BMW-Maschinen viel gefahren. Für einen solchen Seitenwagen mußte man in jener Zeit etwa ein Viertel des Motorradpreises aufwenden, und das war trotz der anrückenden Phalanx der Kleinwagen für viele noch die billigste Art der Familienmotorisierung.

Die R 67/3 war wohl die berühmteste Seitenwagen-BMW in den Jahren nach 1945, mit einer Höchstgeschwindigkeit (des Gespanns) von 120 km/h den meisten Wagen von damals zumindest ebenbürtig und wirtschaftlich – mit einem Preis von reichlich 4000 Mark – noch durchaus interessant. Die Vollschwingenmodelle R 50 und R 60 brachten schließlich einen letzten Höhepunkt in der Geschichte der Seitenwagen-BMW: »Denn die Schwinge vorn führt«, schwärmte Ernst Leverkus (»Klacks«) in einem Test in »Das Motorrad«, »da bricht nichts aus, da glitscht nichts seitlich weg – das Gespann läuft lammfromm bei höchstem Tempo dem Vorderrad nach.« Trotzdem mußte der Seitenwagen in den sechziger Jahren immer mehr dem Auto weichen.

Obwohl viele Gespannfreunde darüber traurig, ja verbittert waren, handelte man bei BMW wohl konsequent, als man 1969 mit der /5-Baureihe auf die Seitenwagentauglichkeit verzichtete: Seit dieser Zeit sind alle BMW-Motorräder Solofahrzeuge, und Gespanne, die auf der Technik der BMW-Maschinen basieren, sind heute Spezialkonstruktionen kleiner Unternehmen, die sich dem Seitenwagen neu verschrieben haben.

Wie die BMW Motorräder heißen

Die Typenbezeichnungen der BMW-Motorräder haben soviel Tradition wie die weiß-blauen Maschinen selbst: Seit jeher bestehen sie, bis heute, aus dem Großbuchstaben R (für »Rad«) und einer Zahl.

Die Zuordnung und zeitliche Reihenfolge der Zahlen freilich ist für den, der mit der BMW-Typengeschichte nicht genau vertraut ist, eher verwirrend als erhellend. Denn in den ersten acht Jahren der Münchner Motorradproduktion hatten die Ziffern keinerlei Bezug zu technischen Daten der Maschinen, etwa dem Hubraum.

Bis 1928 konnte man immerhin an einer 2 auf der Einerstelle erkennen, daß es sich um einen seitengesteuerten, und an einer 7, daß es sich um einen obengesteuerten Motor handelte. Die Ziffer auf der Zehnerstelle gab die jeweilige Modellgeneration an. Auch die erste Einzylinder-BMW, die R 39 von 1925, hatte eine jener schleierhaften Typenbezeichnungen.

Das Verwirrspiel ging bei den Zweizylindern noch weiter, bis 1936 mit der R 5 eine völlig neue Modellgeneration anrückte. Seither kann man aus dem Typencode wenigstens ungefähr den Hubraum des Motorrads herauslesen – bis heute.

Ausnahmen bestätigten, wie immer, die Regel: So hatten die Modelle mit den Zahlen 67, 68 und 69 nicht mehr als 600 cm^3 Hubvolumen.

Bei den Einzylindern herrschte schon seit der R 2 von 1931 numerische Ordnung. Nur gegen Ende ihrer Karriere – mit R 26 und R 27 – entfernte sich die Zahl hinter dem R immer weiter vom unverändert gebliebenen Hubraum von 250 cm^3 – ebenso wie vor und kurz nach dem Krieg bei den Modellen R 23 und R 24.

Seit 1969 sind die Modellbezeichnungen übersichtlich geworden: Die Typenziffer entspricht mehr oder weniger exakt einem Zehntel des Hubraums in Kubikzentimeter, die mit einem Schrägstrich abgetrennte Zahl (/6, /7) läßt die jeweilige Modellgeneration erkennen. S und RS kennzeichnen sportliche, T und RT fürs Touring optimierte Modelle, G/S ein für Gelände und Straße taugliches Konzept; das R dabei (im Gegensatz zum historischen R vor der Typziffer erst seit 1976 in Gebrauch) soll mitteilen, daß es sich um eine vollverkleidete Maschine handelt.

BMW-Historiker haben es leichter als die Chronisten anderer Marken: In der Entwicklung der bayerischen Maschinen ist mühelos der rote Faden zu finden. Es gab keine hektischen Sprünge beim Fortschritt, keine verwirrende Typenvielfalt. Kommen irgendwo Liebhaber älterer BMW-Motorräder zusammen, ist die Identifizierung der Modelle nicht schwierig. Nur in den Bezeichnungen der Typen muß man sich auskennen: Nicht immer war die Zuordnung so einfach wie heute. Das traditionelle »R« ist freilich geblieben.

Die Rennfahrer

Ernst Henne, Schorsch Meier

19. September 1929. An der Reichsstraße 13, von München nach Norden in Richtung Ingolstadt, haben sich etwa tausend Menschen versammelt. In Respektabstand stehen sie neben der Fahrbahn, alle Augen und Ohren in die gleiche Richtung gekehrt, dort, wo es zum Gasthaus »Kreuzhof« geht. Einer der Wartenden wirft noch einmal einen Blick auf die erste Seite der »Münchner Neuesten Nachrichten«, die er unter dem Arm trägt. »Henne, München, fährt heute um den Weltrekord«, steht da in riesengroßen Buchstaben.

Doch zum Weiterlesen bleibt keine Zeit. Ein dumpfer Auspuffton beherrscht plötzlich die herbstlich-kühle Morgenluft und drängt jeden anderen Eindruck zurück. Je näher er kommt, um so deutlicher wird er von einem singenden Pfeifen überlagert, dem typischen Kompressorgeräusch. Und dann geht alles so schnell, daß die Frühaufsteher kaum rasch genug die Köpfe wenden können: Ein rasendes Motorrad fliegt vorbei, darauf, tief in sich zusammengekrochen, der Fahrer mit weißem Helm und weißem Pullover – ein Mensch, der offenbar keine Nerven hat. Denn die Ingolstädter Landstraße ist ganze sechs Meter breit und alles andere als topfeben asphaltiert.

Schon ist der Auspuffdonner verhallt, aber er soll noch ein paarmal wiederkehren. Die letzte Fahrt, ausgerechnet die dreizehnte, wird für Ernst Henne, den Unerschrockenen, ums Haar zur allerletzten. Eine der vorderen Radmuttern hat sich gelöst, das Motorrad vollführt einen wilden Tanz, den sein Reiter nur unter Einsatz seines ganzen Könnens besteht – haarscharf an Bäumen, Telefonmasten und Zeitnehmertischen vorbei. Weiter will man's an diesem Tag nicht mehr treiben. Die Schlagzeilen für morgen sind ohnehin gesichert: Henne erreicht im Schnitt 216,75 km/h über die »fliegende Meile« und holt damit den ersten absoluten Motorrad-Weltrekord nach Deutschland. Eine Bastion der Engländer – seit 1923 sieben Bestmarken, von 175 auf 207,5 km/h – ist von BMW erstürmt worden.

Der erste Weltrekord für BMW: Ernst Henne am 19. September 1929 auf der Ingolstädter Landstraße bei München. Viel Mut gehörte dazu, auf dem nur sechs Meter breiten Asphalt mit weit mehr als 200 km/h.

16. Juni 1939. Zehntausende säumen den Bergkurs auf der Isle of Man, den Schauplatz der berühmten Tourist Trophy, die hier seit 1907 als unbestritten schwerstes Motorradrennen der Welt ausgetragen wird. An diesem Tag wird um die »Senior T. T.« gefahren, den Preis für die 500-cm³-Klasse. Das Feld ist bereits, nach alter Tradition, im 20-Sekunden-Abstand gestartet, darunter die sieggewohnten Briten mit den berühmten Namen: Harold Daniell und Freddie Frith auf Norton, Stanley Woods und Ted Mellors auf Velocette. Sie machen, darüber sind sich die Zuschauer einig, die Sache unter sich aus.

Aber schon die erste Meldung von der 60-Kilometer-Strecke, die siebenmal durchfahren werden muß und mehr Gefahrenpunkte hat als alle übrigen Rennkurse der Welt zusammengenommen, läßt Spannung erwarten. Fast ist es nicht zu glauben: Die 49, Number forty-nine, Meier/Germany auf BMW, ist bei Ballacraine Schnellster gewesen mit fast einer Viertelminute vor dem nächsten. Die britischen Hoffnungen kehren freilich bald zurück. Sieben Runden sind lang, trostet man sich, und erst am Schluß weiß man ganz genau, wer gewonnen hat. Aber es soll anders kommen. Die 49 verschwindet nicht mehr vom ersten Platz der Rundentafeln: Georg Meier, BMW-Werksfahrer auf der Kompressor-Zweizylindermaschine aus München, fährt sein Rennen – schnell und klug, viel und doch nicht zuviel riskierend. Am Ziel in Douglas hat er zwei Minuten und zwanzig Sekunden Vorsprung vor dem Zweiten – und auch dieser Zweite, der Engländer Jock West, fährt eine BMW. Weitere 32 Sekunden mehr hat der schnellste Norton-Mann, Freddie Frith, für die rund 422 Kilometer gebraucht.

Zum ersten Mal hat ein ausländischer Fahrer die »Senior T. T.« gewonnen – und wie! Die führende Motorradnation ist auf eigenem Boden geschlagen. Doch die Bestürzung der Rennfans auf der Insel weicht rasch dem Respekt und sogar einem Anflug von Begeisterung. Dieser Schorsch Meier ist ein Teufelskerl und seine Maschine ein wahres Wunderding. Gut zwei Monate später beginnt freilich der Krieg, der den sportlichen Wettstreit zwischen Deutschland und Großbritannien erst einmal beendet.

Zwei Namen – Ernst Henne, Schorsch Meier: Sie sind die Angelpunkte der Sporterfolge von BMW. Und sie haben nachhaltig fortgewirkt, unterstützt durch viele andere Siege von Männern, die nicht weniger ihr Bestes gaben. Selbst heute noch steckt ein Stückchen von Meiers T.-T.-Triumph im Renommee der Marke BMW. Der Niederbayer Meier und der Allgäuer Henne haben mehr gemeinsam als ihre weiß-blaue Abkunft und die Tatsache, daß sie nicht nur ihre Renn- und Rekordkarrieren wohlbehalten beenden konnten, sondern auch beide zu wohlhabenden Geschäftsleuten geworden sind.

Da ist ihre unbedingte Loyalität zu dem Münchner Unternehmen: Schorsch Meier hat nie etwas anderes gefahren als BMW, Ernst Henne – der erste bescheidene Erfolge auf Megola- und Astra-Maschinen erzielt hatte – war nach seinem Engagement durch Rudolf Schleicher im Jahr 1926 ebenfalls nicht mehr »fremdgegangen«.

Da ist ihr durchaus vergleichbarer Mut und persönlicher Einsatz: Henne hat sie vor allem bei seinen insgesamt 76 Weltrekorden bewiesen, von denen er sagt, er habe für jeden von ihnen »soviel

Ein wenig starr schaute man noch in die Kamera damals. Aber der Mann mit den guten Nerven, Ernst Henne, blickt immerhin freundlich dabei. Er, der spätere Weltrekordler, hatte 1926 bei BMW als »normaler« Rennfahrer angefangen.

Erst Mitte der dreißiger Jahre ging Ernst Henne seine Weltrekorde mit verkleideten Maschinen an. Bis dahin wurde ohne aerodynamische Hilfsmittel gefahren. Der berühmte »Stromlinien-Helm« zeigt, wie experimentierfreudig man in jenen Tagen war.

Weltrekorde fahren: Das ist ein einsamer Kampf. Der Gegner ist die Uhr, aber nicht nur sie. Auch die Angst, die Zweifel wollen erst einmal niedergerungen sein. Denken? Besser nicht. Doch der Mann in dem silbernen Torpedo auf zwei Rädern ist weder ein Hasardeur noch ein Eisblock. Nach dem Start weiß er sich zu konzentrieren wie kaum einer. Und was er dann tut, ist mehr Reflex als bewußtes Handeln: schalten, Störeinflüsse korrigieren, kuppeln, wieder schalten, gegenlenken, und noch weiter herunter den Kopf, die Augen noch weiter verdrehen, damit sie die Fahrbahn noch erfassen können, diesen endlosen, immer dünner werdenden Strich, mit Brücken wie Nadelöhre . . .

Allein sieben absolute Motorrad-Weltrekorde über den »fliegenden Kilometer« (oder die »fliegende Meile«) hat Ernst Henne für BMW gefahren, im zermürbenden Zweikampf mit fernen Konkurrenten, die in anderen Ländern dem gleichen Ziel nachjagten – Bert LeVack, Joe S. Wright, Eric Fernihough, Piero Taruffi. Mit 216,8 km/h fing es 1929 an. Ebenfalls in München löschte er ein Jahr später die Bestzeit von Wright – mit 221,5 km/h. 1932, im ungarischen Tat, mußte er mit 244,4 km/h erneut Wright und seinen inzwischen zwei Jahre alten Rekord besiegen. Dann – 1934, 1935 und 1936 – trat Henne gegen sich selber an und schraubte den »Absoluten« von

246,1 km/h (in Gyon/Ungarn) über 256,0 km/h auf 272,0 km/h, jetzt auf der neuen Autobahn bei Frankfurt. Mit seiner letzten Bestmarke 279,5 km/h schlug er 1937 die Gilera von Taruffi und blieb bis 1951 der schnellste Mensch auf zwei Rädern.

Nerven verbraucht wie bei zehn Rennen«; der sechs Jahre jüngere Meier, der schon als Landpolizist und Berufssoldat ein Naturtalent für Gelände- und Zuverlässigkeitsfahrten gewesen war, hat später in vielen Straßenrennen gezeigt, wie souverän er die nicht immer einfach zu handhabenden Boxermaschinen beherrschte und wie er kämpfen konnte, ohne dabei blind für Gefahren zu sein.

Da sind ihre menschlichen Qualitäten, die sie zum Vorbild für ganze Rennfahrergenerationen machten: den schlanken, drahtigen Henne, der bei seinen Rekordjagden »gegen die Uhr« zeigte, daß man sich niemals aufgeben darf, den großgewachsenen, durchtrainierten Meier, dessen Ausstrahlung als Sportler bis heute nur mit der Beliebtheit von Max Schmeling zu vergleichen ist. Beide sind ungeschlagen vom aktiven Rennsport zurückgetreten: Henne 1937, nach seinem letzten Weltrekord, der vierzehn Jahre Bestand haben sollte, Meier 1953 als Deutscher Meister der Halbliterklasse und bis dahin unbestritten erfolgreichster deutscher Rennfahrer überhaupt.

Sport mit BMW-Motorrädern hat es – fast – von Anfang an gegeben. Mit der seitengesteuerten R 32 war auf diesem Feld freilich noch kein Staat zu machen. Aber die R 37 mit hängenden Ventilen und 16 PS Leistung bot schon bessere Möglichkeiten. Sie war das Kind von Rudolf Schleicher und sollte 1924 die Scharte wieder auswetzen, die im Jahr zuvor beim ersten ernsthaften Einsatz der neuen Boxermotorräder, beim Solitude-Rennen in Stuttgart, durch einen totalen Mißerfolg entstanden war. Daß diese Generalprobe daneben gegangen war, sollte ein gutes Omen sein: Das Dreigespann Schleicher (damals fuhren die Werkskonstrukteure noch selbst), Franz Bieber und Rudolf Reich gewann diesmal alle Klassen, Reich zudem mit Tagesbestzeit. Damit war BMW zumindest in Deutschland mit einem Schlag bekannt geworden, ja sogar fast schon in eine Favoritenrolle geschlüpft. Die Deutsche Meisterschaft der Halbliterklasse wurde für die nächsten Jahre – bis 1929 – abonniert. Franz Bieber errang 1924 den ersten Titel, Rudolf Reich folgte 1925 und Ernst Henne, der Neuling im BMW-Fabrikteam, ein Jahr später; dreimal hintereinander gelang dann Hans Soenius der große Erfolg. Josef Stelzer konnte, mit der neuen Einzylinder-BMW (R 39), 1925 Deutscher Meister der Viertelliterklasse werden.

Was freilich zunächst noch fehlte, war internationale Anerkennung. Nach dem Krieg hatte die deutsche Motorradindustrie im Sport den Anschluß verpaßt. Sie beschränkte sich auf die heimischen Rennstrecken, weil die Erfolgsaussichten im Ausland, gegen die starke britische Konkurrenz, verschwindend gering waren. Einer von BMW jedoch wagte sich sogar in die Höhle des Löwen. Da in dieser Zeit sowohl Fahrer als auch Maschinen Allroundqualitäten hatten, also in Geländewettbewerben ebenso einzusetzen waren wie in Straßenrennen (denn die »Straßen« hatten damals oft noch Ähnlichkeit mit gut gepflegten Feldwegen), entschloß sich Rudolf Schleicher 1926 zum Start bei der berühmten Sechstagefahrt in England, der schwersten Geländeprüfung für Motorräder.

Das Werk fand sich freilich zu einer offiziellen Nennung nicht bereit, Schleicher mußte sich daher als Privatfahrer auf BMW einschreiben lassen. Die Briten machten es ihm nicht gerade leicht; er mußte mit Straßenreifen starten, denn auf wundersame Weise waren alle Geländepneus ausverkauft, als er sich in England noch rechtzeitig damit ausrüsten wollte. Nun wollte er es den Engländern erst recht zeigen – und das gelang ihm mit Bravour. Er kehrte mit einer Goldmedaille aus dem Mutterland des Motorradsports heim, der ersten für einen Deutschen überhaupt.

Seine R 37 und er ernteten hohes Lob. Die Zeitschrift »Motor Cycle« schrieb am 26. August 1926 in ihrer Zusammenfassung der Resultate: »BMW: R. Schleicher, Goldmedaille. Ein hervorragender Fahrer auf vielen Bergstrecken. War niemals in Schwierigkeiten.« Und der Londoner Fachprofessor A. M. Low attestierte der BMW, sie sei »allen britischen Maschinen in der Konstruktion um Meilen

Drei, die vor oder hinter den Kulissen BMW-Geschichte gemacht haben: rechts Schorsch Meier, neben ihm Ludwig (»Wiggerl«) Kraus und Meister Sepp Hopf.

Fast von Anfang an waren BMW-Motorräder auch im sportlichen Wettkampf dabei. Sobald mit den obengesteuerten Motoren die Voraussetzungen für Erfolge geschaffen waren, mischten sich die Münchner Boxer in die Felder der Straßenrennen und Geländefahrten. Bald folgten auch Siege im Ausland und damit die so wichtige internationale Anerkennung. Aber erst die dreißiger Jahre brachten den wirklichen Durchbruch: BMW entwickelte eine Kompressor-Maschine, die schnell genug für Weltrekorde und zugleich so zuverlässig war, daß man sie – entsprechend angepaßt – zur Internationalen Sechstagefahrt in die Allgäuer Berge schicken konnte. Mit ihr gelang Schorsch Meier 1939 sein sensationeller TT-Sieg, und mit einer Überlebenden ihrer Art startete dann auch der BMW-Sport nach dem Krieg. Ein letzter Höhepunkt waren die kompressorlosen RS-Modelle in den fünfziger Jahren, die später noch lange Zeit mit Seitenwagen erfolgreich waren und vielen Weltmeistern auf der Maschine und im »Boot« zum Sieg verhalfen. Danach machten die Boxer vor allem im Gelände von sich reden: Unüberhörbar schließlich im Jahr 1981, als eine R 80 G/S die Rallye Paris–Dakar, ein Geländerennen quer durch die Sahara, gewann. Viele Fahrer verdanken den BMW-Maschinen ihren Ruhm. Und BMW verdankt ihnen dafür den Ruf einer großen Marke.

Schorsch Meier und zwei seiner größten Erfolge: Die TT-Siegesfahrt 1939 (oben) und das internationale Comeback von BMW beim Solitude-Rennen 1951, das der Bayer (unten, vorn) als Fünfter beendet.

voraus«. 1927 folgten dann die ersten großen Straßen-Rennerfolge im Ausland. Paul Köppen gewann die Targa Florio in Sizilien, Toni Bauhofer die Tschechische Tourist Trophy, Emmerich Nagy den Großen Preis von Österreich. Das Ansehen von BMW war auch außerhalb Deutschlands endgültig gefestigt.

Die Anforderungen an die Leistungskraft des Motors, die zum Siegen notwendig war, wuchsen allerdings schneller als die Möglichkeiten, die der Boxermotor in seiner seriennahen Form bot. Ein Kompressor mußte her. Schleicher und der geniale Meister Sepp Hopf – ein gelernter Schuster mit einem einmaligen »Händchen« für Motoren und guter Geist von mehr als drei Jahrzehnten Renn-Entwicklung bei BMW – begannen 1926 mit den ersten Versuchen. Max Friz, der Konstruktionschef, zog freilich (noch) nicht mit, und Schleichers Weggang von BMW zu Horch hatte gewiß auch mit dieser Meinungsverschiedenheit zu tun. Friz freundete sich dann doch mit dem Lader an, und unter Hopfs Ägide entstanden Kompressorversionen von R 37/47 und später R 63 mit spezifischen Leistungen bis nahe 50 PS je Liter Hubraum.

In Straßenrennen waren sie, vor allem auf kurvenreichen Kursen, den leichteren englischen Konkurrentinnen jedoch bald nicht mehr gewachsen, und so konzentrierte sich BMW mit Ernst Henne auf den werbewirksamen absoluten Weltrekord. Der erste davon – 1929 auf der Ingolstädter Landstraße – wurde mit einer 750-cm³-Maschine auf Basis der R 63 errungen, die mit Alkoholtreibstoff 55 PS auf die Straße brachte.

Bis 1935 gelang Henne viermal eine Verbesserung der Rekordmarke bis auf 254 km/h; die Leistung der verwendeten Motorräder stieg in dieser Zeit auf fast das Doppelte, nämlich auf reichlich 100 PS. Dann allerdings war auch diese Konzeption am Ende.

Unter Leitung von Rudolf Schleicher, der 1931 zu BMW zurückgeholt worden war, entstand eine neue Rennmaschine, parallel zur Entwicklung des berühmten 500-cm³-Serienmodells R 5. Der von

Immer wieder begeisterten die BMW-Gespannsiege das Publikum: Die tollkühnen Turnereien des »Schmiermaxen« im Seitenwagen und sein präzises Zusammenspiel mit dem Fahrer reißen jeden Motorrad-Fan mit. (Max Klankermeier und Hermann Wolz)

Die Waldmeister: Auch im Gelände standen die BMW-Gespanne stets ihren Mann. Wiggerl Kraus – hier im Bild – war schon vor dem Krieg einer der besten Fahrer der bayerischen Marke. Und danach half er, ihren Ruhm neu zu begründen.

BMW schon seit Jahren vervollkommnete, jetzt vorn, direkt an der Kurbelwelle montierte Kompressor lieferte das vorverdichtete Kraftstoff-Luft-Gemisch an völlig andersartige Zylinderköpfe, die mit zwei über Königswellen angetriebenen obenliegenden Nockenwellen ausgerüstet waren. Nicht weniger als siebzehn Kegel- und Stirnräder waren in diesem Motor am Werk, der für Straßenrennen gut 50 PS, in den Weltrekordmaschinen über 100 PS abgab. Mit ihm konnte Ernst Henne 1936 und 1937 noch zweimal zum schnellsten Motorradfahrer der Welt werden – nicht ohne Probleme, die sich im Geschwindigkeitsbereich über 260 km/h durch die Vollverkleidung der Fahrzeuge ergaben und Henne mehrmals in tödliche Gefahr brachten. Der im November 1937 auf der Autobahn Frankfurt–Darmstadt gesetzte Rekord von 279,5 km/h wurde erst 1951 von dem NSU-Fahrer Wilhelm Herz überboten.

Der Königswellenmotor war auch wieder für internationale Rennerfolge und deutsche Meisterschaften gut – unter Fahrern wie Otto Ley und Karl Gall. 1935 wurden die Kompressormaschinen sogar, im festen Vertrauen auf ihre Zuverlässigkeit, zur Internationalen Sechstagefahrt – diesmal im Allgäu – geschickt: Ernst Henne, Pepi Stelzer und, als Gespannfahrer, Ludwig (»Wiggerl«) Kraus/Josef Müller gewannen gemeinsam den Nationenpreis, die Trophy. Ein gleicher Erfolg war schon, mit Saugmotoren, 1933 und 1934 gelungen. Daß 1936, im Großen Preis von Schweden, Otto Ley und Karl Gall erstmals wieder über die englischen Nortons siegreich waren, ließ ein noch größeres Comeback erhoffen.

Dieses Comeback war vor allem die Sache eines Mannes, der sich mit zwei Kameraden – Josef Forstner und Fritz Linhardt – in vielen Geländefahrten den Ehrennamen »die Gußeisernen« verdient hatte, eben jenes Schorsch Meier. 1937 war er – eigentlich fast gegen seinen Willen – von BMW erstmals auch auf eine Straßenrennmaschine gesetzt worden. Er fand bald Gefallen daran, stieg 1938 voll ein und beendete die Saison als Deutscher Meister und Europameister der Halbliterklasse. Vier Große Preise wurden von ihm gewonnen, einer von Jock West. Im kommenden Jahr stand dann England kopf, als der Bayer erster in der Senior T. T. wurde – ein Erfolg, der durch den Todessturz des BMW-Werkfahrers Karl Gall im Training überschattet war. Auch Meier sollte noch mit dem Rennfahrerrisiko Bekanntschaft machen: Zwei Monate nach der T. T. mußte er beim Großen Preis von Schweden »absteigen«. Im Krankenhaus erlebte er den Kriegsanfang, der Vize-Europameistertitel war für alles nur ein schwacher Trost.

1946 heißt es dann erneut »Schorsch Meier auf BMW«. Der »Gußeiserne« hatte eine Rennmaschine, unter Heu versteckt, über den Krieg gebracht und startete bei den ersten Veranstaltungen unter der Schirmherrschaft sportbegeisterter amerikanischer Besatzungsoffiziere. Ein Sieg wird an den anderen gereiht, und von 1947 bis 1950 werden vier deutsche Meisterschaften herausgefahren. Unvergessen bleiben Meiers Zweikämpfe mit dem NSU-Fahrer Heiner Fleischmann, dessen Maschine stärker, aber auch viel schwerer war als die BMW.

Das Jahr 1951 bringt das Verbot der Kompressormotoren. Mit einem »amputierten« Motor – Königswellen, aber kein Kompressor – versucht BMW den Anschluß wiederzugewinnen. Beim ersten Großen Preis von Deutschland nach dem Krieg auf der Solitude gibt es die erste Konfrontation mit dem inzwischen wieder weit überlegenen alten Gegner Norton. Meier fährt, wie seine Freunde sagen, »das Rennen seines Lebens« und wird fünfter. Ihm zur Seite steht inzwischen ein junger Mann, der mit seinem eleganten Fahrstil dreimal Deutscher Meister werden sollte: Walter Zeller. Beide starten 1953 mit der neuentwickelten, auch für Privatfahrer käuflichen RS-Rennmaschine mit Vorderradschwinge, die mit Benzineinspritzung auf weit über 60 PS kam. Ihre letzte Version, nach 1956, wurde noch von so bekannten Rennfahrern wie Geoff Duke und Fergus Anderson bewegt.

Die Erfolge in den Soloklassen wurden jedoch spärlicher; der letzte Große Preis wurde auf einer BMW ohne Seitenwagen 1958 gewonnen.

Erst in den siebziger Jahren erwachte Privatfahrerinteresse am Serienmaschinensport mit BMW: Helmut Dähne und Hans-Otto Butenuth errangen hier einen schönen Erfolg, als sie 1976 das Internationale Produktionsmaschinenrennen der T. T. in der Klasse bis 1000 cm³ als Sieger beendeten.

In der Seitenwagen-Weltmeisterschaft sollte die Vorherrschaft der BMW-Motorräder dagegen noch bis weit in die siebziger Jahre hinein anhalten. Teams wie Max Klankermeier/Hermann Wolz und Wiggerl Kraus/Bernhard Huser siegten nach 1948 auf deutschen Strecken, und 1954 gewann Wilhelm Noll, der Mann, der mit seinem runden Gesicht und der Gelehrtenbrille so gar nicht wie ein großer Kämpfer aussah, mit Fritz Cron die erste Gespann-Weltmeisterschaft für BMW – nicht zuletzt ein Erfolg für den Motorenkonstrukteur (und früheren Rennfahrer) Alex von Falkenhausen und sein Entwicklungsteam.

Bis 1974 mußten die RS-Gespanne nur zweimal einem anderen den Vortritt in dieser Disziplin überlassen. Klaus Enders erkämpfte mit Rolf Engelhardt die meisten Titel, nämlich sechs. Deubel/Hörner wurden viermal hintereinander in ununterbrochener Reihenfolge Weltmeister, Schneider/Strauß wie Noll/Cron und Scheidegger/Robinson – eine schweizerisch-britische Paarung – zweimal.

Vielen Rennbesuchern wird diese große Zeit der BMW-Gespanne, die 1974 endete, unvergessen bleiben: die vielen tollkühnen Fahrten der Zweiermannschaften auf der Maschine und im »Boot«, die immer nur dann siegen können, wenn sie bis ins kleinste aufeinander eingespielt sind. Es gab freilich auch Einzelleistungen im Gespannsport, nämlich Weltrekordfahrten, die mit Ballast anstelle eines Passagiers im Seitenwagen gestartet wurden. 116 Bestzeiten wurden auf BMW-Seitenwagenmaschinen zwischen 1954 und 1959 erreicht.

Schließlich seien die Wettbewerbe abseits der Straße nicht vergessen. Die Geländeerfolge von Schleicher bis zu den »Gußeisernen« wurden in den fünfziger Jahren fortgesetzt, obwohl die großen Viertakter gegenüber der leichteren Zweitaktkonkurrenz mehr und mehr gehandikapt waren. Aber in der Geländemeisterschaft gab es in der Solo-Halbliterklasse und bei den Gespannen immer wieder deutsche Meistertitel für BMW-Fahrer: Namen wie Sebastian Nachtmann, Herbert Schek, die Gebrüder Hartmann und die Gebrüder Noss stehen hier für viele. Beim Gelände-Seitenwagenwettbewerb sind BMW-Motoren bis heute vorn. 1979 ist schließlich auch das BMW-Werk wieder in den Solo-Geländesport eingestiegen. Ein Klassensieg in der Internationalen Sechstagefahrt und ein deutscher Meistertitel – jeweils für Maschinen über 750 cm³ – waren der Lohn. 1980 war eine BMW in der deutschen Mannschaft, die bei der Sechstagefahrt die Silbervase gewann. Einen aufsehenerregenden Erfolg gab es nur wenige Monate später, als eine R 80 G/S Sieger der Rallye Paris–Dakar wurde, einer der härtesten Prüfungen der Welt

Dreimal – 1951, 1954 und 1955 – war er Deutscher Meister der Halbliterklasse: Walter Zeller auf der BMW RS. Für seinen Fahrstil berühmt, konnte der junge Mann aus Hammerau an Schorsch Meiers Nachkriegserfolge anknüpfen.

Wilhelm Noll und Fritz Cron errangen 1954 die erste von achtzehn Gespann-Weltmeisterschaften, die bis 1974 auf BMW-Maschinen gewonnen wurden. Nur eine einzige andere Marke brachte es, zwischen 1956 und 1974, zu einer gleichen Siegesserie: MV Agusta.

Radaufhängung und Federung

Zum Beispiel R 12 1935

Revolution am Vorderrad: Die erste Teleskopgabel von BMW – hier an der R 17, der Schwester der R 12.

Ein guter Motor macht noch kein gutes Motorrad. Wenn keine Harmonie zwischen Trieb- und Fahrwerk herrscht, muß das Ergebnis – zwar nicht auf dem Prospektpapier, aber auf der Straße – unbefriedigend bleiben. Bei BMW war es seit Max Friz eine Frage der Qualität, daß das Gleichgewicht von Motorleistung und Fahreigenschaften von vornherein gewahrt sein muß. Allenfalls durfte das Fahrwerk »schneller« sein als der Motor, nicht aber umgekehrt.

Ob die Münchner diesem Anspruch stets gerecht wurden, das sollte man nun freilich nicht aus der fortschrittlichen Sicht der achtziger Jahre betrachten. Wer eine heutige Zweizylinder-BMW fährt, wird zum Beispiel den Starrahmen der R 11 von 1929 als kaum zumutbar empfinden, wenn ihm mehr an Komfort und Straßenlage als an Nostalgie gelegen ist. Doch aus dem Blickwinkel der jeweiligen Zeit hat sich das Münchner Unternehmen im großen und ganzen an seine Selbstverpflichtung gehalten. Zwar hat es manchmal im Fortschritt allzusehr gezögert (etwa bei der Federung des Hinterrads), aber bei anderer Gelegenheit hat es auch Pioniertaten vollbracht, von denen die Motorradhersteller der Welt noch heute profitieren.

Der bedeutendste Geniestreich datiert aus dem Jahr 1935. Mit dem Modell R 12 führte BMW als erster Hersteller der Welt eine Teleskopgabel für das Vorderrad in die Serienproduktion ein. So wurde die weiß-blaue Marke zum Urvater dieses Bauprinzips, das heute – und schon seit langer Zeit – bei fast allen Motorrädern angewandt wird.

Die BMW-Telegabel hatte von Anfang an hydraulische Stoßdämpfer. Darin bestand vor allem ihre Überlegenheit gegenüber den herkömmlichen Vorderradfederungen. Fahrbahnstöße wurden nicht nur gemildert, sondern wirklich »geschluckt«.

Varianten einer Idee: Bis 1935 hing das Vorderrad an einer kurzen Schwinge, anfangs aus Rohren (oben), später aus Preßstahl. Blattfedern boten spärlichen Komfort.

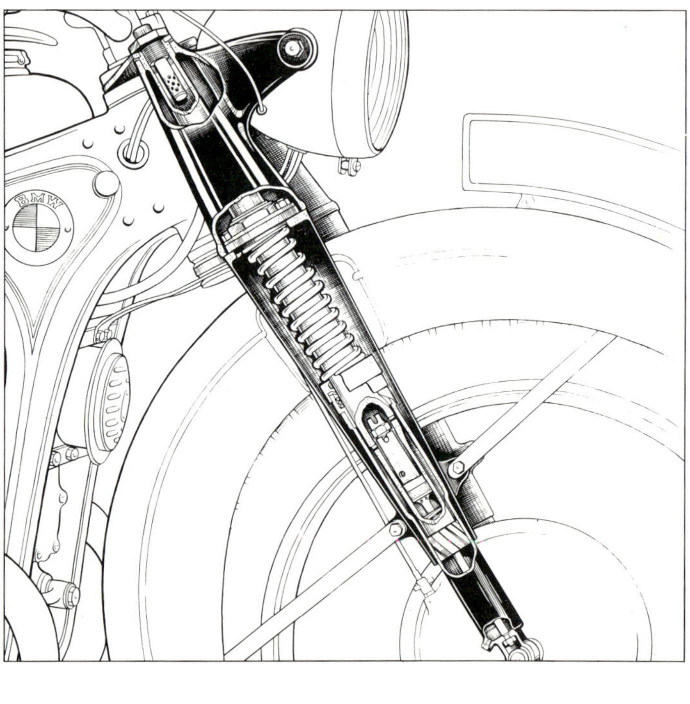

Gegenüber der blattgefederten Kurzschwinge und der (von BMW nie verwendeten) Trapezgabel bedeutete die Teleskopfederung Mitte der dreißiger Jahre einen gewaltigen Fortschritt. Sie bot größere Federwege und eine bessere Führung des Vorderrads, stellte keine Wartungsansprüche und war vor allem mit der heute so selbstverständlichen hydraulischen Stoßdämpfung ausgestattet – Voraussetzung dafür, daß das Rad unter allen Umständen am Boden bleibt.

Nicht weniger wichtig waren die übrigen Vorzüge: viel größere Federwege, kein Wartungsaufwand, erheblich bessere Seitenführung des Vorderrads und damit insgesamt mehr Fahrsicherheit. Kurz: Das war ein Sprung nach vorn, den auch die Tester von damals gar nicht genug loben konnten. »Over rough ground the BMW could be driven as straight as a die«, frohlockte »Ambleside«, der gefürchtete Kritiker des berühmten britischen Fachblatts »The Motor Cycle«, in seinem Bericht vom 18. April 1935, und er fügte, offenbar nicht ohne Erstaunen, hinzu: »At speed, road shocks were conspicuous by their absence.« Der Respekt der Engländer – damals immer noch die Nummer eins im Motorradbau der Welt – vor der »famous German factory« BMW hatte neue Nahrung bekommen.

Wie viele bedeutende technische Neuerungen war die Teleskopgabel eigentlich recht einfach. »Bewegliche, die Steckachse des Vorderrads unmittelbar umfassende Rohre sind über feststehende Rohre, die mit der Steuerachse verbunden sind, geschoben und stützen sich gegen Schraubenfedern ab. Für die Führung der Rohre sorgen in jedem Gabelholm je zwei Gleitlager, die einzigen einer geringen Abnützung unterworfenen Teile der Gabel, zum Unterschied von Vorderradgabeln bisher üblicher Aufbauform mit ihren zahlreichen außenliegenden und starkem Verschleiß unterworfenen Lagerstellen.«

So beschrieb BMW selbst die Vorzüge der Neukonstruktion und lobte nicht ohne Stolz ihre Wirkungsweise: »Diese Bauart verleiht der Gabel Fahreigenschaften, die weit über dem Durchschnitt liegen, indem durch sie die auf das Vorderrad wirkenden Stöße weich und fast reibungsfrei aufgenommen, die Rückstöße dagegen stark gedämpft werden. Damit erfüllt sie die an eine vollkommene Federung gestellten Anforderungen in weitestem Maße.«

Zwölf Jahre lang hatten sich BMW-Fahrer allerdings mit weniger Perfektem plagen müssen. Immerhin hatte die R 32, als sie im Jahr 1923 herauskam, eine für damalige Verhältnisse fortschrittliche Vorderradfederung. Weithin üblich war in den zwanziger Jahren die Trapezgabel: Rad und Kotflügel waren an starren Gabelholmen befestigt, und alles zusammen wurde direkt am Lenkkopf in einer sogenannten Parallelogrammaufhängung angebracht. Die Gabel konnte sich auf diese Weise etwa pa-

rallel zur Lenkachse auf- und abbewegen; gefedert wurde sie mit einer zentralen Schraubenfeder.

Obwohl diese Konstruktion sehr beliebt und verbreitet war (man fand sie bis zum Krieg praktisch überall und auch danach noch eine ganze Weile), hatte sie eigentlich mehr Nachteile als Vorzüge: Die ungefederten Massen waren sehr groß, die insgesamt acht Drehpunkte der zwei Holme mußten dauernd und hingebungsvoll geschmiert werden und waren doch nach kurzer Zeit ausgeschlagen, so daß die ganze Gabel mit zuviel Spiel schlackerte und von Lenkpräzision kaum mehr die Rede sein konnte. Auch Brüche der Aufhängungsbolzen kamen vor – mit bösen Folgen.

Die Trapezgabeln federten sehr grob, und da es auch noch kaum irgendwo eine hydraulische Dämpfung gab, sondern allenfalls Reibstoßdämpfer mit entweder zuviel oder zuwenig Wirkung, war die Fahrkultur solcher Motorräder auf keinem sehr hohen Stand.

Da war die erste BMW schon ein wenig besser: Ihr Vorderrad war an der Gabel mit zwei kurzen, gezogenen Schwinghebeln aufgehängt. Diese Schwinghebel waren über zwei nahezu senkrecht stehende Streben mit zwei Viertelelliptik-Blattfedern verbunden, die am unteren Ende des Lenkkopfs angeschraubt waren und sich wie zwei Nasen nach vorn über den Kotflügel streckten. Federte das Vorderrad ein, so drückten die Schwinghebel über die Verbindungsstreben gegen die Federn, der Stoß wurde aufgefangen und zumindest ein bißchen gemildert. Da die Federn aus mehreren Blättern bestanden, die sich aneinander rieben, gab es auch so etwas wie einen kleinen Dämpfungseffekt.

Insgesamt war das zwar keine besonders komfortable Lösung, aber gegenüber der Trapezgabel hatte sie wenigstens den Vorteil, daß die ungefederten Massen erheblich geringer waren (Rad, Schwinghebel und Verbindungsstreben) und daß nur zwei lebens-

Einstellbare Dämpfung: mit Handrad an den Reibungsdämpfern der späteren Schwinggabeln (links), mit Hebelchen oben auf den Holmen an der Teleskopgabel von R 5 und R 6.

Schon die erste BMW, die R 32, hatte eine Steckachse für das Hinterrad: Der Radausbau, bei den häufigen Reifenpannen nur zu oft nötig, wurde damit sehr erleichtert. Mit dem Preßstahlrahmen kam dann auch die Steckachse vorn.

So wie an der R 6 (Bild oben) sah bei den BMW-Zweizylindern fünfzehn Jahre lang die Hinterradfederung aus: es gab keine. Die Achse des Rads war direkt mit dem Rahmen verschraubt, Fahrbahnstöße von hinten mußte der Sattel auffangen. Im Vergleich dazu war die erste Geradwegfederung am Hinterrad – sie kam 1938 an der R 51 – schon eine sehr komfortable und begrüßenswerte Sache (Bild rechts), obwohl der Federweg noch sehr kurz blieb.

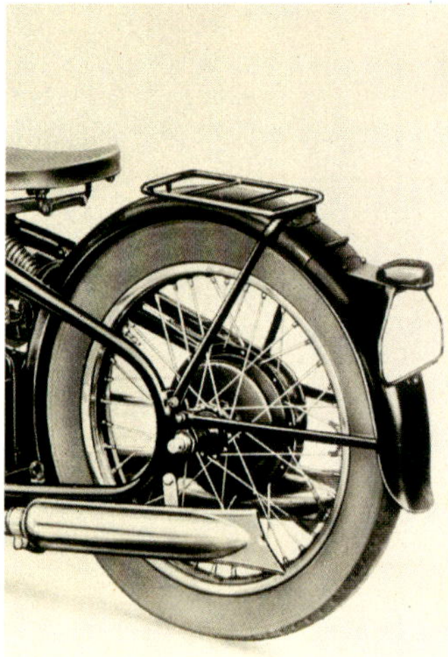

wichtige Drehpunkte Aufmerksamkeit verlangten, nämlich dort, wo die Schwinghebel am unteren Gabelende angelenkt waren.

Der Federweg war freilich gering – mit der positiven Folge, daß der Fahrer sehr niedrig saß und mit den Füßen leicht auf den Boden kommen konnte –, und da es auch noch keine Hinterradfederung gab, sind die ersten BMW-Freunde trotz allem arg durchgeschüttelt worden. Einzige Rettung war ein gut gepolsterter Sattel – aber auch der konnte kaum nachholen, was die Radaufhängungen versäumt hatten.

So muß man heute wohl nachsichtig schmunzelnd aufnehmen, was BMW seinen Käufern ins Fahrerhandbuch der R 32 schrieb: »Eine kräftige Auslegerfederung ermöglicht weiches, stoßfreies Fahren selbst auf schlechten Straßen.« Die Wirklichkeit war gewiß ein wenig anders und nur auszuhalten, weil unsere Großväter nichts Besseres kannten.

Bei dieser Auslegerfederung blieb es lange Jahre. Sie überlebte die Umstellung vom Rohr- auf den Preßstahlrahmen, die auch die Gabelrohre in Stahlpreßteile mit doppel-U-förmigem Querschnitt verwandelte. Eine einzige Blattfeder löste die früheren zwei ab; Reibungsstoßdämpfer wie an den Rennmaschinen gab es erst auf Wunsch, später serienmäßig. Doch bis 1935 die Teleskopgabel kam, hatte sich an der Ur-Gabel der BMW-Zweizylinder nichts Wesentliches geändert – und ebensowenig daran, daß das Hinterrad immer noch ganz ohne Federung auf- und abhüpfen mußte.

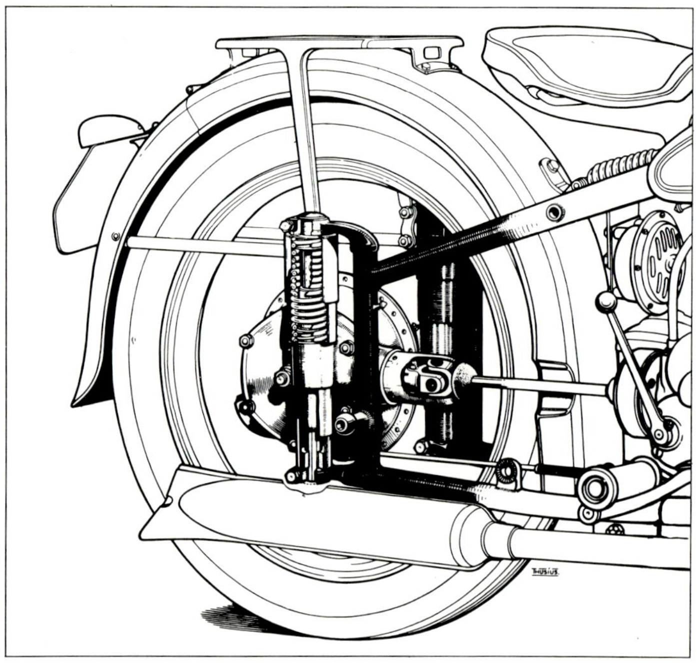

Während die Münchner ihre neue Telegabel rasch weiter verbesserten – 1936, in der R 5, konnte man die hydraulische Dämpfung mit zwei Daumenhebelchen oben auf den Gabelholmen von »weich« bis »hart« verstellen –, dauerte es bis zum Modell R 51 im Jahr 1938, ehe es die erste Hinterradfederung gab. Es war eine Teleskop- oder Geradwegfederung mit recht bescheidenen Federwegen, die aber mit ihrer sauberen Kapselung gut ins Bild der Zweizylinder-BMW paßte und im Vergleich zum Starrahmen ein schöner Fortschritt war.

Der mußte dann aber auch bis lange nach dem Krieg vorhalten, denn als sich andere Hersteller schon längst für die Hinterradschwinge mit Federbeinen entschieden hatten, hielt BMW noch an der Geradwegfederung fest. Sie hatte sich, vor allem auch im rauhen Seitenwagenbetrieb, bewährt, und wenn man sie also durch etwas Neues ersetzen mußte, dann sollte das auch genauso zuverlässig sein.

Nach soviel Hin- und Herüberlegen war die Überraschung um so größer, als BMW 1955 mit der R 50 und der R 69 antrat. Sie hatten nicht nur die langersehnte Schwinge hinten – nein, zugleich war auch die Telegabel zum alten Eisen geworfen worden. Das verstand keiner so recht, obgleich es die Rennmaschinen der Marke schon angekündigt hatten. Hatten die Münchner nicht die Telegabel aus der Taufe gehoben und – zuletzt 1954 mit einer gründlichen Überarbeitung – so vollkommen wie möglich gemacht? Wozu jetzt die Rückkehr zur Schwinge auch am Vorderrad?

Nun, mit der gezogenen Kurzschwinge der R 32, jenem liebenswürdigen, aber wenig wirksamen Wackelding, war die Aufhängung der beiden neuen Modelle wirklich nicht zu verwechseln. Ganz im Gegenteil: Für sie hatte BMW eine geschobene Langschwinge entwickelt, die sich in nachstellbaren Kegelrollenlagern drehte und auf voluminöse Federelemente mit fast dreizehn Zentimeter Federweg abstützte.

Im Vergleich zur Telegabel ließen sich in der Tat eine ganze Reihe von Vorteilen aufzählen: Die Schwinge sprach vor allem auf kleine Unebenheiten feinfühliger an (das »Losbrechmoment« der Federelemente war geringer als das der Telegabel); beim Bremsen tauchte die Vorderpartie des Motorrads nicht in die Federn ein, sondern richtete sich sogar etwas auf; gegen harte Stöße war die Schwinge unempfindlicher; die Federelemente konnten notfalls ruck, zuck ausgewechselt werden, und mit wenigen Griffen war auch der Drehpunkt der Schwingarme und damit der Nachlauf der Gabel für den Seitenwagenbetrieb zu verändern.

Für vierzehn Jahre – von 1955 bis 1969 – nahm BMW Abschied von der Teleskopgabel und baute vorn eine geschobene Langschwinge ein.

Mit der Schwinge vorn kam auch die Schwinge hinten: die erste wirklich komfortable BMW. 1960 wurde das Fahrwerk durch einen hydraulischen Lenkungsdämpfer verbessert, der den Reibdämpfer von früher (Bild oben rechts) ablöste.

Der Federungskomfort der Vollschwingen-BMW war, an ihren Vorgängern gemessen, fast wie ein kleines Wunder. »Querrinnen in der Fahrbahn, auf der Autobahn die Verwerfungen der einzelnen Betonplatten gegeneinander oder auch die Mittelfuge empfindet man auf dem neuen Schwingenfahrgestell der BMW überhaupt nicht mehr«, schrieb ein Tester der Zeitschrift »Das Motorrad« im Dezember 1955. »Auf dieser Maschine braucht man sich also um solche Warnschilder kaum mehr zu kümmern.«

Ein Schatten fiel jedoch auf die allgemeine Begeisterung: Das Fahrwerk war nicht nur besser, sondern auch deutlich schwerer geworden.

Die R 69 wurde so die erste BMW, die mit ihrem Leergewicht die 200-Kilogramm-Grenze knapp überschritt. Alles war überaus solide dimensioniert, die Konstrukteure wollten besonders auch beim Gespannbetrieb nicht das geringste Risiko eingehen.

Bei allen Vorzügen der Schwinge galt auch für sie: Das Bessere ist des Guten Feind. Bei BMW hatte man trotz der plötzlichen Kehrtwendung die Telegabel längst nicht ad acta gelegt. Tatsächlich gelang ihr 1969 ein erfolgreiches Comeback. Aber das ist eine Geschichte für sich, die einem späteren Kapitel vorbehalten bleiben soll.

Immerhin: Die Jahreszahl 1969 bedeutet auch, daß die Vollschwingen-BMW-Maschinen vierzehn Jahre lang ohne größere Veränderung gebaut worden sind. Eine solche Lebensdauer hat kein Modell der Marke erreicht – weder davor noch danach. Etwa 70 000 dieser Motorräder wurden hergestellt, und nicht wenige davon haben sich bis heute durchgeschlagen.

Nicht nur die Telegabel hatte übrigens bei BMW Großserien-Premiere. Auch der hydraulische Lenkungsdämpfer wurde hier zum ersten Mal in ein Motorrad der weiß-blauen Marke serienmäßig eingebaut: 1960 in die R 69 S. Das damalige Spitzenmodell des Hauses war immerhin fast 170 km/h schnell, und die noch wenig erforschte Lenkgeometrie des Vollschwingenfahrwerks ließ es geraten erscheinen, etwas gegen ein mögliches Pendeln der Vordergabel zu tun. Der hydraulische Dämpfer sorgte dafür, daß langsame Lenkausschläge unbehindert blieben, und setzte nur plötzlichen Reaktionen Widerstand entgegen.

Bis dahin hatte man sich mit den allgemein üblichen Reibungsdämpfern am Lenkkopf beholfen, die man mit einem Drehknauf mehr oder weniger fest anziehen konnte; sie brachten bei hohem Tempo oder auf schlechten Straßen ein wenig mehr Stabilität in die Lenkung, arbeiteten aber sehr grob und eigentlich nur nach dem »Alles-oder-nichts-Prinzip«.

Während sie bei den früheren BMW-Zweizylindern ein Aufpreis-Extra waren, wurden die Lenkungsdämpfer von 1933 an in den Modellen R 11 und R 16 serienmäßig eingebaut und gehörten fortan zum Standard. Vor allem die Seitenwagenfahrer wollten auf den Dämpfer nicht verzichten,

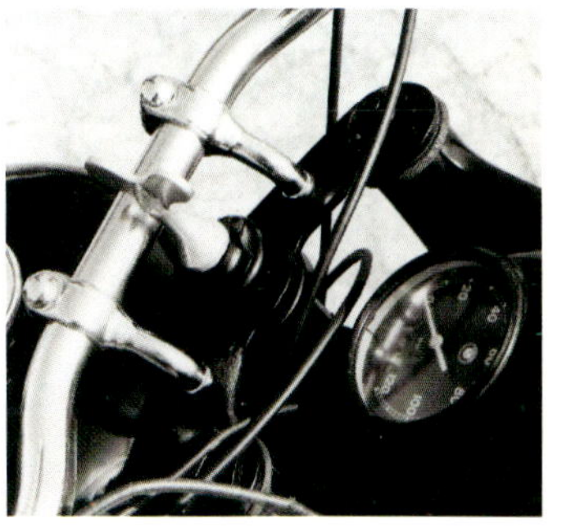

denn zumindest seine moralische Wirkung war, wie man in Bayern sagt, eine ungeheure.

Man sieht: In der Geschichte der Fahrwerke für die BMW-Zweizylinder gibt es mehr Auf und Ab, mehr Hin und Her als in der Entwicklung der Motoren. Oft war man der Konkurrenz weit voraus, dann hinkte man wieder nach. Doch auch die Pausen im Fortschritt haben den guten Ruf nicht beeinträchtigen können, den sich die BMW-Motorräder auf diesem Gebiet erworben haben. Die Käufer haben stets anerkannt, daß sich die Konstrukteure der bayerischen Marke nicht gern auf gewagte Experimente einlassen wollten.

Denn schon seit der Flugmotorenzeit stand der Name BMW für Zuverlässigkeit: Was neu war, war nur gut, wenn es auch hielt. Und so waren die Motorräder der Marke bisweilen konservativer als nötig, doch immer so ausgereift wie möglich.

Helden wider Willen

BMW Fahrer im Krieg

Als das Motorrad zum »Krad« wurde – da hätte man schon Böses ahnen müssen. Das Dritte Reich hatte mit viel hohlem Pathos begonnen, und nun wurde immer lauter mit den Waffen gerasselt. Die Militärs bemächtigten sich der Technik und sahen natürlich auch das Motorrad mit ganz anderen Augen an als jene, die es bisher – zum Broterwerb oder zum Vergnügen – »zivil« gefahren hatten. Für die Strategen war es schon lange klar: Das Zweirad war dazu bestimmt, das Pferd zu ersetzen. Die Kavallerie sollte teilweise durch Motorradverbände, durch die Kradfahrer, abgelöst werden. Die bunte Fröhlichkeit der Dragoner und Husaren war allerdings längst vorbei –

Die Pferde zurück, die Motorräder vor: So wurden die Kradschützen zur modernen Kavallerie. Die BMW-Motorräder mußten in den Krieg ziehen. Und sie hatten dann mehr als genug Gelegenheit, sich zu bewähren. Die gute alte R 12, das Standard-Gerät des Heeres, war freilich bald am Ende ihrer Kräfte. Die Kämpfe in Rußland verlangten mehr Geländegängigkeit, und so wurde die R 75 als die erste und einzige BMW geschaffen, die nicht friedlichen Zwecken dienen sollte. Sie tat ihre Pflicht, bis sich allradgetriebene Wagen und Kettenfahrzeuge ihr überlegen zeigten.

Feldgrau und Tarnfarben bestimmten das Bild vom neuen Reiter. Und der ahnte in seiner Begeisterung über die moderne Technik nicht, was noch auf ihn zukommen würde.

1939 zogen also auch die Motorräder in den Krieg. Viele von ihnen, wenn nicht sogar die meisten, waren BMWs: Denn die weiß-blaue Marke galt auch beim Militär viel und hatte dort eigentlich nur die Konkurrenz der Zündapp-Maschinen aus Nürnberg zu fürchten. Als der Weltkrieg begann, war vor allem die seit 1935 gebaute R 12 im Truppendienst – 750 cm³, seitengesteuerter Motor mit hier nur einem Vergaser und 18 PS, noch Preßstahlrahmen, aber schon Telegabel vorn. Sie hatte sich als überaus dickfelliges Seitenwagenmotorrad bewährt, wurde aber auch solo gefahren. Mit ihr zogen die ersten Kradschützenkompanien nach Polen und Frankreich – und legten den Grundstein für ihren legendären Ruf als motorisierte Stoßtrupps.

Der »schnellsten und wendigsten Truppe der Schnellen Verbände« waren in den Heeresdienstvorschriften wichtige Aufgaben zugeteilt: der Einsatz als Vorausabteilung, die »Umgehung zum Zwecke überraschenden Angriffs gegen Flanke und Rücken des Gegners«, die Verfolgung, »besonders überholende Verfolgung«, sowie die Sicherung der Ruhe und Verschleierung der Bewegung motorisierter Kräfte. Klassische Kavalleriepflichten also, und wie diese die typischen »Himmelfahrtskommandos«, Aufklärung und Kampf im stets überraschenden Wechsel. Auf den Kradschützenbataillonen ruhte viel von der Last des deutschen Angriffskriegs.

Die ersten Erfahrungen mit dem osteuropäischen Winter zeigten allerdings, daß die gute alte R 12 und die Zündapp KS 600 in Schnee und Schlamm bald an ihre Grenzen stießen. Die Idee, bei den Gespannen auch das Seitenwagenrad anzutreiben und damit mehr Geländetauglichkeit zu gewinnen, setzte sich in den Konstruktionsbüros der beiden Heereslieferanten rasch durch. Und

so beginnt, nach einigem Gerangel zwischen den Konkurrenten, 1941 die Produktion des neuen »überschweren Krads« in den weitgehend vereinheitlichten Versionen BMW R 75 und Zündapp KS 750.

Die neuen 750-cm³-Modelle waren reine Zweckfahrzeuge: Zum Seitenwagenantrieb mit sperrbarem Differential gesellten sich bei der R 75 ein Getriebe mit Rückwärtsgang und Geländevorgelege (acht Vorwärts- und zwei Rückwärtsgänge), eine gemeinsame hydraulische Betätigung von Hinterrad- und Seitenwagenbremse, ein leicht zu reparierender, aus acht Teilen verschraubter Rohrrahmen und ein ingeniöser Filzbalg-Luftfilter oben auf dem Tank, der selbst den staubigsten Straßen gewachsen war.

Das R-75-Gespann wog leer 420 Kilogramm und voll beladen das Doppelte: Mit drei vollausgerüsteten Soldaten, Maschinengewehr, Ersatzkanister und Packtaschen kommt eine solche Belastung schnell zusammen. Die 26 PS, die der ohv-Boxermotor aufbieten kann, waren damit hart gefordert. Dank der acht Getriebestufen konnte aber das »überschwere Krad« mit Seitenwagen einerseits 95 km/h erreichen (die Autobahn-Dauergeschwindigkeit ist auf 80 km/h begrenzt), andererseits im Marschtempo der Infanterie mittrotten. Es bewältigte Steigungen bis 40 Prozent und Wasser-

läufe bis 35 Zentimeter Tiefe. Etwa 8,5 Liter Benzin je hundert Kilometer liefen im Gelände durch die beiden Vergaser.

Ein besonderer technischer Leckerbissen an der R 75 war die ungleiche Verteilung des Antriebsdrehmoments auf das Hinterrad der Maschine und das Seitenwagenrad. Damit konnte die Unsymmetrie des Gespanns – sein Schwerpunkt liegt näher am Hinterrad als am Seitenwagenrad – ausgeglichen werden, die sonst zu einem einseitigen Ziehen, also mangelhaftem Geradeauslauf, führen würde. Im Differential wurde also das vom Getriebe übertragene Drehmoment im umgekehrten Verhältnis der Hebelarme (zwischen den angetriebenen Rädern und dem Schwerpunkt des Gespanns) aufgeteilt. Das »Voreilen« des Seitenwagens konnte so vermieden werden, der Fahrer brauchte nicht immer mit dem Lenker gegenzuhalten. Diese Drehmomentverteilung blieb übrigens auch erhalten, wenn das Differential für schweren Geländebetrieb gesperrt wurde, das heißt Hinterrad und Seitenwagenrad starr miteinander verbunden waren; mit der Sperre wurde Vorsorge dagegen getroffen, daß eines der zwei Räder leer durchdrehen konnte und das andere einfach stehenblieb – eine Technik, die auch bei Geländewagen üblich und notwendig ist.

In Nordafrika, bei Rommels Afrikakorps, bestehen die neuen Gespanne

ihre Feuertaufe. Aber erst an der russischen Front, auf verschlammten Rollbahnen und in klirrender Winterkälte, müssen sie alles aufbieten, was die Ingenieure in sie hineinkonstruiert haben. Und auch das reicht mitunter nicht mehr aus: Die allradgetriebenen Wagen und die Kettenfahrzeuge zeigen sich zunehmend überlegen. Von 1942 an verschwinden die Kradschützen an der Ostfront mehr und mehr. Die Kübel- und Schwimmwagen aus dem Volkswagenwerk übernehmen ihre Aufgaben; zur Aufklärung werden Panzerspähwagen eingesetzt. Der Vormarsch in Rußland stockt ohnedies. Nur der Kradmelder bleibt unersetzlich wie der Meldereiter früherer Kriege. Auf seine Beweglichkeit kann die Truppe nicht verzichten – schon gar nicht, als der Rückzug beginnt. So stehen die Motorräder der Wehrmacht, vor allem auch die BMW-Maschinen, bis zum bitteren Ende des Krieges »im Dienst«.

Und natürlich die Männer, die auf ihnen sitzen – ob unter der Sonnenhitze Afrikas und Italiens, ob im gnadenlosen russischen Frost. Dies ist nicht der Platz für Heldenlieder: Doch viele der Soldaten auf den BMW-Motorrädern sind, als die Voraustrupps eines unseligen Krieges, wider Willen zu Helden geworden. Ihrer zu gedenken, heißt ein unleugbares Stück Geschichte der weiß-blauen Marke aufblättern. Es muß keine falsche Verherrli-

Russischer Schlamm, nordafrikanische Palmen – wohin auch der Krieg sich ausbreitete, die BMW-Motorräder waren dabei. An Strapazen hat es nie gefehlt. Viele, die damals an den Fronten stehen mußten, erinnern sich dankbar an die großen Zweizylindermaschinen und an die Männer, die sie fuhren. Mancher verdankt ihrem Einsatz und ihrer Zuverlässigkeit sogar das Leben. Aber niemand kann wollen, daß sich das Motorradfahren noch einmal vom sportlichen Vergnügen in kriegerischen Ernst verwandelt. Dieses Kapitel der BMW-Geschichte sollte das letzte seiner Art gewesen sein.

chung von Kampf und Schlachtenlärm sein, wenn man etwa den Kradmeldern von damals seinen Respekt erweist: jenen Männorn, dic ihrc gcfährlichen Aufgaben allein und ganz auf sich gestellt bewältigen mußten – und nicht im bequemen und zweckgerechten Geländedreß auf einer Hundertkilomaschine, sondern mit Stahlhelm und gummiertem Kradmantel, die lederne Meldertasche umgehängt, auf einem der gewichtigen »Kriegselefanten«. Wind und Wetter, Schlamm und Regen waren sie ebenso schutzlos ausgeliefert wie jeder Infanterist. Das härteste freilich war das Durchkommen-Müssen: Denn davon hing immer wieder eine Menge ab, auch für das Wohlergehen und die Hoffnungen der Kameraden. Viele Erinnerungen an Frontjahre verknüpfen sich heute noch mit den BMW-Maschinen und denen, die sie fuhren. Und mancher unausgesprochene Dank mag ihnen gegolten haben.

Einer dieser Männer, Eugen K. Schwarz, erinnert sich für alle: wie er auf der Flucht vor einem russischen T-34-Panzer sein R-12-Gespann durch ein Maisfeld mit halbmeterhohen Furchen treiben mußte und nur entkam, weil er hinter einer Hecke wie ein Hase einen Haken schlug; wie bei minus dreißig Grad erst die Lötlampen in Aktion treten mußten, bis die Motoren ansprangen; und wie sein Ende als Kradmelder aussah, als man ihn, mit einer schweren Bindegewebsentzündung in den Beinen, im Feldlazarett von seiner Maschine hob: »Da lag Ich auf dem Schragen in derselben Haltung, wie ich auf der BMW sitz'.« Auf die jedoch läßt er auch heute, vierzig Jahre danach, nichts kommen: »Sie hat mich nie im Stich gelassen.«

Die Einzylinder

Zum Beispiel R 24
1949

Der Phoenix aus der Asche: Mit der R 24 fing BMW 1949 wieder an. Aber vor ihr gab es schon viele Einzylinder-Modelle der Marke.

Der Krieg ist vorbei. Aber wie geht es weiter? BMW hat der zweite noch härter getroffen als der erste – wieder steht man in München vor dem Nichts. War es damals das Verbot der Flugmotorenfertigung, das von dem Unternehmen eine schwierige Umstellung verlangte, sind es jetzt Bombenschäden und Demontage, die jede Zukunftschance in Frage stellen.

Doch Name und Idee überleben. Mit einer treuen Mannschaft gelingt, aus primitivsten Anfängen, noch einmal ein Start. Das erste Nachkriegsfahrzeug der Marke ist ein Motorrad: die R 24 mit Einzylindermotor, 250 cm³ Hubraum und 12 PS. Im Jahr 1949 ist sie am Markt, von den britischen Wettbewerbern mit großem Argwohn betrachtet. Sie setzt alte BMW-Traditionen fort und legt den Grundstein für neue.

Dies ist ein wichtiges Kapitel. Denn die Bedeutung und der weltweite Ruf der Boxermotorräder von BMW läßt nur allzuleicht vergessen, daß es viele Jahre lang auch Einzylindermaschinen der Marke gegeben hat. Aus zwei Gründen: Einmal wollte man auch solchen Käufern einen »Einstieg« ins Programm bieten, die nicht das Geld für eine Zweizylinder aufbringen konnten; zum anderen spielte der Ehrgeiz mit, die guten Eigenschaften der größeren Modelle – vor allem den kultivierten Motorlauf, die Zuverlässigkeit und den wartungsarmen Antrieb – auch in die Klasse der kleineren Hubräume zu verpflanzen.

Und so erschien bereits zwei Jahre nach der ersten BMW-Maschine, der R 32 von 1923, der Urvater der weißblauen Einzylindersippe. Er hieß R 39, hatte – natürlich – einen Kardanantrieb zum Hinterrad und logischerweise eine Kurbelwelle, die sich in der Längsachse des Motorrads drehte; der Motor war also ein Querläufer.

Etwas Ähnliches war schon Anfang der zwanziger Jahre mit einigem Erfolg gebaut worden: im thüringischen Suhl nämlich, der für ihre Jagdwaffen bekannten Stadt. Dort hatten die drei Brüder Krieger, Mechaniker von Beruf, und ein Modellschreiner mit Namen Gnädig ein Motorrad entworfen, das nach sehr ähnlichen Prinzipien konstruiert war. Diese K. G. (Krieger-Gnädig) kam gut am Markt an, denn sie war für ihre Zeit eine moderne Maschine. Trotzdem verschwand sie noch im gleichen Jahrzehnt wieder, nicht zuletzt aus wirtschaftlichen Gründen.

Auch wenn die K. G. die spätere BMW-Konstruktion nicht unmittelbar angeregt hat (Genaues ist heute darüber nicht mehr zu erfahren), hat sie doch bewiesen, daß die Käufer eine aufwendige, aber technisch sinnvolle Konzeption dieser Art zu würdigen wußten. Das dürfte BMW in dem Entschluß bestärkt haben, auch auf dem Markt der Einzylinder sein Glück zu versuchen – allerdings zunächst nur mit 250 cm³, dem halben Hubraum der K. G.

Doch dieser Test schlug letztlich fehl: In den drei Jahren bis 1927 wurden nur rund 1000 Maschinen gebaut, weit weniger als von den Zweizylindern. Das lag wohl nicht allein daran, daß die R 39 in ihrer Hubraumklasse relativ teuer war. Entscheidender dürfte der geringe Preisabstand zur Zweizylinderkonkurrenz im eigenen Haus gewesen sein, denn die Kleine war nur um etwa ein Sechstel billiger als eine R 32.

Daß es 1931 ein Comeback der BMW-Einzylinder gab (die R 39 war 1927 ausgelaufen), war dann der kräftigen Nachhilfe des Staats zu verdanken: Wer ein Motorrad bis 200 cm³ Hubraum fuhr, brauchte vom 1. April 1928 an keinen Führerschein mehr zu haben und keine Kraftfahrzeugsteuer mehr zu zahlen.

Daraus entwickelte sich eine neue Blüte der »kleinen« BMW-Motorräder. Und erst in den sechziger Jahren zeigte sich wieder das alte Dilemma: Die Fertigungskosten rannten den Preisen davon, die Käufer wollten das, was für die Maschinen verlangt werden mußte, nicht mehr bezahlen. So lief 1967 das – wohl endgültig – letzte BMW-Einzylindermotorrad vom Band.

Der Rückblick auf diese Modellfamilie ist also von ein wenig Traurigkeit überschattet: Hier wird über längst Vergangenes gesprochen. Das schmälert nicht die Bedeutung, die diese Motorräder für BMW und für den Markt gehabt haben. Immerhin sind insgesamt 228 000 Einzylindermaschinen der Marke gebaut worden – eine stolze Zahl, die es rechtfertigt, in den »Kleinen« mehr als ein Nebenprodukt zu sehen.

Auch technisch mußten sich die Einzylinder durchaus nicht mit einer Aschenputtelrolle begnügen. So hat es bei ihnen zum Beispiel nie die altmodischen seitengesteuerten Motoren gegeben: Von Anfang bis zum Ende waren sie mit ei-

Mehr als dreißig Jahre lang baute BMW auch Einzylinder-Motorräder. Urahn war die R 39 von 1925, bis auf den Motor eng verwandt mit dem Erstling der Marke, der R 32. Die R 4 steht für die Preßstahlrahmen-Generation der kleinen BMWs, die erst spät eine Teleskopgabel bekam und bis 400 cm³ Hubraum reichte. Die R 20, die 1937 vorgestellt wurde, holte in Technik und Ausstattung ein wenig zu den moderneren Zweizylindern auf. Nach 1938 hatten alle Münchner Einzylinder den Einheits-Hubraum von 250 cm³. Mit der R 26 führte BMW 1955 auch bei den Kleinen den Vollschwingenrahmen ein und schuf damit sehr kultivierte und komfortable Motorräder.

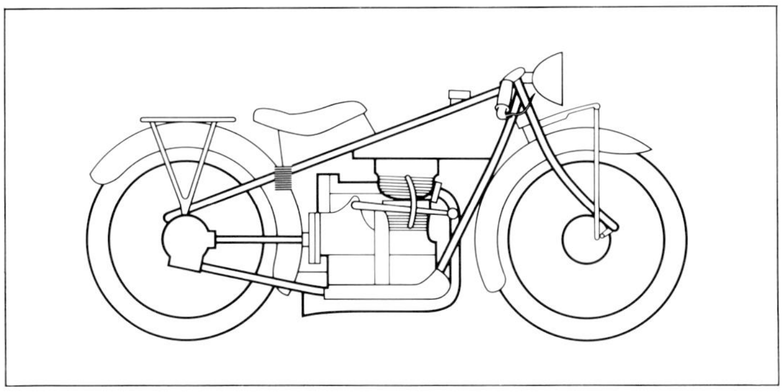

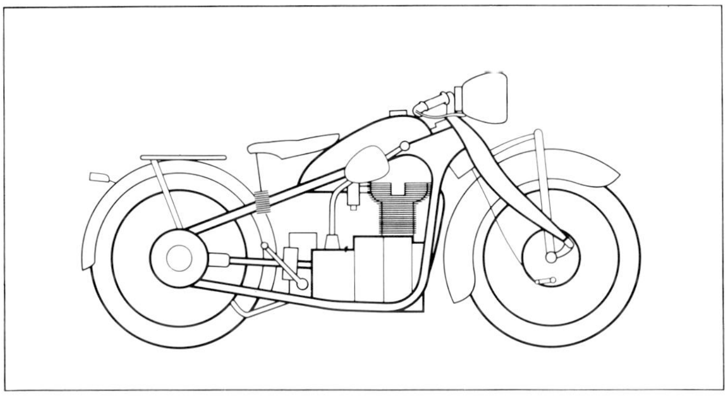

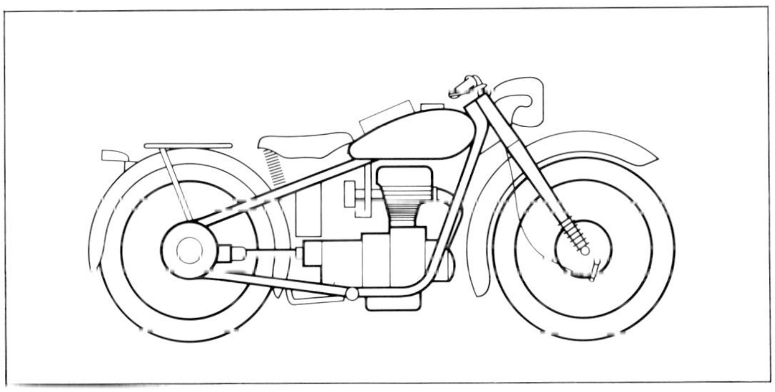

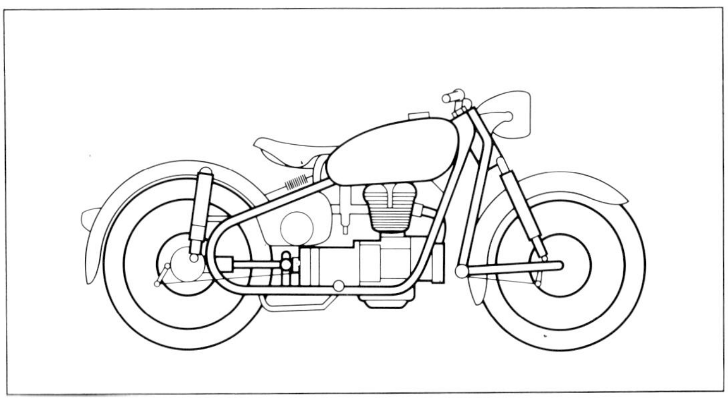

nem ohv-Ventiltrieb – also im Zylinderkopf hängenden, über Stoßstangen und Kipphebel betätigten Ventilen – ausgestattet. Schon die R 39 unterstrich ihren sportlichen Anspruch dadurch, daß sie dem BMW-Werksfahrer Pepi Stelzer 1925 zur Deutschen Meisterschaft in der 250-cm³-Klasse verhalf.

In der Zeit vor dem Krieg herrschte bei den kleinen BMWs eine bunte Hubraumvielfalt: 200, 250, 300, 350 und 400 cm³ waren teils neben-, teils nacheinander zu haben. Nach dem neuen Start 1949 blieb es dann jedoch beim Viertelliter, der alle Nachkriegs-Einzylinder von BMW kennzeichnete. Seine nahezu endgültige Form hatte der Motor – der sich fast noch glattflächiger und schöner präsentierte als der Zweizylinder-Boxer – bereits 1932, mit der zweiten Serie des Modells R 2, gefunden. Bei der R 39, dem Erstling, war der Zylinder noch mit einem Teil des Motorgehäuses zu einem Stück verwachsen, die Ventile waren aber schon voll gekapselt. Als dann, nach gut drei Jahren Pause, mit der R 2 die erste wirklich »kleine« BMW – mit 200 cm³ Hubraum kam, hatte sie zwar ein fortschrittliches Tunnelgehäuse, doch – wie ein Rückfall in die Frühzeit des Motorrads und einer BMW eigentlich unwürdig – offenliegende Kipphebel und Ventilfedern.

Dieses luftige Dachgeschoß überlebte nur ein Jahr: Dann verschwand die empfindliche Mechanik wieder unter einer formschönen Haube, in die von unten her die Kapselrohre für die Stößelstangen hineinführten. Bei dieser fürs Auge erfreulichen Gestaltung blieb es ohne allzugroße Variationen, bis die letzte Einzylindermaschine das Werk verließ.

Die R 2 erreichte, ebenso wie ihre große Schwester R 4 mit 400 cm³ Hubraum, als echtes »Volksmotorrad« Produktionsstückzahlen, wie sie bei BMW bis dahin für ein einzelnes Modell unbekannt waren. Und selbst die R 2 mit ihren 6 (später 8) PS erfreute offenbar nicht nur durch ihre Zuverlässigkeit, sondern auch durch ihre Fahrleistungen.

»Ich startete morgens um drei Uhr, die Sonne war noch nicht sichtbar in Berlin, um dem Grillenburger Dreiecksrennen einen Besuch abzustatten«, schrieb ein Tester im Jahr 1932. »Immerhin waren es ungefähr 220 Kilometer, und die schaffte ich in weniger als vier Stunden, wobei ich erwähnen muß, daß ich wegen des mitgenommenen Fotoapparates stark behindert wurde und daher vorsichtig steuern mußte.« Die R 4 (der größte Einzylinder, den BMW je gebaut hat) hatte 12, von 1934 an 14 PS und konnte sogar mit Seitenwagen gefahren werden: Das kleine Gespann erreichte 75 km/h. Bis 1939 folgten dann noch vier Motorvarianten, deren Hubraum in den Modellbezeichnungen – R 3, R 35, R 20 und R 23 – zum Ausdruck kam.

Der Zylinder saß übrigens seit der R 2 etwas außerhalb der Fahrzeug-Längsachse im Rahmen: So rückte die Kurbelwelle direkt in die Flucht der Kardanwelle. Zum Gewichtsausgleich wurden Batterie und Lichtmaschine auf die linke Motorseite verlegt. Erst 1938 kam der Generator

Mit ihr, der R 27, endet 1967 die Chronik der BMW-Einzylinder. Die aufwendige Konstruktion war zu teuer geworden.

dorthin, wo er bis zuletzt zu finden war – ans Kurbelwellenende, an der Frontseite des Motors.

Die Kugelschaltung des Getriebes hielt sich bis 1936; nur die R 4 hatte schon drei Jahre früher vier Gänge und eine Tankschaltung bekommen, die dann die R 3 und die R 35 erbten.

Die letzten Vorkriegsmodelle wurden endlich auf Fußschaltung umgestellt, aber zu einem Fünfganggetriebe haben es die BMW-Einzylinder bis zum Schluß nicht mehr gebracht. Sie brauchten es, strenggenommen, auch nicht.

So fortschrittlich die »Kleinen« mit ihren Motoren waren, so zögernd folgten sie ihren Zweizylinder-Verwandten im Fahrwerksfortschritt. Die R 39 hatte noch den gleichen hartgelöteten Rahmen mit Auslegerfederung des Vorderrads und Kardanbremse wie die R 32. Und als 1931 die R 2 erschien, war es ebensowenig verwunderlich, daß sie wie ihre Zeitgenossinnen R 11 und R 16 einen Preßstahlrahmen als Rückgrat erhielt.

Der sollte dann aber weit länger im Amt bleiben als bei den großen Boxermaschinen: Dort wurde er 1936, als die R 5 herauskam, zumindest für das zivile Programm pensioniert (aber in der R 12, vorwiegend fürs Militär, bis weit in den Krieg hinein weitergebaut), während er bei den Einzylindern erst 1937 abgelöst wurde – und zwar durch einen geschraubten und nicht durch einen verschweißten Rohrrahmen.

Auf die Teleskopgabel mußten die »kleinen« BMWs sogar zwei Jahre länger warten als die Zweizylinder: Sie hatte ihr Debüt 1937 in der R 35 und wahrte, ohne hydraulische Stoßdämpfer, bis 1953 einen deutlichen technischen Respektabstand von den Vorderradgabeln der großen Modelle. Bei Leistungen von höchstens 14 PS schien das den BMW-Technikern noch akzeptabel zu sein, zumal ihnen die Kalkulatoren im Nakken saßen: Die Einzylindermodelle durften schließlich nicht viel kosten. In der Tat war die R 20 von 1938 – Preis: 725 RM – die billigste BMW, die es je gegeben hat. Der Zwang zum Sparen ließ es auch bis 1950 dauern, ehe die Kleinen (als erste die R 25) die Geradweg-Hinterradfederung übernehmen durften.

Ein Jahr nach der Währungsreform, 1949, stand die R 24 als erste Nachkriegs-BMW mit 1750 der raren neuen D-Mark in der Preisliste. Das war nicht eben wenig Geld, kostete doch ein VW Standard zur gleichen Zeit nicht mehr als 4800 DM. Aber selbst »nur« eine Einzylinder-BMW war in jenen Tagen etwas Besonderes, das ruhig etwas teurer sein durfte.

Gut für die Münchner, daß zunächst noch viele Käufer bereit waren, für das Plus an Laufkultur mehr Geld zu bezahlen: Das ermutigte die BMW-Verantwortlichen, auch das »kleine« Modell angemessen weiterzuentwickeln. So kam mit der R 25 des Jahres 1950 auch hier der geschweißte Rohrrahmen mit Teleskop-Hinterradfederung und mit der R 25/3 drei Jahre später endlich die ölgedämpfte Teleskopgabel vorn und die Vollnabenbremsen.

Diese BMW sollte dann alle bisherigen Rekorde brechen: 47700 Stück wurden gefertigt, und damit war sie das meistgebaute Motorrad der bayerischen Marke.

Von nun an ging's bergab – doch die BMW-Techniker haben dafür gesorgt, daß ihre Einzylinder wenigstens in Schönheit sterben konnten. 1955 durften die »Kleinen« das Vollschwingenfahrwerk der R 50 übernehmen und sich R 26 nennen (durch geschickte Gestaltung von Ansaugwegen und Auspuffrohr konnte die Leistung auf 15 PS gesteigert werden), und fünf Jahre später präsentierte sich die R 27 als »die leiseste, geschmeidigste und gepflegteste Einzylindermaschine ihrer Zeit« (Helmut Werner Bönsch).

Zur komfortablen Schwingenfederung war hier eine Aufhängung des Motors in Gummilagern (Schwebemotor) gekommen, die der Maschine – mit jetzt 18 PS, aber auch über 160 Kilogramm Leergewicht – zu anerkannt vorbildlicher Laufkultur verhalf.

»Tritt man den Motor an, dann ist man im ersten Augenblick erstaunt darüber, welche seitlichen Bewegungen besonders in der Gegend des Zylinderkopfes das Ganze in den Gummielementen beim Schütteln ausführt«, wunderte sich 1962 der Tester in »Das Motorrad«. »Das alles wurde früher vom Rahmen aufgenommen!«

Doch auch der Schwebemotor rettete die »kleinen« BMWs nicht. Es muß wohl ein böses Omen gewesen sein, daß an der R 27 – der besseren Wärmeabfuhr wegen – alle Kühlrippen schwarz lackiert waren: 1967 war das traurige Ende der Münchner Einzylinder gekommen.

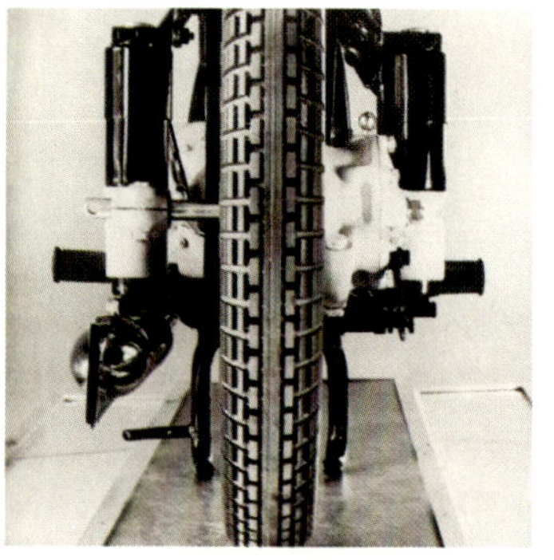

Der Fortschritt am Fahrwerk der kleinen BMWs war immer etwas langsamer. So kam die Hinterradfederung erst 1950, die hydraulisch gedämpfte Teleskopgabel 1953.

Der urige, freistehende Schaltknüppel zierte die Einzylinder-Maschinen bis 1933, als die »Tankschaltung« ihn ablöste.

Der Sammler

Hans Wilhelm Busch

Wer hoch steigt, kann tief stürzen. So war es mit dem Motorrad in den ersten zwanzig Jahren nach dem Krieg. Zunächst mußte es einem ausgebombten, hungrigen und armgewordenen Volk das Auto ersetzen: Deutschland motorisierte sich auf zwei Rädern. Den Motorradherstellern tat das gut. Sie wuchsen zu bedeutenden Unternehmen heran, rückten mit ihrer Produktionsstückzahl an die Weltspitze und begannen dann, wie das leichte Erfolge so mit sich bringen, ganz sachte einzuschlafen. Daher merkten sie nicht, daß ihre Käufer das Zweirad nur als Durchgangsstation betrachteten. Herrn Jedermanns eigentliches Ziel war der trockene, warme, auf sicheren vier Rä-

dern rollende Wagen, und sowie er genug Geld zusammen hatte, wandte er sich schnöde vom Motorrad ab und ließ sich von emsigen Autoverkäufern betören. Zurück blieben nur die paar unentwegt Sportlichen, die sich von ihren Maschinen nicht trennen wollten.

Die traurige Chronik ist bekannt: Der Motorradboom brach ähnlich abrupt ab, wie er vorher hochgeschossen war; Pleiten und Produktionsumstellungen beendeten die Karriere so mancher renommierten Marke. Auch bei BMW ging es rasant bergab. Wurden von 1951 bis 1955 jeweils mehr als 25 000 Motorräder im Jahr gebaut (mit dem Gipfel von fast 30 000 Stück 1954), fiel die Fertigung 1958 unter 10 000 und erreichte 1962 mit wenig mehr als 4000 einen fatalen Tiefpunkt. Fünfstellige Zahlen konnten in keinem der sechziger Jahre verbucht werden.

Das drückte auf die Stimmung. Motorradfahren war, wie man heute sagt, »out«, der Zweiradfahrer galt als ärmlich oder unverbesserlich, jedenfalls nicht als fein. Für die Zukunft des Motorrads gab kaum jemand einen Pfifferling. Ein paar Leute freilich doch: Und wie man inzwischen weiß, sollten sie mit ihrem Optimismus und mit ihrem Einsatz recht behalten.

Zu ihnen gehört ein Mann, der sich Mitte der sechziger Jahre entschloß, Motorräder zu sammeln und zu restaurieren – ein Rheinländer vom Jahrgang 1929, für den schon seit frühester Jugend BMW »die« Marke gewesen ist. 1945, als er erst fünfzehn war, erbte er aus der zurückgebliebenen Habe eines Onkels eine R 62, die im gleichen Jahr das Licht der Welt erblickt hatte wie er selbst. Damit fing eine große Liebe an, aus der eine dauerhafte Verbindung wurde: Hans Wilhelm Busch und seine BMW-Motorräder.

Um den ganzen Busch zu begreifen, muß man ihm an drei Plätzen begegnen. Der eine, durchaus nicht unwichtige, ist sein Schreibtisch im Bundespostministerium in Bonn, wo der Volljurist, Ministerialrat seines Zeichens, über den Postzeitungsdienst wacht. Das Bedürfnis nach psychischem und physischem Ausgleich ist also durchaus verständlich, und da steckt eine der Wurzeln für sein Motorradhobby.

Der zweite Platz liegt nicht weit davon: sein schmuckes Haus in Euskirchen – am Rand der Stadt und mit Blick auf die Felder des Eifelvorlandes – und besonders seine Werkstatt im Keller. Hier herrscht Ordnung, denn Busch ist ein genauer Mensch, bei dem auch alles seinen geraden und klaren Weg nehmen muß.

Der dritte ist, zum Beispiel, der Salzburgring am 9. September 1979. Dort läuft Dr. Helmut Krackowizers »Oldtimer Grand Prix«, und da wird, mit der Startnummer 9, eine BMW R 66 – Baujahr 1939, 600 cm³, obengesteuerter Zweizylinderboxer – sehr souverän durch die Kurven geschwenkt. Der Mann, der draufsitzt (kein Hüne, sondern eher kleingewachsen), kennt sich sichtlich mit seiner schwarzen Münchnerin aus; es ist eine Freude, die beiden ihre Runden ziehen zu sehen. Und wenn er am Ziel den Helm abnimmt, erkennt man Hans Wilhelm Busch.

Motorradfahren, das heißt für Hans Wilhelm Busch vor allem Veteranen fahren. Zwischen diesen drei Polen spielt sich sein Leben ab, das man getrost schon jetzt ein Leben (auch) für die BMW-Motorräder nennen darf – obgleich es für Rückblick und Fazit natürlich noch viel zu kurz gewesen ist.

Wie kommt man zum BMW-Sammeln? Vom Schlüsselerlebnis, dem Motorradbesitz in düsterer, motorradloser Zeit, war schon die Rede: Die gute alte R 62 – seitengesteuert, mit 18 PS – legte den realen Grundstein für Buschs BMW-Sympathie. »Sie war unbedingt zuverlässig«, erinnert er sich, »und sie brauchte wenig Benzin. Das war damals sehr wichtig.« Weitere Weiß-Blaue folgten: zwei R 12 nacheinander (es war das Ur-Modell mit der Telegabel, aber noch mit dem Preßstahlrahmen), später dann eine R 71 von 1938, auch sie seitengesteuert und mit 750 cm³. 1950 wurde sie von einer R 51/2 abgelöst, die als Unfallmaschine günstig zu haben war, und so setzte sich die Reihe fort bis zu einer R 68, die Busch selbst auf Hinterradschwinge mit Federbeinen umbaute.

Da sammelte sich schon einiges BMW-Know-how an, und das sollte auch nicht verlorengehen, als sich der junge Rechtsgelehrte 1956 erst einmal von der Straßenfahrerei abwandte und auf Moto-Cross-Maschinen umstieg. Maico und Juniorenmeisterschaft hießen jetzt die Stichworte, und zurück blieb außer einem kleinen Schaden am Kreuz eine hübsche Reihe von Plazierungen und Trophäen.

Der BMW-Bazillus wurde 1965 wieder virulent, als der Mittdreißiger den Geländesport an den Nagel hängte und sich nach etwas anderem umsah, das möglichst intensiv mit Motorrädern zu tun haben sollte. Man beachte die Jahreszahl: 1965, als es wirklich nicht gut um diese Sorte Fahrzeug aussah. Was, wenn es in ein paar Jahren gar keine Motorräder mehr geben sollte? Unwahrscheinlich, aber immerhin möglich – und Anlaß genug, sich Gedanken darüber zu machen, wie man den Ausverkauf eines traditionsreichen Stücks Technik aufhalten könnte.

Freunde halfen mit, daß bei Hans Wilhelm Busch der richtige Schalter einrastete: Man muß Motorräder sammeln, erhalten, restaurieren. Von da an lief alles wie programmiert. 1968 wurde das erste alte Motorrad gekauft – jetzt nicht mehr zum Alltagsfahren wie früher, sondern zu sorgsamer Wiederherstellung und, vielleicht, zu gelegentlichen Ausflügen auf der Straße. Was für ein Motorrad? Da braucht man nicht lange zu raten.

Buschs Veteranenbegeisterung war von Anfang an eine Huldigung für BMW, die Marke, die er aus vielen tausend Kilometern eigener Erfahrung kannte. »Eigentlich hatte ich ja Interesse an allen Motorrädern«, gibt er heute zu. »Zum Beispiel auch an Zweitaktern oder an englischen Maschinen. Aber wenn man nicht aufpaßt, verzettelt man sich zu leicht. Vieles sprach für BMW: die übersichtliche Typologie und auch, daß es kaum Diskussionen darüber geben kann, was an einer alten BMW echt ist und was nicht – alles ist sehr gut dokumentiert. Der Hauptanreiz für mich war aber noch etwas anderes. Ich denke konservativ und habe daher viel Sinn nicht für Revolution, sondern für Evolution, also für Fortschritt im Detail. Dazu paßt BMW besonders gut: Kein anderes Fabrikat hat sich über fünfzig Jahre so geradlinig weiterentwickelt. Beim Restaurieren merkt man, welche Feinarbeit über die Jahre darinsteckt, zumindest bis 1955. Ganz allgemein gesagt habe ich bald gesehen, wie viele schöne Seiten das Sammeln hat. Da sind die manchmal erstaunlichen Umstände, die Zufälle und die Mißgeschicke, die den Erfolg (oder sein Gegenteil) bestimmen. Und da ist die Herausforderung, aus einem verrosteten Torso ein Motorrad wie frisch aus dem Laden zu machen – eine Maschine, die funktioniert und sogar im Wettbewerb eingesetzt werden kann.«

Daß der Jurist mit dem Schraubenschlüssel umzugehen weiß, verdankt er einer Mechanikerlehre, die er neben seinem Studium absolvierte. »Nur ordentlich lackieren kann ich nicht«, räumt er ein. Bis auf schwierigere Arbeiten, zum Beispiel Schweißen, spielt sich die Veteranenwiederbelebung in Buschs Kellerwerkstatt ab. Daß er mit seiner, wie er es nennt, »hobbymäßigen« Ausrüstung zurechtkommt, ist auch ein Vorteil der

Warum sammelt man Motorrad-Veteranen? Hans Wilhelm Busch fing damit an, als es schlecht um die Zukunft dieser Art von Fahrzeug stand – inmitten der sechziger Jahre, in denen jeder nur aufs Auto starrte. Da galt es schon vorsorglich zu erhalten und zu bewahren, und so wurde das Hobby zur Leidenschaft. Zum Glück ist der Ministerialrat aus Euskirchen ein genauer Mensch: Die Restaurierung der alten BMW-Maschinen, auf die er sich zielstrebig – und aus früh gefaßter Zuneigung – konzentriert hatte, war und ist bei ihm in den besten und fachkundigsten Händen. Inzwischen hat er in seinem Keller eine perfekt zusammengestellte Sammlung, um die ihn jedes Motorrad-Museum beneiden muß: Alle großen Abschnitte in der technischen Entwicklung der BMW-Maschinen sind würdig vertreten.

BMW-Motorräder: Viel kompliziertes Spezialwerkzeug war für sie noch nie erforderlich. So sind schon viele Abende, Samstage und Sonntage an der Euskirchener Werkbank verbracht worden.

Nicht nur, weil er Beamter ist, ist Restaurator Busch pingelig. Er weiß natürlich auch, daß man in Sammlerkreisen nur ernstgenommen wird, wenn man bis ins kleinste authentische Wiederherstellung betreibt. »Bloß mal eben überlackieren« ist nicht; vor den späteren Nitroglanz hat der Ehrenkodex der Veteranenfreunde das Sandstrahlgebläse gesetzt. Zerlegen, reinigen, Oberflächen bearbeiten, ergänzen, messen, zusammenschrauben – so spielt sich in immer gleicher oder ähnlicher Abfolge die Erneuerung ab. Wer da nicht die rechte Kenntnis von hilfreichen Adressen hat, wo etwa noch nach alter Weise galvanisiert wird, ist verloren, noch bevor er angefangen hat.

Am schwierigsten ist das Kapitel Teilebeschaffung. Da werden oft Quellen nur von Mund zu Mund gehandelt; Veteranentreffen müssen besucht, Flohmärkte abgeklappert werden. »Instrumente, Rücklichter, Schalldämpfer – das ist mit am schwierigsten zu bekommen«, verrät der Ministerialrat. Da braucht man viel Geduld, mitunter auch manchen vorsorglichen Kauf. »Wenn ich sie kriegen kann, nehme ich auch schon Teile, die ich selbst vielleicht gar nicht mehr verwenden will – als Tauschobjekte für andere, die ich dringend benötige.« So finden sich in Buschs Keller zum Beispiel Zylinder für die R 12 oder ein sehr seltener Originalmagnet von der R 37, bis sie eines Tages für einen interessanten Handel herhalten müssen.

Und wo sind die Motorräder? Hans Wilhelm Busch hat sein stilles Vergnügen daran, den Besucher auf die Folter zu spannen. Endlich geht, gleich um die Ecke der Werkstatt, die Tür auf: ein großer, weiß getünchter Kellerraum, und darin – man möchte es nicht fassen – zehn Motorräder, in Reih und Glied wie zum Appell aufgebaut; und was für Maschinen! Schon die nüchterne Aufzählung läßt Kennerherzen klopfen: eine R 32 von 1923, eine R 39 von 1925, eine R 47 von

»Was meinen Sie, wie rasch ich in Pforzheim war«: Da stand nämlich vor ein paar Jahren noch die R 32, die Hans Wilhelm Busch so liebevoll streichelt, und harrte der Erlösung aus ihrem Dornröschenschlaf. Seit 1936 hatte sie, vom Großvater her, in einer Scheune ihr Dasein gefristet, bis der Enkel sie in einer Anzeige zum Verkauf anbot. Sie ist das älteste Stück in Buschs Sammlung und eines der seltensten dazu. Wenn auch sie restauriert sein wird, wartet freilich kein freudloses Museumsdasein auf sie. Jedes seiner BMW-Findelkinder richtet der Euskirchener Sammler so her, daß es sich auch auf der Straße sehen lassen kann – zumindest auf den abgesperrten Parcours der Veteranentreffen und -wettbewerbe. Einige seiner alten Motorräder sind sogar besonders fit: Mit ihnen nimmt er erfolgreich an Veteranenrennen – sprich Gleichmäßigkeitsprüfungen – teil.

1927, eine R 63 von 1929, eine R 16 von 1932, eine R 17 von 1935, eine R 5 von 1936, eine R 66 von 1939, eine R 51/3 von 1951 und eine R 69 S von 1966.

»Ich habe versucht, aus jeder großen Baureihe ein Modell zu bekommen«, erläutert der Herr dieser Schätze. Das ist perfekt gelungen, selbst das größte und auf Vollständigkeit bedachte Museum könnte mit Buschs Auswahl Staat machen.

An jedem Motorrad hängt eine kleine Geschichte: zum Beispiel an der R 5, die wie neu vor sich hinblinkt. Hans Wilhelm Busch hält, wie viele BMW-Fans, dieses Modell für das schönste, das die Marke hervorgebracht hat.

»Ich habe das Motorrad 1974 ziemlich vergammelt gefunden – bei einem Sammler. Als der merkte, wie versessen ich darauf war, wollte er sich nur auf ein Tauschgeschäft einlassen. Er war aber vor allem interessiert an amerikanischen Veteranen – Harley und Indian. Ich trieb dann eine Indian auf, für die ich viel Geld zahlen mußte, und handelte für sie die R 5 ein. Der Motor der BMW war kaputt, aber wenigstens Getriebe und Antrieb waren komplett und heil, ebenso Rahmen und Tank. Drei Jahre habe ich zum Herrichten gebraucht. Für einen Schalldämpfer mußte ich zum Beispiel nach St. Gallen, zwei Felgen – seine letzten – fand ich bei einem Händler.«

Inzwischen hat die R 5 schon eine ganze Reihe von Veteranenwettbewerben mitgemacht, 1979 hat sie Hans Wilhelm Busch zum Beispiel auf dem Nürburgring gefahren. Dort hat er übrigens auch, 1973 beim »Elefantentreffen« im Januar, jene R 66 aufgetan, mit der er heute viele Veranstaltungen bestreitet (von der Startnummer 9 am Salzburgring war schon die Rede). Sie war mit Nachkriegsteilen »modernisiert« worden und sah recht traurig aus. Inzwischen ist sie längst in alter Schönheit wiedererstanden.

Ein Glückstreffer war die älteste Maschine der Sammlung, die R 32 aus der allerersten Baureihe von BMW. »Ich habe sie an einem Karsamstag als Anzeige in der Zeitschrift ›Motorrad‹ entdeckt«, erinnert sich Busch. »Ich sagte mir erst: ›das kann nur ein Irrtum sein‹, rief aber dann doch an. Sie können sich denken, wie rasch ich in Pforzheim war, wo die Maschine stand. Das gute Stück war zwar arg mitgenommen, aber es war völlig original – denn es hatte, vom Großvater her, seit 1936 in einer Scheune gestanden. Das einzige, was fehlte, war der Soziussattel, und so einen habe ich dann später in Frankfurt erwischt.«

Buschs Liebling und zugleich Sorgenkind in der Sammlung ist die R 63. Sie hatte er 1969 bei einem Sammler gegen zwei Einzylinder-BMWs eingetauscht. Es war die Rennversion dieses ersten BMW-Modells mit obengesteuertem 750-cm^3-Motor, der schon serienmäßig 24 PS stark war. Mit ihr hatte der Euskirchener Sammler jahrelang die schnellste Maschine in der Vintage-Klasse bis 1930; nur eine 600-cm^3-Scott mit wassergekühltem Zweitaktmotor war ein ernsthafter Konkurrent. Busch hatte seine R 63 in zehn Wettbewerben ohne die geringste Reparatur gefahren. »Aber vor drei Jahren ist es dann passiert: Der Motor explodierte – aber wie! Ein Ventilbruch zerstörte einen Pleuel, und dessen Rest drückte die Nokkenwelle aus dem Gehäuse. Ein echter Totalschaden, da war nichts mehr zu machen.«

Inzwischen läuft das Motorrad wieder, sein Herr hat die zerstörten Teile mit viel Mühe wieder beschafft. Jedesmal, wenn er darauf fährt, hat er wieder seinen Spaß an dem gewaltigen Drehmoment des Motors: »Im dritten Gang kann ich von 40 bis 150 km/h beschleunigen – da gibt's kein Loch.« Auch das Fahrwerk hält er für deutlich besser als das der (jüngeren) R 16 aus seiner Sammlung.

Der bestgehütete Hort des Veteranensammlers: das Teilelager. In diesem Regal hebt Hans Wilhelm Busch freilich nicht nur Passendes für »seine« Modelle auf. Auch reine Tauschobjekte warten hier darauf, daß sie eines fernen Tages als Entgelt für andere, lang gesuchte Ersatzteile den Besitzer wechseln können.

Schätze in Reih' und Glied: ein Blick in Sammlers Keller. Vorn die R 47, dahinter die R 63, die R 16 und die R 17.

Diese Maschine – Erstbesitzer war ein Berliner Diplomingenieur, der Kraftfahrzeugbrief existiert noch – hatte bis 1960 bei der Feuerwehr in Neuwied Dienst getan; mit Seitenwagen, in dem eine Spritze montiert war. Die R 17 dagegen stammt von einem Sammler in Österreich, der sie Busch 1973 anbot; »da bin ich noch in der Nacht nach Wien gefahren.« Die passende Lichtmaschine dazu bekam er aus der DDR.

In Schweinfurt bei einem Schrotthändler fand er vor etwa zehn Jahren seine R 47. Für sie mußte schon eine Reihe von Teilen angefertigt werden, so die Ansaugrohre. Schwer zu beschaffen sind auch die Vierzig-Loch-Felgen.

Bei einem Bauern am Niederrhein spürte der Sammler – auf den Tip eines Freundes hin – seine R 39 auf und bewahrte sie vor dem Rosttod. Sie ist – als erste Einzylindermaschine von BMW – ein sehr seltenes Stück, nur noch drei davon soll es geben.

Weniger schwierig war es, die beiden Nachkriegsmotorräder zu erstehen: Die R 51/3 hat Busch schon Anfang der siebziger Jahre billig eingekauft, und die R 69 S – die letzte Ausführung, mit Schwingungsdämpfer auf der Kurbelwelle – war wieder ein Scheunenfindelkind, das schon ziemlich gelitten hatte.

In Bau ist schließlich eine der berühmten RS-Rennmaschinen. Den Rahmen besitzt der Euskirchener aus der Maschine des bekannten Gespannfahrers Fritz Hillebrand, und dazu hat er zwei der schönen Königswellenmotoren, einen Kurzhuber mit Fünfganggetriebe, der einmal dem sechsfachen Weltmeister Klaus Enders gehörte, und einen Viergang-Langhuber, der noch 1977 in Juniorenpokal-Straßenrennen gefahren wurde.

So schön und pieksauber die Maschinen auch in Buschs Keller stehen – Museumsstücke sind sie nicht. »Das Fahren gehört bei mir ebenso dazu wie das Schrauben«, betont der Jurist mit den Mechanikerhänden, dem die Mitgliedsnummer 002 im BMW-Veteranen-Club Deutschland gehört. »Und dabei kommt mir nicht zuletzt auch meine Motocrosserfahrung zugute – etwa damals, als mir an der R 63 Motor und Hinterrad blockierten.« Abends, nach getaner Arbeit, blättert er gern in dem Stoß von Originalbetriebsanleitungen und -ersatzteillisten, die er im Lauf der Jahre zusammengetragen hat. »Viele von denen hat nicht einmal das BMW-Archiv«, lacht er und erfreut sich an den Texten aus der Frühzeit der BMW-Motorräder. Er hat seinen Teil dazu beigetragen, daß sie nicht vergessen werden.

Vorläufer, Nachahmer, Wettbewerber

Von ABC bis Zündapp

Heiße Spur zu BMW: Die englische ABC von 1921 (unten) hatte einen quer eingebauten Boxermotor, aber noch den üblichen Kettenantrieb zum Hinterrad.

Ein großer Name, der ebenfalls zu den Vorläufern von BMW gehört, ist Douglas. Diese britische Marke baute schon seit 1907 Boxermotoren ein (ganz unten) – freilich längs, wie es die Münchner anfangs auch bei ihrer Helios taten.

Die erste BMW, die R 32 von 1923, war eine Überraschung in der Welt des Motorrads. Aber nicht etwa, weil irgendein Teil an ihr grundsätzlich neu gewesen wäre: Es gab Boxermotoren – längs und quer eingebaut –, und es gab den Kardanantrieb, ebenso Auslegerfederung, gelötete Rohrrahmen und Keilklotzbremsen. Was es nicht gab, war die Kombination des quergestellten Boxermotors mit dem Wellenantrieb zum Hinterrad. Diese so logische und technisch »saubere« Lösung verwirklicht zu haben – das war der eigentliche Geniestreich des Konstrukteurs Max Friz.

Freilich: Ganz aus der Luft gegriffen war die neue Idee nicht. Es gab Vorläufer und Vorbilder, und die motorradbegeisterte Mannschaft in München hat sie selbstverständlich gekannt.

Das Boxertriebwerk im Motorrad war, als BMW seine Eigenentwicklung M 2 B 15 für Victoria und andere Marken – und für die ungeliebte Helios – in Angriff nahm, immerhin schon fünfzehn Jahre alt. Es kam, wie damals aller Zweiradfortschritt, aus England: Ein längst vergessener Ingenieur namens Barter schuf den ersten »Flat Twin« 1904 für ein längst vergessenes Motorrad namens Fairy. Drei Jahre später fanden sich die gleichen Barter-Motoren im Erstlingsangebot eines Herstellers wieder, dessen Name viel dauerhafter bleiben sollte: Douglas in Bristol. Damit ist schon ein Name gegeben, der direkt zu BMW führt.

Ein zweiter darf freilich nicht vergessen werden – nämlich Granville Bradshaw. Dieser in seiner Zeit sehr bedeutende britische Konstrukteur entwarf um 1912 herum einen Zweizylinder-Boxermotor mit 500 cm³ Hubraum, der dann von der A.B.C. Road-Motors Ltd. in Byfleet gebaut wurde. ABC stand für All British (Engine) Company.

Dieser Bradshaw-Motor wurde 1913 nicht nur von Bill Brough für seine in Nottingham produzierten Brough-Maschinen gekauft (sein Sohn George gründete dann das Konkurrenzunternehmen, das die weltberühmten Brough-Superior-Motorräder herstellte); auch ABC selbst baute ein passendes Fahrwerk darum herum. Und später – 1919 – interessierte sich The Sopwith Aviation and Engineering Co. Ltd. in Kingston-on-Thames für Bradshaws Boxer. Sie brachte, mit einer 398-cm³-Version davon, ein recht fortschrittliches Motorrad heraus, das immer noch ABC hieß und schon ein Vierganggetriebe und eine Hinterradfederung hatte.

Das ist die zweite heiße Spur, die zu BMW und zur R 32 führt: Denn Sopwith baute zum ersten Mal einen Boxermotor quer in den Rahmen ein, so daß die Zylinder seitlich herausstanden. Geistesverwandtschaft zu den fernen Münchner Kollegen? Immerhin kamen beide, Sopwith wie BMW, vom Flugzeug her. Ganz zu Ende gedacht hatte man in Kingston allerdings doch nicht, denn der Schritt zum Kardan wurde nicht getan; die ABC hatte eine ganz normale Kette zum Hinterrad.

Wie der Weg von Douglas und ABC zu BMW verlief, das weiß Franz Bieber – der erste »Werksfahrer« des Hauses und Freund von Max Friz – noch ganz genau:

Ein Pionier des Kardanantriebs in Deutschland war Dürkopp. Dem Vorbild der belgischen Marke F. N. folgend, bewegte der Vierzylinder-Motor über eine Welle das Hinterrad (oben).

Ein schönes Motorrad, dem nur ein kurzes Leben beschieden war: die K. G. aus Suhl (unten). Mit Viertakt-Einzylindermotor und Kardanantrieb nahm sie 1919 die kleinen BMW vorweg.

Fabelhaft war die Fabula von 1923 gewiß nicht. Aber ihr Einzylinder-Zweitaktmotor hatte ebenfalls Wellenantrieb (Mitte) – wie zwei Jahre später die BMW R 39 und ihre einzylindrigen Nachfolger.

»Der M 2 B 15«, also der erste Einbauboxer von BMW, »war der original nachgemachte Douglas-Motor«, erinnert er sich. »Nach Kriegsende 1918 hatte einer in unserem Münchner Motorrad-Club eine Douglas mit längs eingebautem Boxermotor. Friz hat sich den angeschaut und beschlossen, auch so etwas zu bringen.«

So entstand das Triebwerk, das dann bei Victoria Karriere machte und in der Helios zum schöpferischen Ärgernis für Friz werden sollte.

Aber auch mit der ABC hatte der BMW-Chefkonstrukteur unmittelbar Bekanntschaft geschlossen. Bieber: »Aus England hatte er so eine Maschine bekommen – mit querliegendem Boxermotor, eine Art Luxusmotorrad. Und ich habe ihm vorgeschlagen, doch auch bei BMW einmal den Motor quer reinzustellen.«

Friz war von dieser Idee offenbar angetan. Aber wie kam er auf den Kardanantrieb? »Er sagte: ›Der Kegelradantrieb gehört ins Hinterrad und nicht – wie bei der ABC – ins Getriebe; Motor und Getriebe müssen in einem Stück sein.‹« Mit Ketten hatte man bei BMW von der Helios her nicht viel im Sinn. Das Material taugte damals noch wenig, Ärger war programmiert.

Also Kardan – gesagt, getan. Die R 32 war, zumindest in den Köpfen, fertig – und damit etwas wirklich Neues. Oder doch nicht? Nein, leider doch nicht. Denn ein anderer britischer Motorradhersteller, GSD in Coventry, hatte schon 1921 Kardan und den quergestellten Boxer kombiniert. Davon wußte Friz aber gewiß nichts, zumal die Marke sehr bald wieder in Vergessenheit geriet.

Wo kam nun der Kardanantrieb her? Auf den ersten Blick, wie es scheint, vom Auto: Der französische Konstrukteur Louis Renault hatte ihn schon 1898, bei seinem Erstlingswagen, verwirklicht und damit Kette und Riemen an den Vierrädrigen auf einen Schlag altmodisch gemacht.

Bei den Nichtmotorisierten hat der Wellenantrieb allerdings noch ältere Tradition. 1882 wurde er erstmals bei einem mit Muskelkraft bewegten Dreirad angewandt, und schon 1889 kam das erste Kardanfahrrad auf den Markt. Von hier führte der direkte Weg zum Motorrad mit Kardanantrieb: Denn die berühmte belgische Waffenfabrik F. N., die sich des Wellenantriebs fürs Veloziped bemächtigt hatte, rüstete auch kurz nach der Jahrhundertwende ihre ersten Motorräder mit Kardanwelle zum (ungefederten) Hinterrad aus.

Bei anderen Herstellern – so bei Dürkopp – regte sich ebenfalls Interesse, aber es dauerte noch bis nach dem ersten Weltkrieg, bevor eine deutsche Marke damit in Serie ging. Sie wurde übrigens schon in einem früheren Kapitel, als Vorläufer und Anreger für die Einzylindermotorräder von BMW, erwähnt: K. G., das Kürzel für Krieger-Gnädig, die 1919 in Suhl ihr schönes erstes (und zugleich letztes) Modell vorstellten.

Vor der R 39 aus München, die 1925 das Licht der Zweiradwelt erblickte, hatte sogar noch ein weiteres deutsches Werk – Fabula in Bielefeld – vom Bauprinzip Einzylinder/Kardan Gebrauch gemacht, allerdings mit einem Zweitaktmotor. Auch in England und Italien gab es Ähnliches.

BMW hatte also Vorläufer. Sklavisch nachgebaut hat man in München freilich nie; da hätte dann doch das ernsthafte deutsche Ingenieursgewissen geschlagen, und als erfolgreicher Ex-Flugmotorenhersteller hatte man das auch gar nicht nötig.

Immerhin gab es an den Vorbildern mehr als genug zu verbessern: So hatte man sich schon beim M 2 B 15 ausdrücklich an den Schwachstellen des Douglas-Motors orientiert und sie in weitem Bogen umgangen – zum Beispiel durch bessere Kurbelwellenlager. Aber nachdem die R 32 und die R 39 erst einmal da waren, hatte sich BMW immer mehr auch mit direkten Wettbewerbern und sogar mit Nachahmern auseinanderzusetzen.

Der Erfolg der weiß-blauen Marke ermunterte andere Hersteller, es mit dem gleichen technischen Rezept zu versuchen – und ohne ausdrücklichen Nachweis des Gegenteils müssen sie sich gefallen lassen, als »Trittbrettfahrer« der Münchner in Erinnerung zu bleiben.

In einzelnen Fällen kann an der Kopierabsicht gar kein Zweifel bestehen. So bauten zwischen 1945 und 1962 nacheinander drei französische Werke – CMR, CEMEC und Ratier – die gute alte BMW R 12, den seitengesteuerten Kriegsveteranen, und die R 71 in weitgehender Übereinstimmung mit dem Original nach. Ebenso unverwechselbare wie ungenierte BMW-Doubles waren auch einige Maschinen der inzwischen längst vergessenen japanischen Marken BIM, Lilac und Marusho: In jener Zeit, den fünfziger und ersten sechziger Jahren, war das »Abkupfern« in Fernost noch groß im Schwang.

Nachbauten der Münchner Einzylinder gab es nach 1945 auch unter dem Namen EMW (im ehemaligen Eisenacher Werk von BMW) und AWO in der sowjetischen Besatzungszone und der späteren DDR.

Und schließlich seien unter den Kopierern die Sowjetrussen selbst nicht vergessen. Schon im Krieg begannen sie, deutsche Beute-BMWs zu vervielfältigen, und danach blieb es bei einer umfangreichen Fertigung von Zweizylinder-Boxermaschinen mit 650 cm³ Hubraum unter den Namen Moskwa, Ural und (seit 1976) Dnjepr.

Nun ist Nachahmung die höchste Form der Anerkennung, und das dürfte auch für BMW stets ein wohlfeiler Trost gewesen sein – zumal dagegen nicht viel zu machen war. Wichtiger war, daß die Münchner Produkte im Bewußtsein der Motorradfahrer stets die »Originale« gewesen sind und damit die Maßstäbe, an denen sich die anderen messen lassen mußten.

Die anderen – das waren noch viele: in England zum Beispiel das ehemalige Vorbild Douglas, das es 1935 endlich einmal mit einem quergestellten Boxermotor probierte, doch mit diesem seitengesteuerten Modell Endeavour keinen Erfolg hatte; dann Brough-Superior, die 1938 mit ihrer Golden Dream eine Art Super-BMW auf die Räder stellen wollten (vier Zylinder jeweils zu zweien übereinander angeordnet), doch bis Kriegsbeginn nur noch sechs davon zuwege brachten; drittens eine Reihe Motorräder des begabten Konstrukteurs John Wooler bis hin zum Prototyp eines Vierzylinderboxers im Jahr 1947; schließlich Velocette in Birmingham, deren Valiant 1956 trotz des nur kleinen Hubraums (200 cm³) einer Zweizylinder-BMW recht ähnlich sah.

Gnome & Rhône in Frankreich, wie die deutsche Konkurrenz von Haus aus eine Flugmotorenfabrik, fertigten Ende der zwanziger Jahre einen bis auf die Vorderradgabel fast vollkommenen Doppelgänger der R 11 mit Preßstahlrahmen. Auch die Schweizer Nachbarn schwörten auf die Boxer-Kardan-Fahne: Condor hatte während und nach dem zweiten Weltkrieg eine Art R 6 im Programm (allerdings mit 680 cm³), und Universal verkaufte ein wenig später etwas, das stark nach R 61 und R 66/R 67 aussah. Sogar Harley-Davidson, Amerikas Renommiermarke aus Milwaukee, hatte sich vorübergehend dem Boxermotor zugewandt und 1942, zur Ausrüstung der GIs, eine Serie von 1000 BMW-Zwillingen auf Band gelegt; sie sind später in Europa den feindlichen R 75 begegnet.

Und ausgerechnet in Deutschland sollte es keine »Ersatz-BMW« gegeben haben? Aber ja doch. Schon 1930 nahm Windhoff in Berlin den Hubraum der heutigen R 100 vorweg – mit einem Zweizylinderboxer von 1000 cm³, der wie eine etwas modernisierte R 62 anmutete.

Zwei Jahre zuvor hatte Wanderer, das für seine Qualität berühmte sächsische Werk, eine Einzylinder-Kardanmaschine mit ohv-Motor entwikkelt, die auch als BMW hätte hingehen können (das Münchner Werk baute damals vorübergehend keine Einzylindermotorräder); diese 500-cm³-Maschine wurde 1929 mit allen Fertigungsrechten an die Prager Motorradfabrik Janeček verkauft und dort bis 1932 (unter dem noch heute verwendeten Namen Jawa – Janeček/Wanderer) weitergefertigt.

Nicht vergessen sei schließlich ein ziemlich frecher, aber auch hübscher BMW-Verschnitt aus der Nachkriegszeit: die Hoffmann Gouverneur.

Als BMW vorübergehend keine Einzylinder-Motorräder baute – von 1927 bis 1931 –, sah Wanderer seine Chance mit einer sehr ähnlichen Kardan-Maschine: 500 cm³, Viertakt (oben).

Diese perfekte BMW-Kopie ist – kaum zu glauben – eine Harley-Davidson aus Amerika (unten). Sie wurde 1942 fürs Militär gebaut und stieß dann im Europa-Feldzug auf ihr Vorbild, die R 12.

Den ersten BMW-Boxermaschinen eng verwandt war die Windhoff von 1930 (Mitte). Den gewaltigen Hubraum von 1000 cm³ haben die Münchner der Berliner Marke freilich erst 46 Jahre später nachgemacht.

Ihr Hersteller, ein Fabrikant aus dem rheinischen Lintorf, hatte anfangs der fünfziger Jahre nicht nur den damaligen Motorradboom, sondern auch seine finanziellen Kräfte überschätzt. Seine wirklich sehr formschönen Zweizylinder-Boxer-Motorräder mit Kardanantrieb und Teleskop-Hinterradfederung (Hubräume 250 und 300 cm^3) enthielten manche neuen und guten Ideen, waren aber zu teuer, als daß sich BMW-Liebhaber auf diese recht unbekannte Marke eingelassen hätten – dann lieber gleich eine echte Münchnerin.

Ein ebenso eleganter wie frecher BMW-Abklatsch war Anfang der fünfziger Jahre die Hoffmann Gouverneur. Ihr Verkaufserfolg blieb allerdings so gering wie ihr Hubraum (250 und 300 cm^3).

Wenn jetzt noch ein Name zu fehlen scheint, dann nicht nur, weil das Z immer am Ende des Alphabets kommt. Der Marke Zündapp steht unter allen Wettbewerbern ein eigener Absatz und damit mehr Ausführlichkeit zu: Denn dies Unternehmen aus Nürnberg war das einzige, das für BMW nach Qualität und Statur ein echter und hartnäckiger Konkurrent gewesen ist und niemals zu den ideenlosen Nachahmern der Münchner Produkte gehört hat.

Der Kampf der bayerischen Marken begann allerdings erst 1933. Vorher hatte Zündapp, 1917 gegründet, ein braves Programm guter Zweitaktmotorräder gebaut und mit dem Modell S 500 – mit einem Einbaumotor aus England – erstmals am Viertaktgeschäft geschnuppert. Dann aber wurde, von den Brüdern Richard und Xaver Küchen konstruiert, eine ganze Breitseite von neuen Kardanmaschinen mit Zwei- und Viertakttriebwerken auf den Markt geschossen – darunter jene K 400/K 500 mit seitengesteuertem Zweizylinder-Boxermotor und Preßstahlrahmen, mit der die Nürnberger den Münchnern offen den Krieg erklärten.

Das schwerste Kaliber war ein Motorrad, dem BMW nichts Ähnliches entgegenzusetzen hatte: die K 800 mit ihrem Vierzylinder-Boxermotor. Wenn auch die Zündapp-Techniker letzten Endes die Schwierigkeiten dieses Bauprinzips nicht bewältigen konnten (die jeweils hinteren Zylinder wurden nicht genügend von Kühlluft erreicht, und auch die Einlaßkanäle machten Verdruß), so war doch diese Maschine zu ihrer Zeit ein Muster an Schönheit und Laufkultur und in dieser Beziehung den BMWs noch überlegen. Die KS 500 und besonders die KS 600 von Zündapp gehörten vor dem Krieg zu den beliebtesten Gespannmaschinen; sie blieben allerdings, im Gegensatz zur Münchner Konkurrenz, ohne Hinterradfederung. Die kam dann erst 1951 mit der KS 601, dem legendären »Grünen Elefanten«, die eine recht unmittelbare Herausforderung für BMW gewesen ist. Vor allem um das Behördengeschäft wurde zwischen den beiden Unternehmen damals hart, aber fair gerungen.

1958 allerdings kam das Aus – nicht für Zündapp, aber für die KS 601. Schon vier Jahre zuvor waren die produktionsreifen Pläne für eine 250-cm^3-Kardanmaschine mit Boxermotor und hochmodernem Fahrwerk in der Ablage verschwunden. Das Nürnberger Haus konzentrierte sich auf immer kleinere Hubräume und auf seinen zweiten Standort München.

So wurde aus den bösen Wettbewerbern von ehedem schließlich das, was sie heute noch sind: gute Nachbarn.

Ebenbürtiger Wettbewerber für BMW: die Zündapp KS 601, der berühmte »Grüne Elefant«. Er starb 1958.

Die Motorradgeschichte hat gezeigt, daß die BMW-Maschinen nicht einmalig waren. Einmalig aber war und ist die Konsequenz, mit der das Unternehmen bisher an einer als richtig erkannten Idee festgehalten und mit der es sie vervollkommnet hat. Vorläufer, Nachahmer, Wettbewerber – sie verblassen dagegen zu Statisten. BMW war der Hauptdarsteller.

BNP

Auf Eskorte

Monsieur Tour de France

Wenn die »Giganten der Landstraße« zu ihren großen Wettbewerben antreten, wollen Millionen von Fans wenigstens am Radio oder Fernsehgerät den Kampf verfolgen. Ohne die mitfahrenden Reporter auf dem Motorrad-Soziussitz könnten sie es nicht.

Tour de France 1979. Eine Gruppe von Fahrern reißt aus, dem Feld davon, einer Steigung entgegen. Vorentscheidung der Etappe? Puls und Atemfrequenz beschleunigen sich: Nicht nur bei den Radprofis, auch bei Michel Sergent, einem stämmigen Franzosen mit dunkelblonden Haaren und dem gutmütigen Gesicht eines Bernhardinerhundes. Er gibt seiner BMW R 100 RS die Sporen, um möglichst neben die fünf Ausreißer auf ihren Fahrrädern zu kommen. Unruhig rutscht sein Beifahrer hinter ihm auf der Sitzbank hin und her: Die Videokamera im Anschlag, versucht er Francesco Moser in Großaufnahme zu erhaschen.

Die ersten Bergaufkurven sind da – doppelte Arbeit für Sergent, der nicht nur die Bewegungen seines Sozius mit ausgleichen, sondern auch achtgeben muß, auf der engen Straße nicht mit den Rennfahrern zu kollidieren. Von hinten drängen die Begleitfahrzeuge auf vier Rädern nach: Sie wollen in der Nähe »ihrer« Fahrer bleiben, damit der Vorsprung nicht durch eine Reifenpanne in nichts zerschmilzt. Immer steiler wird die Paßroute, immer langsamer die Fahrt, immer schwieriger das Balancieren mit dem schwerbeladenen Motorrad. Michel Sergents angespannte Miene verrät etwas von dem Streß, den es zu ertragen gilt.

Geschafft! Die Paßhöhe ist erreicht, der Vorsprung (noch) gesichert. Die Tour-Giganten atmen auf – jetzt rollt es bergab, Herz und Lunge werden entlastet. Aber der Kampf um jeden Meter geht weiter. Wie Kamikazeflieger werfen sich die Profitreter in die Kurven – erst in letzter Sekunde wird abgebremst, die Ideallinie unter den Rädern. Michel Sergent weiß Bescheid: Wer Tour-Eskorte fährt, darf sich auf Bergabstrecken nicht freuen, im Gegenteil. Wenn der Fernsehmann auf dem Sozius nicht selber so abgebrüht wäre, könnte er jetzt das Fürchten lernen.

Um den Radfahrern mit ihren superleichten Rennmaschinen auf den Fersen zu bleiben, setzt Sergent zu einer wahren Höllenfahrt an. Aber nicht einmal die drei Scheibenbremsen der 100 RS schaffen es immer, daß das Team den Anschluß behält. Zu viele Kilogramm sind – anders als bei den Fahrrädern – zu verzögern, zu wenig Schräglage ist möglich. Aber Sergent kennt sich aus. Weiter unten, wo es wieder mehr geradeaus geht, holt er auf, und bald hat er den mutmaßlichen Etappensieger wieder voll im Griff.

Doch neue Aufregung steht bevor: In den Ortsdurchfahrten kurz vor dem Tagesziel wartet eine begeisterte Menschenmenge auf Moser & Co. Von der vorausfahrenden Polizei läßt sie sich nur widerwillig auf die Bürgersteige drängen. Wenn die ersten Fahrer in Sicht kommen, brennen alle Sicherungen durch – wer hinten steht, schubst seine Vorderleute, die Fahrrinne auf der Straße wird immer enger. Hier müssen Sergent und seine Kollegen aufpassen wie die Teufel. Millimeterarbeit ist notwendig. Aber es gelingt. Millionen Fernsehzuschauer sehen jede Phase des beginnenden Endspurts, den das Motorrad freilich nicht mitmachen darf: 500 Meter vor dem Etappenziel haben die Begleitfahrzeuge auszuscheren, um Platz für den oft entscheidenden letzten Kraftakt der Radgrößen zu machen. Die stationären Kameras treten in Aktion, für Sergent und seinen Begleiter ist die Tagesarbeit geschafft.

Michel Sergent, Jahrgang 1935, ist einer jener »Messieurs Tour de France«, die kaum weniger wichtig sind als die Rennfahrer selbst. Die Berichterstattung von diesem und anderen großen Radrennen wäre ohne die Begleitmotorräder gar nicht möglich – heute noch weniger als früher. Nur die Beweglichkeit des Zweirads garantiert, daß Reporter und Kameraleute im Brennpunkt des Geschehens, also dicht bei den Fahrern, sein können.

Zuverlässigkeit ist auch – und gerade – bei den Begleitfahrzeugen Trumpf: just die rechte Aufgabe für BMW-Motorräder (hier R 100 S und RS bei der Tour de France 1980). Gelenkt werden sie von radsporterfahrenen Männern, die ihre Maschinen perfekt beherrschen.

Für die Radrenn-Profis ist es die »Tour der Leiden«, für die Fahrer der Begleitmotorräder eine Tour des Streß. Sie dürfen sich nicht nur durch das unruhige Treiben des Kameramanns hinten auf der Sitzbank nicht irritieren lassen. Sie müssen auch alle Radsportgrößen kennen, sie sollen »riechen«, wenn sich eine dramatische Wendung des Rennens ankündigt, und immer genau dort sein, wo die Fernsehzuschauer sein möchten: im Brennpunkt des Geschehens. Ob unter der Sonne Südfrankreichs, ob auf den Kopfsteinstraßen des Nordens, auf den endlosen Kehren der Alpenpässe oder im Regen des Zentralmassivs – die BMW-Motorräder sind immer mit vorn dabei.

Sergent macht diesen Job seit zwanzig Jahren, es gibt kaum ein bedeutendes Radrennen, das er nicht von Sattel oder Sitzbank seiner BMWs miterlebt und miterlitten hätte. Auch beim Start des Fernsehens in dieser Sparte war er dabei: Er fuhr 1960 die BMW, von der aus die erste Direktbildübertragung – im Auftrag der staatlichen Fernsehgesellschaft ORTF – in den Äther ging, über eine riesige, am Heck montierte Antenne in Spiralform.

Seit jenem denkwürdigen Tag sind die Fernsehmotorräder bei jedem Radrennen dabei. Aus den anfänglichen stummen Schwarzweißbildern sind längst Farbsendungen mit Live-Ton geworden. Vorreiter – im wahrsten Sinne des Wortes – waren die Zeitungsleute (als erste die Journalisten des Sportblatts »L'Equipe«) und dann, Ende der fünfziger Jahre, die Radioreporter. Damals gab es noch keine Direktübertragungen vom Rennverlauf; der Berichterstatter verfolgte den Kampf der Fahrradheroen vom Soziussitz aus und besprach am Etappenziel ein Tonband, das nebst Gerät von einem begleitenden Auto mitgeschleppt wurde. Dann wurde das Band mit dem Motorrad zur Post befördert.

Die ersten Radiodirektsendungen vom Motorrad aus gelangen für die Station Europe I und für Radio Luxemburg. Das setzte eine Lawine in Gang: Jeder Sender wollte dabeisein. Das Gedrängel der Begleitmaschinen wuchs bedrohlich, bis die Organisatoren der Rennen durchgriffen, um das unerwünscht hohe Risiko für alle Beteiligten zu vermindern: Zunächst wurde die Anzahl der Eskortierfahrzeuge begrenzt, dann auch die Fahrweise reglementiert. Vor allem auf den letzten dreißig Kilometern jeder Etappe herrschen jetzt ganz strenge Sitten – wer da nicht spurt, bekommt Ärger. Vorfahrt hat stets das Fernsehen: Zwanzig Millionen Zuschauer am Bildschirm sind ein starkes Argument.

Wie wird man ein solcher Spezialkönner à la Michel Sergent? Eigentlich nur durch Erfahrung. Sergents Kollege Roger Falaise zum Beispiel ist Jahrgang 1923 und seit 28 Jahren dabei – auch er nur auf BMW. Zwanzig »Tours« hat er hinter sich, das sind mehr als 500 Tage Rennbegleitung bei dieser größten aller Rundfahrten.

Um solches Kaliber zu erreichen, muß man zunächst einmal ein Klasse-Motorradfahrer sein – »mit der Maschine verwachsen« ist da keine hohle Phrase. Man braucht Geschicklichkeit ebenso wie Kaltblütigkeit: Für die Berichterstatter und Kameraleute gibt es im Rennverlauf unwiederbringliche Chancen, die sie nur nutzen können, wenn ihre Fahrer rechtzeitig am richtigen Platz sind. Und das setzt wiederum voraus, daß die Kerls auf den Motorrädern etwas von Radrennen verstehen. Falaise zum Beispiel, ein untersetzter Mann mit fröhlichen Augen und einem ansteckenden Lachen, war selbst einmal aktiver Radsportler; Sergent ist auch privat ein richtiger Radrennfan und kennt sich in dem Milieu aus.

So fällt es ihnen leicht, die Entwicklung des Renngeschehens vorauszuahnen und zu wissen, wer von den großen Pedalartisten wann was tut. Roger Falaise erinnert sich schmunzelnd an einen Reporter, der einmal auf seiner BMW mitfuhr: »Der Bursche hatte von Tuten und Blasen keine Ahnung. Ich mußte ihm seine ganze Reportage machen – ihm sagen, wer die Fahrer sind und was sie tun.« Das geht natürlich nur gut, wenn der »Ersatzmann« so »drin« ist wie die »Messieurs Tour de France«.

Mit den Direktübertragungen vom Motorrad aus sind die Anforderungen an deren »Piloten« eher noch gewachsen. Anfänglich gab es sogar gewagte Experimente: So wurde vorn an Falaises Maschine ein Kontrollbildschirm montiert, den der Reporter über die Schulter des Fahrers hinweg sehen und seinen Kommentar entsprechend formulieren konnte. Man kam aber schnell dahinter, wie gefährlich das war. »Ich war immer versucht, auf die Flimmerröhre und nicht auf die Straße zu gucken«, schaudert es Falaise noch heute. Sehr bald und folgerichtig verschwand der Bildschirm wieder.

Seit die Fernsehregie vom Hubschrauber aus das Rennen verfolgt, heißt es für die Motorradfahrer doppelt aufpassen: Sie müssen dafür sorgen, daß sie mit Maschine und Beifahrer möglichst senkrecht unter dem Helikopter sind, um Anweisungen, die sie über Funk und Kopfhörer vom Himmel bekommen, sofort befolgen zu können. Dafür ist es mit dem Marschgepäck etwas leichter geworden. Als es mit den Fernsehübertragungen begann, wog die Ausrüstung noch etwa fünfzig Kilogramm – zusätzlich zum Gewicht des Beifahrers auf dem Rücksitz, der oft auch nicht gerade Jockeyformat hatte. Die Fortschritte der Elektronik haben es mit sich gebracht, daß heute nur noch rund 25 Kilogramm technischer Ballast transportiert werden müssen; immerhin noch genug, wenn kitzlige Situationen zu bestehen sind.

»Früher war es lustiger«, meint Roger Falaise, und Michel Sergent nickt. Schallend lachen beide, als einem von ihnen die Geschichte vom Kalbskopf einfällt. Den hatten ein paar Spaßvögel einem der Motorradfahrer hinten an die Ma-

Die Kameras surren und klicken, wenn die Helden der Tour – Bild ganz oben: Raymond Poulidor auf dem Gipfel des Mont Ventoux – ihrem Ziel nahe sind.

Michel Sergent in Aktion (links): ein brillanter Motorradfahrer, bis ins letzte eingespielt mit »seinem« Kameramann. Auch der scheut kein Risiko, wenn es darum geht, die Großen des Rennsports aus ungewöhnlicher Perspektive auf den Film zu kriegen.

schine gebunden, und von da glotzte das tote Jungrind die halbe Etappe lang nach hinten – voller Desinteresse am Renngeschehen, aber zum größten Amüsement aller Rennfahrer und Begleiter. Der Kalbskopftransporteur ahnte freilich nichts davon und wunderte sich vergebens über die gute Laune rings um ihn her.

Auf einer großen Rundfahrt wird der Troß bald zu einer eingespielten Gemeinschaft, die rasch lernt, zu aller Vorteil gutes Einvernehmen zu wahren. Vor allem die Motorradfahrer halten eisern zusammen, besonders wenn es gilt, drängelnden Begleitautos Platz zu machen – man läßt den anderen einscheren, denn ein Sturz bedeutet für ein Eskortierteam die Katastrophe. Manchmal geht es jedoch nicht ohne ein bißchen Konkurrenzneid und Reibereien ab. Auch mit der Polizei gibt es mitunter Zoff – dann, wenn die Gendarmen auf ihren Motorrädern allzu selbstherrlich regieren und die Arbeit der Reportagefahrzeuge behindern.

Einmal, in Belgien, kam es sogar richtig zum Krach. Die Polizisten hatten die »Messieurs Tour de France« – damals freilich bei einem anderen Rennen – bis aufs Blut gepeinigt. Da bot sich Gelegenheit zur Rache: Einer der unbeliebten Gendarmen fuhr in den Graben. Der erste französische Motorradfahrer, der hinter ihm kam, wollte ihm beim Hochrappeln helfen – aber seine Kollegen pfiffen ihn zurück. Der soll nur selbst sehen, wie er wieder auf seine Maschine kommt, meinten die hartgesottenen Kerle, in deren Gesichtern der Fahrtwind von vielen hunderttausend Motorradkilometern seine Spuren hinterlassen hatte.

Ein Hauch Wildwest paßt zu ihnen – zimperlich darf man da nicht sein. Und Gelegenheit zum Lachen gibt es gottlob immer wieder: etwa über den Kollegen, der beim Rennen »Boucles de la Seine« den Notausgang vor dem Ziel verpaßte und so den Endspurt ins Pariser Prinzenparkstadion unfreiwillig mitmachen mußte. Daran hatte der Pechvogel noch lange zu knabbern.

Gut ist das Verhältnis zwischen den Radrennfahrern und ihren Motorradbegleitern. Man kennt sich seit langen Jahren, begrüßt sich freundlich, wenn man sich wiedersieht, und hockt im Etappenziel auch einmal zusammen. Die »Messieurs Tour de France« haben schon viele Stars kommen – und gehen – sehen, ha-

Zwanzigmal auf BMW bei der »Tour de France« dabei: Roger Falaise.

ben ihre Triumphe erlebt und auch die Niederlagen, die den Namen »Tour der Leiden« immer wieder rechtfertigen. Kontakte während des Rennens sind freilich verboten: Die Organisatoren greifen sofort ein, wenn ein Radfahrer im Windschatten des Motorrads nach vorn kommen will, und auch wenn bergauf ein ausgepumpter Profi nach der Schulter des Kameramanns greift, um sich ein paar Pedaltritte zu sparen, sind die Aufpasser sofort dazwischen.

Die Tourbegleiter sind keine Einzelkämpfer. Die meisten von ihnen sind entweder angestellt oder gehören einer Art Genossenschaft an, die sich Transports M. P. (Moto Presse) nennt und in der Rue Paul-Lelong, einer engen Straße im Herzen von Paris, ansässig ist. Der Vater des heutigen Chefs, Jean-Louis Toupiolle, hat sie 1949 gegründet: Sie sollte selbständige Zeitungsausfahrer in der Millionenstadt unter einen Hut bringen und ihnen zum Angestelltenstatus und damit zu Sozialleistungen wie Altersversorgung und Krankenversicherung verhelfen.

Mit karierter Sportmütze und Lederjacke auf der R 60: Monsieur Falaise sieht auch im Dienst stets proper aus. Der Fotograf, die Spiegelreflex im Anschlag, kann sich in jeder Phase des Rennens auf seinen Fahrer verlassen.

In jener »goldenen Zeit der Presse« im Nachkriegsfrankreich wurden die Journale noch mit Motorrädern befördert, und zwar in großen kastenförmigen Seitenwagen, die anfangs aus Holz, später aus Metall gemacht waren. (Noch heute gibt es einen ehemaligen Vorarbeiter des längst vergessenen Herstellers, der auf Wunsch solche Transportbeiwagen unter der alten Marke Précision baut.)

Das war ein Job für harte Männer: Bei Wind und Wetter im Großstadtverkehr auf die Minute pünktlich sein – das kostet Nerven. Die meisten Zeitungen hatten in jenen Jahren auch eigene Fahrer; von Blatt zu Blatt herrschte auf den Motorrädern harte Konkurrenz, der Schnellere gewann. Zu Moto Presse gehörten zu Beginn zwanzig, später bis zu 300 Fahrer, die zu neunzig Prozent schwere BMWs benutzten.

Erst Ende der fünfziger Jahre wandelte sich das Bild. Immer mehr Zeitungen und immer umfangreichere Ausgaben mußten ausgeliefert werden, das Motorrad wurde unrentabel, der Wagen übernahm seinen Part. Heute sind nur noch etwa dreißig Zeitungsgespanne in Paris unterwegs, ausschließlich in der City.

Die Männer von Moto Presse mußten sich also umstellen. Und während viele von ihnen früher elf Monate im Jahr bedrucktes Papier befördert und einen Monat lang – ohne Seitenwagen – als Freiwillige einen Reporter über die Tour-Etappen geschaukelt hatten, wurde das Eskortiergeschäft jetzt zur Hauptsache. Daneben gab es aber auch neue Aufgaben wie den Kurierdienst, den das aufblühende Fernsehen notwendig machte.

Bei Moto Presse denkt man noch sehr zufrieden an die Ära des Generals de Gaulle zurück: In seiner Staatspräsidentenzeit war er viel im Land unterwegs, und die Fernsehfilme, die dabei gedreht wurden, mußten damals stets zur Sendezentrale nach Paris zurück – ein gefundenes Fressen für die schnellen und zuverlässigen Motorradfahrer. Inzwischen ist nicht nur die Übertragungstechnik weiterentwickelt, auch das französische Fernsehen ist stärker regional dezentralisiert; wie überhaupt die »wilden Jahre« der Moto Presse vergangen sind, in denen die Zeitungsfahrer sogar mit dem motorisierten Polizeikorps rivalisierten und es zu einem Rennen herausforderten. Noch heute geht die Geschichte um von der halb zerstörten Brücke, die es bei dieser Wettfahrt (in den fünfziger Jahren) zu passieren galt. Immer nur einer konnte darüberfahren – aber da war kein Klügerer, der nachgegeben hätte, und so stürzte einer der Polizisten samt Motorrad in die gottlob nicht allzu mörderische Tiefe. Passiert war zur allseitigen Erleichterung nicht viel, aber für Gesprächsstoff war auf Jahre hinaus gesorgt.

Warum aber stehen die Männer von Moto Presse auf BMW? »Zuverlässigkeit«, sagt Jean-Louis Toupiolle, »ist für uns am wichtigsten. Da sind die Zweizylinder aus Deutschland immer noch prima, obwohl wir das Gefühl haben, als wäre die Verarbeitungsqualität früher besser gewesen. Dafür stimmt es jetzt mit der Leistung. Jahrelang haben den BMWs im Vergleich zu den Japanern 15 bis 20 PS gefehlt, vor allem die Beschleunigung war schwach. Jetzt mit den Tausendern ist wieder alles okay. Vierzylinder, wie sie die Japaner haben, sind uns zu kompliziert und zu empfindlich. Außerdem wechseln die Modelle da zu schnell: Kann passieren, daß man schon nach einem halben Jahr Probleme mit Ersatzteilen hat. Die sind dafür allerdings bei BMW sehr teuer, hier in Frankreich zumindest. Wenn ein einzelner Auspufftopf 600 Franc kostet, dann muß man sagen, daß ein Motorrad im Unterhalt aufwendiger ist als ein Auto.«

Aus der großen Zeit der Pariser Zeitungsfahrer, 1953. Hier warten die Männer mit ihren Beiwagenmaschinen vor der Druckerei der Abendzeitung »France Soir«. Sobald die neue Ausgabe aus der Rotation kommt, stürzen sie sich ins Verkehrsgewühl der Metropole.

Die Gespanne bringen die druckfrischen Zeitungen zu den Verkaufsstellen in der Stadt. Heute freilich sind sie von der Konkurrenz auf vier Rädern fast verdrängt worden.

Roger Falaise und Michel Sergent stimmen ins BMW-Lob ein: »Sitzposition und Komfort sind viel besser als auf den Japanern – das merkt man spätestens auf der dritten Tour-Etappe. Und der Verbrauch ist geringer.« Pannen? Die sind selten – und man kann sie auch gar nicht brauchen. Einmal gab es etwas Größeres, einen Kupplungsschaden, ausgerechnet am Mont Ventoux; und ein paar platte Hinterreifen, aber der Radausbau ist bei einer BMW ja keine Hexerei. »Wir bleiben bei BMW«, lautet das Fazit der Experten aus der Rue Paul-Lelong.

Was die weiß-blauen Boxer für die Tour de France geeignet macht, das prädestiniert sie auch für andere Eskortendienste. Kein Staatspräsident, kein gekröntes Haupt auf dieser Welt, das nicht schon einmal von BMW-Motorrädern begleitet worden wäre. Die Münchner freuen sich über die kostenlose Werbung, wenn im Fernsehen Staatsbesuche gezeigt werden: Fast immer sind die charakteristischen Umrisse der BMW-Zweizylinder dabei zu sehen, und es ist nicht oft bekanntgeworden, daß eine davon blamablerweise und im Angesicht des ausländischen Gasts stehengeblieben wäre.

BMW

Die moderne Zeit beginnt

Zum Beispiel die Serie /5 1969

Gründlich renoviert starten die BMW-Zweizylinder in die siebziger Jahre: R 75/5 heißt das neue Flaggschiff der alten Marke.

»BMW bekennt sich zum Motorrad« – mit diesem Credo fängt im Jahr 1969 das jüngste Kapitel in der Geschichte der weiß-blauen Boxer an. Warum diese Betonung? Gab es Zweifel daran? Es gab sie, und das mußte, so wie sich die Dinge seit dem letzten großen Modellwechsel 1955 entwikkelt hatten, nicht verwundern.

Der große Motorradboom der fünfziger Jahre war längst zusammengebrochen. Jene, die ohnehin nicht aus Überzeugung und mit Vergnügen ein Motorrad gefahren hatten, flüchteten sich ins Auto. Nur auf vier Rädern galt man etwas, und nicht einmal mehr der gute Ruf der BMW-Maschinen konnte die Abkehr vom Zweirad ein wenig aufhalten.

Als dann in den sechziger Jahren die japanischen Hersteller mit ihren noch unbekannten Namen zum Sturmlauf auf die Märkte in Amerika und Europa ansetzten und Erfolg hatten – da kam auch BMW nicht an einer Grundsatzentscheidung vorbei: weiter Motorräder bauen oder die Segel streichen?

»Man wußte«, so schrieb Siegfried Rauch in der Zeitschrift »Das Motorrad«, »daß es in München einen kleinen Stamm gab, der nach wie vor mit dem Herzen am Motorrad hing und der für das Weiterbestehen des Motorradbaus und für eine einigermaßen ausreichende Betreuung der BMW-Fahrer in aller Welt sorgte.

Aber neben dem motorradtreuen Stamm gab es leider auch andere Gruppen, die mehr oder weniger kräftig die Forderung erhoben, die unrentable Motorradfertigung doch kurzerhand ganz stillzulegen. Diese Männer – und sie saßen meist an einflußreicheren Stellen als die, die zum Motorrad hielten – waren auch durch die ständigen Hinweise auf das weltweite Wohlwollen, das dem BMW-Motorrad nach wie vor entgegengebracht wurde, nicht umzustimmen; nicht durch Hinweise auf die deutlich erkennbare Tendenz, daß sich neues Motorradinteresse und gerade auch Interesse an schweren Maschinen anbahne, auf das Drängen des amerikanischen Importeurs nach mehr und nach verbesserten BMW-Motorrädern – schließlich nicht zuletzt auf die Tatsache, daß BMW-Motorräder, die von so vielen Behörden in aller Welt bevorzugt würden und die ebenfalls weltweit als ›der Rolls-Royce unter den Motorrädern‹ gälten, doch so wesentlich zur Bildung des BMW-Images beigetragen hätten und beitrügen.«

Aber das Wunder geschah: Obwohl BMW inzwischen ja in erster Linie zu einem florierenden Automobilwerk geworden war, fand die Motorradpartei Gehör. BMW-Direktor Helmut Werner Bönschs mitunter belächeltes ceterum censeo »ich glaube an den Motor auf zwei Rädern« war nicht umsonst.

Der Vorstand entschloß sich, nicht nur auf vier, sondern auch auf zwei Rädern in Richtung Zukunft zu fahren. »BMW bekennt sich zum Motorrad« – dieser neue Wahlspruch wurde bei vielen Freunden der Marke rund um die Welt mit Begeisterung aufgenommen. Denn so etwas sagt man nicht, um es gleich darauf zu widerrufen.

Nun ging es freilich nicht nur um die Entscheidung, beim Motorrad zu bleiben oder nicht. Wenn man weitermachen wollte, brauchte man praktisch eine neue Maschine – eine Konstruktion, die mit den immer stärker werdenden japanischen Wettbewerbern mithalten, ja sie in möglichst vielen Punkten übertreffen sollte. Manches davon, was an der R 50 im Jahr 1955 fortschrittlich gewesen war, und erst recht das, was dieses Modell von früher mitgebracht

Der Rahmen der /5-Serie folgt den modernen Prinzipien des Leichtbaus. 4,5 Kilogramm können eingespart werden. Auf der Strecke bleibt freilich die Seitenwagen-Tauglichkeit.

Völlig neu präsentiert sich der Motor der Baureihe /5. Die Zylinder sind aus Leichtmetall, die Kurbelwelle ist gleitgelagert, und es gibt einen Elektrostarter.

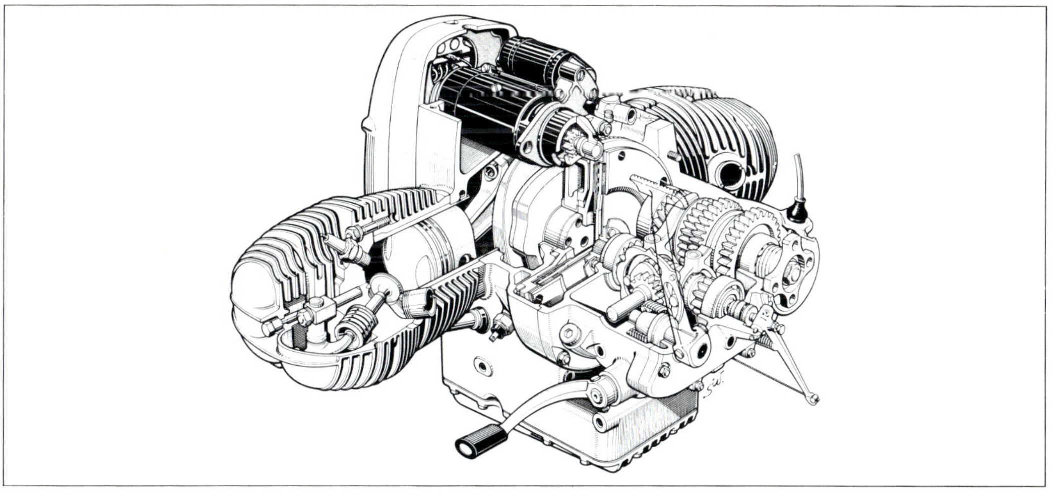

hatte, war inzwischen überholt. Ein neuer Ansatz war notwendig, jedes Detail an der Maschine mußte überdacht werden.

Eines freilich stand nicht zur Diskussion: der Zweizylinder-Boxermotor mit seinem vorteilhaften Kardanantrieb. Am Grundprinzip der großen BMW, also an Max Friz' Idee von 1923, sollte zumindest diesmal noch nicht gerüttelt werden.

Aber auch so gab es Arbeit genug. Als im Frühherbst des Jahres 1969 die Baureihe /5 – die Modelle R 50/5, R 60/5 und R 75/5 – vorgestellt wurde, präsentierte sich eine veränderte, die erste wirklich moderne BMW: zwar von jedermann sofort als ein Kind der Marke zu erkennen, doch von ihren Vorgängern um viele Jahre Fortschritt entfernt.

Schon der Motor ist völlig umgekrempelt. Der Nicht-Fachmann sieht von außen freilich nur, daß das Gehäuse jetzt viel größer und wuchtiger geworden ist, daß der Zylinder nicht mehr aus Gußeisen, sondern aus Aluminium besteht und daß die Rohre, in denen sich die Stößelstangen zwischen Nockenwelle und Zylinderkopf bewegen, unter statt bisher über den Zylindern liegen.

Dahinter steckt freilich weit mehr. Entwicklungsauftrag war vor allem, den Motor standfester zu machen und für höhere Leistung vorzubereiten. So wird für eine bessere Kühlung gesorgt (daher der Leichtmetallzylinder mit Laufbuchse für den Kolben, die dann 1980 zugunsten einer Laufflächenbeschichtung wegfällt); größere und breitere Lager – die man zum Teil von den BMW-Autos verpflanzt – werden eingebaut. Hier gibt es sogar eine von außen unsichtbare Revolution: Kurbelwelle und Pleuel drehen sich nicht mehr in Wälzlagern, sondern in Gleitlagern.

Das ist eine Bauweise, die sich in Automotoren längst durchgesetzt hat, weil sie geräuschärmer ist; außerdem sind Gleitlager in zwei Hälften teilbar, so daß die Kurbelwelle aus einem Stück bestehen kann, während sie bisher – wenn ein Wechsel der nicht teilbaren Pleuellager notwendig wurde – zerlegt und anschließend wieder zusammengepreßt werden mußte.

Gleitlager haben eine höhere Tragfähigkeit, brauchen allerdings einen stabilen Schmierfilm: Dafür sorgt in dem neuen Motor eine Sternrotorpumpe (Eaton-Pumpe), die 800 Liter in der Stunde fördert. Dank besserer Kühlung und schnelleren Ölumlaufs kann die Temperatur des Schmiermittels um zwanzig Grad gesenkt werden.

Auch die Nockenwelle ist jetzt, nach ihrem Platzwechsel unter die Kurbelwelle, ausgiebiger mit Öl versorgt. Im Obergeschoß hat sie Raum geschaffen für den elektrischen Anlasser, ohne den sich ein schweres Motorrad inzwischen auf dem Markt fast nicht mehr sehen lassen darf.

An der Stirnseite des Motors haben sich die wichtigsten Teile der Elektrik versammelt. Auf dem Kurbelwellenende sitzt die neu entwickelte Drehstromlichtmaschine, die schon im Leerlauf genug Ladestrom für die Batterie abgeben kann, die Nockenwelle bewegt im Nebenberuf den Unterbrecher, und ganz oben haben Gleichrichter und Kondensator Unterkunft gefunden.

Die neue Kurbelwelle räumt mit einem ärgerlichen Reklamationsgrund auf: Vor allem an der R 69 S mit ihrer hohen Leistung von 42 PS kam es immer wieder vor, daß Zylinder abrissen; die vier Stehbolzen am Fußflansch konnten das nicht verhindern. Jetzt werden Zylinder und Zylinderköpfe mit langen Zugankern gemeinsam gegen das Gehäuse verschraubt.

Die neuen BMW-Motoren (sie haben alle drei die gleiche Kurbelwelle und unterscheiden sich nur durch das Maß der Zylinderbohrung) bleiben freilich dem Grundsatz des Hauses treu, mit den Drehzahlen eher zu knausern und statt dessen »unten herum« viel Leistung zu bieten. Daher kommen sie auch noch mit einem Vierganggetriebe aus, obwohl bei vielen Wettbewerbern fünf Gänge schon Standard sind.

Das »Flaggschiff« R 75/5 hat eine Besonderheit mehr, nämlich Gleichdruckvergaser, bei denen der Unterdruck im Saugrohr die Zusammensetzung des Kraftstoff-Luft-Gemischs bestimmt – genau der Leistung entsprechend, die der Fahrer mit dem Gasdrehgriff fordert.

Und das Fahrwerk? Was da passierte, sieht man auf den ersten Blick: Die Telegabel ist wieder da. So gut die Langarmschwinge 1955 auch gewesen sein mag – die langen Federwege, die jetzt gefordert werden, kann sie nicht bringen, und sie macht das

Auch bei der »Gasfabrik« nimmt BMW Abschied vom Hergebrachten. Die R 75/5 wird erstmals mit Gleichdruckvergasern ausgerüstet: Sie dosieren das Kraftstoff-Luft-Gemisch genauer, damit sich der Motor nicht bei niedrigen Drehzahlen »verschluckt«.

Motorrad wegen der zugehörigen Lenkgeometrie auch unhandlicher, als es nötig wäre.

BMW als der Vorreiter der Telegabel brauchte da nicht lange nach etwas Besserem zu suchen. Die neue hat freilich mit der alten – vor 1955 – so gut wie nichts mehr gemein. Sie spricht viel leichter an, ist verdrehsteifer und bietet stolze 21,4 Zentimeter Federweg; die Schwinge hatte es nur auf dreizehn Zentimeter gebracht. Erheblich stabiler ist auch der Geradeauslauf bei hoher Geschwindigkeit – ebenfalls eine Vorkehrung für spätere, PS-stärkere Versionen.

Vor allem aber: Die neue Vorderradaufhängung wiegt 2,8 Kilogramm weniger als ihre Vorgängerin. Weitere 4,5 Kilogramm spart BMW am Rahmen. Mit dem Entschluß, auf Seitenwagentauglichkeit zu verzichten, konnte man vieles daran zierlicher dimensionieren. So wird der hintere Teil, der nur als Stütze für Sitzbank und Federbeine dient, viel leichter ausgelegt und mit dem Vorderbau verschraubt. Zwei Zentimeter Federweg wurden auch am Hinterrad gewonnen, und so behalten die großen BMWs den werbewirksamen Vorsprung im Komfort, den das Vollschwingenfahrwerk vierzehn Jahre früher herausgefahren hatte.

Da noch an anderen Stellen Gewicht gespart wurde – zum Beispiel durch die Verwendung von Kunststoff für die Kotflügel –, bringt die Serie /5 zwölf bis dreizehn Kilogramm weniger auf die Waage als die Baureihe davor, und das trotz des gewichtigen Anlassers und der größeren Batterie.

Die Tester waren vor allem von diesem Fahrwerk der /5-BMW angetan. Einer davon berichtet vom Kurvenfahren auf dem Nürburgring: »Man wartet darauf, daß es auf der linken Maschinenseite irgendwo schrappt – es bumst nur kurz in sehr großer Schräglage, und das war der Gummi der Fußraste. Kein Ständer kratzte hier, kein Schalldämpfer schrammte, kein Zylinderdeckel berührte den Boden.«

Mit solchen Talenten war das Motorrad für die nächsten Jahre – und für zusätzliche PS – gerüstet. Mehr Leistung sollte schon bald kommen: Der amerikanische Markt verlangte danach, da auch die Japaner mit immer kräftigeren Motoren anrückten (ohne allerdings BMW vorerst mit ihren Fahrwerken ebenbürtig zu sein).

BMW ließ sich da jedoch nicht auf Experimente ein. Eine höhere PS-Ausbeute aus unverändertem Hubraum hätte mit Sicherheit Standfestigkeit und Lebensdauer gekostet – zwei Punkte, in denen BMW-Käufer keinen Spaß verstehen. Daher mußte das Zylindervolumen vergrößert werden, und so erschienen 1973, als Spitzenmodelle der Serie /6, die größten BMWs seit 1923 – die R 90/6 und die R 90 S mit 900 cm³. Am anderen Ende der Hubraumskala hieß es zugleich für eine Weile vom halben Liter Abschied nehmen, eine R 50/6 gab es nicht mehr. Dafür gab es, erstmals bei BMW-Motorrädern, Scheibenbremsen, allerdings nur im Vorderrad – bei R 75/6 und R 90/6 eine, bei der R 90 S zwei. Der bei der /5-Baureihe verkürzte Radstand wurde wieder vergrößert, und auch den Wünschen nach einem Fünfganggetriebe konnte sich BMW jetzt nicht mehr verschließen. Ein mehr optischer Pluspunkt war der hydraulische Lenkungsdämpfer, der von Hand eingestellt werden konnte.

An späteren /6-Jahrgängen übte BMW die Kunst des Weglassens: Die Bremsscheiben wurden gelocht, damit die Beläge bei Nässe schneller greifen (»der sportliche Wettbewerb ist auch hier wieder einmal Lehrmeister für den technischen Fortschritt gewesen«, erläuterte man dazu in München), der Kickstarter verschwand auf Nimmerwiedersehen, die Instrumente wurden leichter.

Zugleich kündigte sich etwas Neues an: die serienmäßige Verkleidung. Die R 90 S brachte sie zum ersten Mal mit und unterstrich damit ihren Anspruch, eine sportliche Reisemaschine zu sein – denn das kleine Kunststoffteil rings um den Scheinwerfer und die gebogene Scheibe daran hatten vor allem den Zweck, den Fahrer vom Winddruck zu entlasten, und nicht nur den, rasant auszusehen.

Nach vierzehn Jahren kehrte in der Serie /5 die Teleskopgabel zurück – allerdings kaum mehr zu vergleichen mit den Vorgängern von 1955. Mehr als acht Zentimeter Federweg wurden gegenüber der Schwinge gewonnen, die Radführung wurde verbessert.

Letzter Höhepunkt der »alten« Technik vor Einführung der Scheibenbremse: Vollnabe mit Duplex-Betätigung und einer Reaktionsstrebe zum Weiterleiten des Bremsmoments in die Gabel.

Zum Reisen bestimmt: Mit großer Frontscheibe, Verkleidung und zwei Packtaschen am Heck wendet sich die R 100 RT vor allem an Fahrer mit kontinentaler Reichweite – nicht zuletzt auch im BMW-begeisterten Amerika.

Der Versuch glückte, und so ging BMW 1976 einen Schritt weiter: Mit der Serie /7 kam nicht nur eine zweite Hubraumvergrößerung auf den vollen Liter, sondern mit der R 100 RS auch die Vollverkleidung als Serienstandard. Das im Windkanal entwickelte »Integral-Cockpit« bot eine Menge Diskussionsstoff (ein späteres Kapitel wird noch ausführlich darüber berichten) und dem Fahrer nach kurzer Eingewöhnung ein entspanntes Langstreckenfahren.

Mit 51 kW (70 PS) war hier auch ein neuer Höhepunkt in der Leistung der BMW-Motorräder erreicht: Die 200-km/h-Region war erschlossen. Leichtere Stößelstangen aus Aluminiumrohr sorgten für Drehzahlfestigkeit, die Scheibenbremse vorn war jetzt an allen Modellen zu finden (von 1978 an, bei den Tausendern, aus Modegründen auch hinten), und mit einem schönen, überaus zierlich wirkenden Leichtmetallgußrad schloß sich BMW dem Zug der Zeit mit einer vorbildlichen Lösung an.

Damit jeder Käufer für jeden Zweck »seine« Maschine finden kann, wurde das Programm weiter aufgefächert: Dem Tourenfahrer wurde die R 100 RT mit einer für komfortables Reisen entworfenen Verkleidung zugedacht, und auch das erste kleine Windschild der R 90 S lebte in der R 100 S weiter. Am unteren Ende wurde das Angebot erneut gestutzt. Die R 60/7 fiel fort, die R 75/7 wurde durch die R 80/7 ersetzt.

Und 1980 kam eine BMW, wie es sie vorher noch nie gab: die R 80 G/S, eine für Straße und Gelände gleichermaßen taugliche Maschine. Ihr interessantestes Detail: Die Schwinge hat nur noch einen Holm und ein Federbein, das Hinterrad ist also einseitig, »fliegend« aufgehängt. BMW Monolever heißt diese neue Bauweise.

Die »kleinen« BMWs waren mit dem Ende der R 60/7 aber nicht für immer ausgestorben. Gewiß, eine Rückkehr zu Einzylindermodellen war aus Kostengründen nicht denkbar. Aber auf der Basis der Großen etwas mit kleinerem Hubraum zu bauen – das schien nicht nur möglich, sondern auch vernünftig.

Der Kardanantrieb blieb – auch beim großen Modellwechsel von 1969. Ohne ihn wäre eine BMW keine BMW. Weiterentwickelt wurde freilich auch er, für noch mehr Dauerhaftigkeit und für die steigenden Motorleistungen.

1978 war es soweit: Mit der R 45 und der R 65 meldete die Marke wieder Ansprüche auf einen Teil des Mittelklassemarktes an. Das »Baukastensystem« wurde konsequent genutzt, aber auch notwendige Neuentwicklungen wurden nicht gescheut. So erhielten die »Kleinen« ihre eigene Telegabel, Räder mit neun statt zehn Speichen und ein eigenständiges, aber BMW-typisches Aussehen.

Mit einer Motorleistung von 20 bis 37 kW (27 bis 50 PS) füllen sie genau jene Lücke, die BMW nach 1969 durch das Ausweichen in die großen Hubräume offengelassen hatte – und sie schließen den Kreis zu den fünfziger Jahren, als eine R 50 mit 26 PS etwa soviel Leistung hatte wie die – freilich wegen der Versicherungsprämien auf 27 PS gedrosselte – R 45 von 1978.

Daß es nun wieder ein preisgünstiges »Einstiegsmodell« in die weiß-blaue Marke gab, fand sofort Gefallen: Vor allem die R 45 verlockte auf Anhieb viele Käufer, denen das BMW-Programm in den vergangenen Jahren »davongewachsen« war. Damen erfreute besonders die niedrige Sitzposition und die geringere Breite der »kleinen« Maschinen, die allerdings im Gewicht nicht weit hinter ihren großen Schwestern zurückstehen.

Der Entschluß von 1969, beim Motorrad zu bleiben, hat also Früchte getragen. Ohne die technische Weiterentwicklung, die damit Hand in Hand ging, wäre es allerdings kaum geglückt, mit den japanischen Wettbewerbern und ihrem geradezu explodierenden Eroberungsdrang mitzuhalten.

Tradition ist aber auch etwas wert: Davon sind viele Motorradfahrer auf der Welt überzeugt. BMW hat sie bewahrt, ohne den Fortschritt – der sich an ihr messen lassen muß – zu verleugnen. Und wenn es in den siebziger Jahren auch immer größere und schnellere Motorräder gegeben hat – die Summe der Tugenden einer BMW haben nur wenige erreicht oder gar übertroffen.

Ob man sicher, komfortabel und ohne unplanmäßigen Aufenthalt ans Ziel kommt, darüber entscheiden nämlich nicht nur die PS. Viele BMW-Freunde wissen, daß sie es mit viel stärkeren Maschinen aufnehmen können, vor allem wenn es auf die lange Strecke geht. BMW-Fahrer sind eben, genauso wie die Motorräder mit dem weiß-blauen Markenzeichen selbst: eine Klasse für sich.

Kleine Schwester mit großem Erfolg: Die R 65 nutzt das »Baukastensystem«.

BMW

Auch ein Motorrad ist zunächst einmal die Summe seiner Teile: vieler, sehr vieler Teile. Ingenieurwissen und Erfahrung stecken in ihnen, dazu die ganze Philosophie einer Marke. Doch erst ihr Zusammenspiel, das perfekte Sichfügen in ein Gesamtkonzept, macht aus einem Haufen Material eine Produkt-Persönlichkeit. Daß die Kunst des Motorradbaus auch im Weglassen liegen kann, hat BMW oft bewiesen. Wer eine der Boxermaschinen zu zerlegen hat, lernt das rasch zu schätzen.

Teileliste R 100 RT

Motorgehäuse, Zylinder

Motorgehäuse
Distanzrohr
Stiftschraube
Verschlußstopfen
Mantelrohr
Kurzschlußventil
Rückschlagventil
Öldruckschalter
Pfropfen
Wellendichtring
Anlaufscheibe
Lagerdeckel
Überdruckventil
Kurbelwellenlagerbuchse
Kolben
Druckfeder
Hohlschraube
Zylinder
Gummistopfen
Runddichtring
O-Ring

Zylinderkopf

Zylinderkopf
Ventilführung
Ventilsitzring
Paßring
Schutzrohr
Schraubstutzen
Zylinderkopfdichtung
Zylinderkopfhaube
Dichtung Zylinderkopfhaube

Ölwanne, Gehäusedeckel

Ölwanne
Ölwannendichtung
Verschlußschraube
Kettenkastendeckel
Wellendichtring
Schutzhaube
Dichtung Schutzhaube
Deckel
Abdeckhaube
Drahtbügel
Verbindungsdeckel
Dichtung Verbindungsdeckel
Stutzen Gehäuseentlüftung
Entlüftungsschlauch

Kurbelwelle, Schwungrad

Kurbelwelle
Gegengewicht
Rillenkugellager
Kurbelwellenrad
Schwungrad
Runddichtung
Laufring

Kolben, Pleuel

Pleuelstange
Pleuellager
Pleuellagerschale
Kolben
Kolbenringe
Kolbenbolzen

Steuerung

Nockenwelle
Nockenwellenrad
Flanschlager
Kettenspanner
Schraubendruckfeder
Gleitschiene
Stößel
Stößelstange
Kugelendstück
Kipphebel
Kipphebellager
Kipphebelachse
Einstellschraube
Ventil, Einlaß
Ventilfeder
Federteller
Ventil, Auslaß
Ventilfeder
Federteller

Ölpumpe, Ölfilter

Ölpumpen-Innenläufer
Ölpumpen-Außenläufer
Ölpumpendeckel
Saugglocke
Lochblech
Drahtbügel
Zwischenflansch
Ölfiltereinsatz
Ölfilterdeckel
Rundschnurring
Dichtung
Ölkontrollstab
O-Ring
SLS-Ventil
SLS-Leitung
Unterdruckschlauch
Verteilerstück
Tülle

Vergaser, Kraftstoffanlage

Gleichdruckvergaser
Kraftstoffschlauch
Verteilerstück
Luftfiltergehäuse
Befestigung Filtergehäuse
Ansaugtrichter
Entlüftungsschlauch
Luftfiltereinsatz
Luftleitung
Gummimuffe
Kraftstoffbehälter
Einfüllstutzen
Rohr
Ablaßstutzen
Plakette
Abziehbild
Abdeckfolie
Lippenring
Stützschale
Stützgummi
Puffer
Gewindekopf
Kraftstoffhahn
Schlauch Entlüftung

Auspuffanlage

Auspuffrohr
Auspuffstutzen
Querrohr
Rohrstück
Schalldämpfer
Spannschelle
Klemmschelle
Auspuffmutter
Druckring
Klemmring
Winkel

Kupplung

Kupplung
Mitnehmerscheibe
Kupplungshebel
Kupplungshebelbefestigung

Getriebe

Getriebegehäuse
Deckel
Flächendichtung
Ölfangblech
Öleinfüllschraube
Ölablaßschraube
Wellendichtringe
Druckstange
Kolben
Zylinder-Schraubendruckfeder
Manschette
Antriebswelle
Zahnräder
Wellendichtring
Ausgleichscheibe
Zylinderrollenlager
Zwischenwelle
Zahnräder
Abtriebswelle
Zahnräder
Ölfangblech
Tachometerantrieb
Mitnehmerflansch

Schaltung

Schaltkurve
Segment
Klinke
Hebel
Hebelbefestigung
Schaltgabel
Schalthebel
Fußschalthebel
Lagerschraube
Schaltstange
Faltenbalg
Getriebeaufhängung

Achsantrieb

Kardanwelle
Hinterachsgehäuse
Öleinfüllschraube
Ölablaßschraube
Ölkontrollschraube
Ölführungsblech
Deckel
Tellerrad
Ritzel
Nadellager
Wellendichtring
Druckring
Paßscheibe
Nadellager
Schrägkugellager
Wellendichtring
Ausgleichscheibe
Kupplungsnabe
Bundmutter
Dichtring

Teleskopgabel

Gabelbrücke
Standrohr
Gleitrohr
Manschette
Seitenstrahler
Dämpfer
Druckfeder
Ventilgehäuse
Dämpferrohraufnahme
Zwischenring
Befestigungsteile
Kegelrollenlager
Nutmutter
Federlager
Gabelbrücke
Hutmutter
Verschlußkappe
Lenkungsdämpfer

Lenker, Armaturen

Lenker
Klemmbock
Halter
Buchse
Kappe
Gummitülle
Prallplatte
Abdeckkappe
Armatur
Festgriff
Behälter
Handhebel
Griffrohr
Deckel
Nocken
Kupplungszug
Gaszug
Dichtmanschette
Seilzugverteiler
Chokezug
Seilzugverteiler

Vorderrad

Vorderrad
Steckachse
Rohr

Kegelrollenlager
Wellendichtring
Paßring
Haltering
Auswuchtgewicht
Feder
Reifen
Schlauch

Hinterradschwinge

Schwingarm
Zentralrohr
Kegelrollenlager
Lagerzapfen
Gummibalg
Spannband
Federbein
Stoßdämpfer
Verstellplatte
Federbeinauge
Befestigung Federbein

Hinterrad

Hinterrad
Mitnehmer
Rohr
Ring
Paßring
Kegelrollenlager
Druckhülse
Wellendichtring
Haltering
Auswuchtgewicht
Feder
Reifen
Schlauch

Bremsen

Bremssattel vorn
Bremsscheibe vorn
Bremsbelag vorn
Bremssattel hinten
Bremsscheibe hinten
Bremsbelag hinten
Halter Hauptbremszylinder
Hauptbremszylinder
Befestigung
Bremsflüssigkeitsbehälter
Halter Behälter
Bremsträger
Bremsmomentstütze
Bremsschlauch vorn
Verteiler
Bremsleitung
Bremsschlauch hinten
Tülle
Schlauchhalter
Schlauch
Rohrclip
Halter
Fußbremshebel
Lagerbuchse

Rahmenvorderteil

Rahmenrohr
Lasche
Verschlußstopfen
Längsrohr
Halter
Tankbefestigungsrohr
Stützrohr
Anschweißplatte
Lagerrohr

Rahmenhinterteil

Auslegerbügel
Zugstrebe
Profilblech
Federbeinlasche
Schloßplatte
Haltegriff
Befestigungsteile

Ständer

Kippständer
Zugfeder
Halter
Seitenstütze

Kofferträger

Kofferhalter
Tourenkoffer

Kotflügel

Vorderradkotflügel
Bügel
Befestigungsteile
Hinterradkotflügel
Befestigung

Seiten-, Frontverkleidung

Hinweisschild
Blende für Batterie
Scheibe
Abziehbild
Spannring
Oberteil Verkleidung
Instrumententräger
Dichtung
Dichtrahmen
Grundplatte
Lichtschacht
Abdeckkappe
Formglas
Lichtschachtbefestigung
Windschild
Klemmblech
Halter
Kreuzgriff
Hinweisschild
Manschette
Seitentasche
Dichtung
Deckel
Scheuerschutz
Deckel
Gummiband
Spreizniet
Schloß
Ring
Kulisse
Deckel
Frischluftdüse
Ring
Lufteintritt
Gitter
Deckel
Motorverkleidung
Keder
Befestigungsblende
Halter
Rohr
Konsole
Spiegelfuß
Spiegelkopf
Befestigung Spiegel

Fußrasten

Fußraste vorn
Muffe
Bolzen
Ring
Fußraste hinten
Fußrastenarm

Schlösser

Tankverschluß
Sitzbankschloß
Schloßplatte
Diebstahlsicherung

Sitzbank

Rahmen
Sitzkissen
Boden
Brücke
Schließplatte
Scharnier
Gummistütze
Klemmleiste
Hinweisschild
Plakette
Gepäckträger
Abziehbild
Emblem
Kantenschutz
Ablagekasten
Deckel

Zündanlage

Zündauslöser
Zündkabel
Zündkerze
Zündspule
TSZ-Schaltgerät
Kühlkörper

Generator, Anlasser

Drehstromgenerator
Diodenträger
Masseleitung
Regler
Anlasser
Abstützwinkel Anlasser

Batterie

Batterie
Batteriehalter
Brücke
Schwingmetall
Hinweisschild
Schlauch

Verkabelung, Schalter

Kabelbaum Motor
Kabelbaum Heckleuchte
Kabelschlaufe
Leitung Scheinwerfer
Leitung Öldruckschalter
Leitung Bremslichtschalter
Leitung Ladestrom
Leitung Batterie plus
Leitung Batterie minus
Leitung Verkleidung
Kontaktplatte
Steckdose
Halteblech
Kabelband
Kupplungsschalter
Bremslichtschalter
Kombischalter
Getriebeschalter
Öldruckschalter
Bremslichtschalter
Zündlichtschalter
Blinkgeber
Relais Anlasser
Relais Abblendlicht
Signalhorn

Leuchten

Scheinwerfer
Glühlampe Scheinwerfer
Befestigungsteile
Streuscheibe
Blinkleuchte vorn
Lichtscheibe
Glühlampe
Begrenzungsleuchte
Lichtscheibe
Glühlampe
Rückstrahler
Halteblech
Blinkerhalter hinten
Heckleuchte
Glühlampe
Blinkleuchte hinten
Glühlampe

Instrumente

Tachometer
Drehzahlmesser
Gehäuse-Lampenträger
Frontring
Deckel
Antriebswelle
Zeituhr
Voltmeter

Zubehör

Werkzeugtasche
Schlüssel
Flickzeug
Luftpumpe
Verbandspäckchen

Der Polizist Michael Funke

»Hier Uran 06: Unfall am Rotebühlplatz. Bitte Unfallaufnahme verständigen. Übernehme Sicherung der Unfallstelle. Ende.«

Der da durch den Stuttgarter Äther funkt, heißt Funke – Michael Funke, Ende zwanzig, braune Haare, blaue Augen, schmales Gesicht und von Beruf Polizist. Nicht irgendein Polizist, freilich, sondern einer auf dem Motorrad, und nicht irgendein Motorradpolizist, sondern einer aus jener schlagkräftigen und schnellen Truppe, die in der schwäbischen Metropole als die »Rau-Reiter« bekannt ist. Polizeipräsident Paul Rau hatte die berittene Staffel im Jahr 1960 gegründet, und daß sie – wie viele Tausende von motorisierten Gesetzeshütern in aller Welt – BMW-Maschinen fährt, ist fast selbstverständlich.

Auch Michael Funke sitzt im Dienst auf einer R 60/6 des Baujahrs 1976, die im Vergleich zu ihren »zivilen« Schwestern einiges mehr zu schleppen hat: Funkgerät, Blaulicht und Martinshorn. Trotzdem bleibt sie, wie jedes Motorrad, vor allem im Stadtverkehr dem schwerfälligen Auto weit überlegen. Das ist auch der wichtigste Grund, daß die Polizei auf zweirädrige Einsatzfahrzeuge nicht verzichten kann. Wenn nichts mehr geht – das Motorrad kommt immer noch durch, und sei es auf dem Bürgersteig.

Michael Funkes Motorradalltag verläuft in festen Bahnen und bietet doch jedesmal irgendeine Abwechslung. Morgens um halb sieben geht es auf Streife – zu zweit und mit zwei Maschinen, als »Rotte«, wie es heißt. Rottenführer und »Rottenhund« fahren mit aufmerksamen Blicken durch den Bereich, der ihnen zugeteilt wurde. Es gilt den morgendlichen Berufsverkehr zu überwachen, der sich zähflüssig stadteinwärts wälzt.

Überraschungen sind immer drin: Allzu Eilige versuchen mit Kamikazefahrweise die Zeit einzuholen, die sie ver-

schlafen haben, andere probieren verbotene Schleichwege aus, um sich auf den verstopften Straßen Vorteile zu verschaffen, und auch Unfälle sind im Rush-hour-Getümmel leider nicht selten.

Um acht Uhr ist dann das Schlimmste geschafft. Funke gibt Verkehrslagemeldung an den Gruppenführer – »Bereich Nord, Verkehrsstufe 2 bis 3« –, und um neun folgt die wohlverdiente Frühstückspause (der Kollege hat in der Metzgerei »Bremsklötze« – Frikadellen – geholt). Um zehn Uhr geht es weiter, jetzt vorwiegend in der Innenstadt. Auffällige Fahrer oder Fahrzeuge werden gestoppt und näher in Augenschein genommen, und mit Rat und Tat wird geholfen, wenn einmal ein Auto mit einem Defekt stehenbleibt und eine ganze Kreuzung blockiert.

Die Rau-Reiter und damit auch Michael Funke sind aber ausschließlich im Verkehrseinsatz. Atemberaubende Verfolgungsjagden auf wild um sich schießende

»Dürfte ich bitte Ihre Papiere sehen?« Zur Streifenfahrt gehören auch solche Szenen. Der Großstadtverkehr hält freilich für einen erfahrenen Polizisten wie Michael Funke kaum noch Überraschungen bereit. Er bewegt sich in ihm, als sei er darin geboren.

Perfektes Beherrschen der Maschine ist für den Motorrad-Polizisten ein Muß. Dazu gehört auch, daß er notfalls einen kleinen Sprung nicht scheut – mit voller Ausrüstung, versteht sich.

Schon von weitem im Verkehrsgetümmel zu erkennen: einer von Stuttgarts schnellen motorisierten Ordnungshütern auf Streifenfahrt.

Bankräuber sind Sache der autofahrenden Kollegen vom Überfallkommando. Trotzdem haben auch die Motorradpolizisten natürlich direkte Verbindung zur Notrufzentrale. Sie können jederzeit Meldereinsätze, Absperr- und Sicherungsaufgaben übernehmen.

Kommt ein Staatsbesucher nach Stuttgart, wird er von der Zweiradtruppe standesgemäß eskortiert, und auch wenn eilige Transporte – Blutkonserven etwa oder lebensnotwendige Medikamente – oder Übergrößen auf Rädern durch die Stadt geschleust werden müssen oder wenn der Amtsschimmel einmal mit aller Kraft galoppieren soll und wichtige Aktenstücke überbracht werden müssen, stehen die Rau-Reiter zu Diensten. Ein paar Minuten Vorsprung vor dem Auto sind auf dem Motorrad immer drin.

Wie wird man Motorradpolizist? Michael Funke ging direkt mit der mittleren Reife zur Polizei: »Mir war nicht ganz klar, was ich machen sollte, und da hab ich mir gedacht, probierst's halt mal.« Zweieinhalb Jahre Bereitschaftspolizei-Ausbildung, drei Jahre Revierlehrzeit – daran war zunächst nichts Besonderes. Aber dann meldet sich der junge Mann zur Motorradstaffel, und obwohl ihm zunächst ein schwerer Unfall auf seiner Privatmaschine dazwischenkommt (bei Balingen nimmt ihm ein Personenwagen die Vorfahrt, und ein Oberschenkelbruch muß auskuriert werden), klappt es dann reibungslos: Funke wird Rau-Reiter.

Von ungefähr kommt sein Drang zur BMW-Truppe freilich nicht. Er bringt Motorradbegeisterung mit: Eine 50er Jawa, eine Kreidler RS und eine Honda CB 450 markierten die ersten Stufen seiner Zweiradkarriere, und weil er seine Dienst-R 60 schließlich nicht für Wochenendausflüge benutzen darf, hat er auch nach seinem Eintritt in die Motorradstaffel für Hochkarätiges im Privatstall gesorgt – zum Beispiel für eine Moto Guzzi 850 T und eine Suzuki GS 1000.

Die Ausbildung bei den Rau-Reitern machte ihm keine große Mühe. Klar, daß dort Leute bevorzugt werden, die schon den Führerschein Klasse I und ein bißchen Motorradpraxis haben. Am Anfang steht die rein polizeiliche Ausbildung, dann kommt (endlich) das Fahren. Der Neuling begleitet sofort einen älteren Kollegen auf Streife; »da riecht man so langsam rein«, erinnert sich Funke, »es ist das

Michael Funke, Polizist: ein gestandes Mannsbild, das mit sich, seinem Beruf und der Welt ganz allgemein im Reinen ist. Er paßt zu seiner BMW, und sie paßt zu ihm.

Von der Pickelhaube zum Sturzhelm war ein langer Weg. Die jungen Polizisten von heute, Michael Funke und seine Kollegen, haben keinen Anflug von Schnauzbart und Schleppsäbel mehr. Sie sind, für ihren Job, Bürger in Uniform.

Die »Rau-Reiter« angetreten zum Appell: Stuttgarts Motorrad-Polizei, 1960 von Paul Rau begründet, hat einen guten Ruf als Freund und Helfer.

beste, daß man gleich mit dem echten Polizeialltag konfrontiert wird.«

Der Polizeialltag: Das ist natürlich nicht nur Abwechslung, sondern auch viel Routine. Vierzig Rau-Reiter teilen sich – in zwei Schichten – den anstrengenden Dienst (fast) rund um die Uhr. Das Wetter spielt keine Rolle; im Frühjahr, Sommer und Herbst wird immer gefahren, im Winter zumindest bei Temperaturen über null, auf trockenen Straßen auch bei größerer Kälte. »Besondere Verkehrslagen« werfen sowieso alle Pläne und Gewohnheiten über den Haufen.

Jeder Polizist hat »seine« Maschine, die ihm fest zugeteilt ist. Er muß für ihre »optische Pflege« sorgen, das heißt sie putzen und waschen; für Wartung und Instandsetzung ist die polizeieigene Werkstatt zuständig. Mit den Kollegen von der Reparatur mußte man sich früher stets gut stellen: Dann ließen sich kleinere Blessuren am Motorrad, wenn etwa ein-

mal ein Spiegel- oder Blinkerglas zu Bruch ging, auf dem »kleinen Dienstweg« regeln. Heute ist auch bei den Rau-Reitern ein wenig mehr Bürokratie eingerissen, selbst für den kleinsten Kratzer an der Maschine muß eine Meldung geschrieben werden.

Aber sonst geht es, wo immer möglich, leger zu bei den Männern der Motorradstaffel. Da wird auch mal über Funk geflachst oder der Spielstand im Neckarstadion durchgegeben. Die Kameradschaft ist gut, besonders unter den Älteren. Der Nachwuchs der Rau-Reiter wird freilich immer jünger, ist oft erst 19 bis 21 Jahre alt. Das hat nicht nur Vorteile: Die jungen Kerls riskieren mehr, mitunter zuviel, beim Fahren, und es passiert öfter einmal was.

Erfahrung ist viel, wenn nicht alles, auch in diesem Gewerbe. Ein ausgefuchster Polizist sieht mit einem halben Auge, was ein Anfänger mit allen beiden nicht bemerkt. Auch im Umgang mit der »Kundschaft« sind die älteren Kollegen psychologisch meist geschickter, zumal sie mehr natürliche Autorität ausstrahlen können. »Manche Autofahrer kochen ja schon leicht, wenn sie nur eine Uniform sehen«, stellt Michael Funke fest. »Aber in der Regel kann man sich nicht beklagen. Die meisten halten sich an das, was man von ihnen erwartet.«

Ist auch schon mal einer abgehauen, der gestoppt werden sollte? »Bis jetzt, bei mir, nur einmal, und das war ausgerechnet ein Motorrad, 400er Yamaha, und auch noch mit zwei Leuten besetzt. Passiert ist's im Rahmen einer Radarkontrolle auf der B 14 unten in Kaltental: Ich konnte die Nummer nicht mehr ablesen, es war zu hektisch gewesen, und ich bin halt zu spät an meine Maschine gekommen.« Aber sonst hat es sich längst herumgesprochen, daß man keine große Chance hat, den Rau-Reitern zu entwischen. Wer Vernunft hat, hält lieber an, wenn er von einem der Grünuniformierten aus dem Verkehr gewinkt wird.

Vor allem bei der Jugend polieren die Motorradpolizisten, schon durch ihre bloße Existenz, das manchmal etwas matte Image der »Freunde und Helfer« erheblich auf. Sie imponieren besonders den jungen Männern, weil sie mit ihren Maschinen professionell umgehen können, und selbst jene, die in der Polizei nur die »Bullen« sehen, akzeptieren die Rau-Reiter und ihre motorradfahrenden Kollegen als eine Art Elite. Sportlich-locker und mit Humor bringen die Männer der BMW-Staffel oft mehr zuwege als mit strengem Dienstgesicht und gezücktem Verwarnungszettel. Jeder einzelne muß freilich auch wissen, wie genau er beobachtet wird und daß er immer stellvertretend für die ganze Truppe steht. Blamiert er sich, so blamiert er alle.

Michael Funke hat das einmal erlebt – und gut bestanden. Es war an einem Sonntag auf der Solitude: Seine Rotte hatte einen Sondereinsatz wegen einer Ausstellung auf dem Killesberg. In der Pause fuhren die beiden Polizisten hinauf zum Glemseck, wo sich immer viele Motorradfahrer treffen, und schauten sich die interessante Parade der Maschinen an, die dort von ihren stolzen Besitzern vorgeritten werden.

Während sein Kollege zur Dienststelle abgerufen wurde, trank Funke mit ein paar Bekannten einen Kaffee. Unterdessen ereilte ihn ein (wenn auch nicht schlimmes) Ungemach: Als er wieder zu seiner R 60 ging und sie vom Ständer rollen ließ, wurde es in Gestalt eines platten Hinterreifens offenbar. »Jetzt was mache?« erinnert sich unser Rau-Reiter in schönstem Schwäbisch. »Da hat natürlich die ganze Terrasse gelacht – Polizei im Einsatz und in Bedrängnis.«

Aber wer zuletzt lacht, lacht am besten: Das erwies sich auch hier. Polizist Funke zeigt sich alles andere als hilflos. Ruck, zuck war das Motorrad auf die Seite gelegt und das Hinterrad ausgebaut; Max Friz sei Dank, daß er schon 1923 für eine Steckachse sorgte. Hilfe

Die Polizei kommt nicht ohne Motorräder aus – heute noch weniger denn je. Vor allem im Großstadtverkehr, wo Wendigkeit, gute Übersicht und rasches Beschleunigen gefragt sind, ist das Zweirad nicht durchs Auto zu ersetzen. Michael Funke, Polizist in Stuttgart, weiß Bescheid: »Wenn nichts mehr läuft – wir kommen notfalls auch auf dem Bürgersteig noch durch.« Die Fahrkünstler auf ihren BMWs haben sich längst Respekt verschafft. Nicht zuletzt bei der Jugend, die zu den »Bullen« sonst nicht immer ein ungestörtes Verhältnis hat. Den jungen Männern imponiert, daß die Beamten hervorragende Motorradfahrer sind, und die Polizisten haben gelernt, daß sie sich locker geben und trotzdem Autorität ausstrahlen können. Ihre grüne Uniform und ihre R 60 sind so zum Markenzeichen für eine Art Elitetruppe geworden – doch ohne elitäre Überheblichkeit.

Darf ein »Rau-Reiter« auch privat ein Motorrad-Fan sein? Er darf, und es steht ihm sogar frei, auf einer Yamaha den BMW-Alltag zu variieren. Er braucht es auch nicht allein zu tun, wie man sieht. Und da teilt er seine Begeisterung gern.

war rasch zur Stelle – in Gestalt eines anderen Fahrers mit einer 1000er BMW. »Komm, ich schnapp' dich hinte drauf«, sagte der, und ab ging's, Funke in voller Montur und das Rad unterm Arm, in Richtung Polizeidienststelle. Dort wurde in Windeseile bei einer anderen Maschine das Hinterrad ausgeliehen, und bald war das seltsame Gespann wieder an der Glemseck-Terrasse angelangt. Die BMW fahrfertig zu machen, war dann nur noch Minutensache. »Und das Volk hat geklatscht«, schmunzelt der tatkräftige Rau-Reiter.

Nicht auszudenken, was passiert wäre, hätte er sich vor diesem kritischen Haufen von Motorradfahrern nicht zu helfen gewußt oder gar die Werkstatt alarmieren müssen. Der fällige Spott hätte nicht nur ihn, sondern die ganze Staffel getroffen. So aber wußten die Zuschauer: Das war einer von ihnen.

Keine Frage, daß Michael Funke sich wohlfühlt bei den Rau-Reitern – nicht nur, weil es dort einen geregelten Tageslauf und nicht den sonst polizeiüblichen Nachtdienst gibt. Finanziell auf Rosen gebettet ist er gerade nicht; das Gehalt entspricht kaum den Verdiensten, die sich die BMW-Staffel fürs Ansehen der ganzen Polizei erwirbt. Aber er ist auch damit zufrieden, zumal er keine übertriebenen Ansprüche neben seinen Motorrädern hat.

Manchmal freilich wünscht er sich eine andere Maschine für den Dienst. Nicht etwa eine japanische, nein, eine BMW soll es schon sein. Die gute alte R 60/6 hat aber nicht eben reichlich Leistung für ihr Gewicht, und bisweilen, wenn es pressiert, könnte man schon ein paar PS mehr vertragen. Da wäre, besonders in der Stadt, die handliche R 65 gerade recht – »die würd' mir schon in den Kram neipasse«. Und wenn's denn eine noch größere sein könnte, wäre an die R 80/7 mit 55 PS zu denken. Von einer

Für Motorradfahrer ist auch ein Motorrad-Polizist einer der Ihren. Da gibt es manche Fachsimpelei, wenn der »Grüne« in einer Dienstpause auf gleichgestimmte Seelen trifft. Man versteht sich, weil man dieselbe Sprache spricht. Und die »Zivilen« hören gern zu, wenn der Profi erzählt.

1000er BMW als Polizeimaschine zu träumen, scheint dem Realisten Funke allerdings zu hoch gegriffen – »obwohl man die Leistung manchmal schon brauchen könnte«.

Neue Ausrüstung gibt es für die Rau-Reiter nur in ziemlich langen Zeitabständen: Die Maschinen werden erst nach 50000 bis 60000 Kilometern ausgemustert, und da sie im Jahr, des Stadtverkehrs wegen, nur auf etwa 15000 kommen, bleiben sie ihrem Fahrer eine ganze Weile erhalten.

Und wie lange bleibt ein Polizist Rau-Reiter? Eine feste Grenze gibt es da nicht, in der Regel kann man fahren, solange man will. Vier bis sechs Jahre sind der Durchschnitt, zehn und elf Jahre die Ausnahme. »Wenn einer keine Lust hat, kann er sagen ›ich will nicht mehr‹ oder ›mir tut mein Kreuz weh‹.«

Michael Funke freilich schmerzt der Rücken noch lange nicht. Er will noch ein paar Jahre bei der Polizei Motorrad fahren: »Das ist ein bißle Weltanschauung von mir, und das ist auch der Hauptgrund, warum ich zur Motorradstaffel gegangen bin.« Und danach? Da würde er vielleicht gern Schirrmeister werden, in der Werkstatt, und auf diese Weise Kontakt zu »seinen« Maschinen halten. Dazu braucht er nicht Kraftfahrzeugmeister zu sein, sondern nur einen Technikerlehrgang zu absolvieren.

Kollegen von Michael Funke gibt es in aller Welt. In nicht weniger als 75 Ländern sind BMW-Motorräder im Behördeneinsatz und somit nicht nur im anstrengenden Verkehrsalltag unterwegs, sondern auch bei allen großen Ereignissen dabei – von Abu Dhabi bis Zaire und auch im Ostblock, so etwa in der Sowjetunion, Rumänien, Ungarn und Nord-Korea.

Auf die Wünsche ausländischer Staatsoberhäupter muß das Münchner Unternehmen oft in Windeseile reagieren, wenn es im Geschäft bleiben will. So verlangte die Arabische Liga für eine Sitzung in Tunis dringend nach Eskortierfahrzeugen von BMW, und den Männern im fernen Deutschland gelang es tatsächlich in einer Blitzaktion, innerhalb von vierzehn Tagen außer der Reihe hundert weiße Polizeimotorräder zu bauen und pünktlich nach Nordafrika zu liefern. Dreißig ebenfalls weiße R 100/7 gingen allein 1979 nach Marokko, wo sie zur Begleitung und zum persönlichen Schutz von König Hassan II. eingesetzt werden.

BMW will sich künftig noch intensiver als bisher um den Behördenverkauf kümmern und auch auf Sonderwünsche flexibler eingehen. Alle Partner profitieren davon: Für BMW ist es ein solides Geschäft mit potenten Kunden, und die Abnehmer erhalten ein Produkt, das für ihre Zwecke wie maßgeschneidert ist – handlich und zuverlässig. Und wenn die Eskortenfahrer der Polizei mitunter Lob von höchster Stelle erhalten, fällt ein nicht geringer Abglanz davon auch auf ihre Motorräder, die sie lieben und pflegen wie die Vorgänger in diesem Beruf ihre Pferde. God save the Queen and our BMW!

Idylle vorm Schloß: Bald ist der Dienst zu Ende. Die Rotte dreht ihre letzte Runde. Und Württembergs König könnte ruhig schlafen – wenn es ihn noch gäbe.

Die äußere Gestalt

Zum Beispiel R 100 RS 1976

Vollverkleidung in Großserie: Das bot die BMW R 100 RS zum ersten Mal. Sie nimmt damit einen wichtigen Platz in der Motorradgeschichte ein.

September 1976: Im Voralpenland zwischen Garmisch und dem Walchensee wimmelt es plötzlich von BMW-Fahrern. Da muß irgendwo ein Nest sein, denken sich die Leute – und in der Tat, vor einem Hotel in Murnau sammeln sich die Reiter, wechseln ein paar Worte und die Motorräder, und ab geht's wieder Richtung Berge.

Wer am Straßenrand steht und ihnen nachschaut, reibt sich die Augen. Was war denn das eben für eine Maschine? Silbergrau und riesengroß kommt sie daher, der Fahrer verschwindet fast hinter einer gewaltigen Verkleidung, einer Karosserie eher, die den ganzen vorderen Teil des Motorrads bedeckt und nur die beiden Zylinder des Boxermotors seitlich herausschauen läßt. Mit seinem großen Fenster für den Scheinwerfer, den versenkten Blinkleuchten und den Rückspiegeln an kurzen, stämmigen Stielen sieht dies Motorrad wie ein Einspurauto aus.

Das hatten auch die Journalisten erst gedacht, die sich in Murnau zur Vorstellung der neuen R 100 RS und ihrer 1000-cm³-Schwestern eingefunden hatten. Viele von ihnen waren skeptisch: Mit solch einem Spinnaker von Verkleidung soll man ordentlich fahren können? Aber einer nach dem anderen kam von der Strecke zurück und nickte anerkennend mit dem Kopf. Man kann fahren mit ihr – und wie!

Die BMW R 100 RS geht nicht nur als die erste vollverkleidete Großserienmaschine in die Motorradgeschichte ein. Sie markierte auch einen neuen Absatz in einem schwierigen Kapitel, das da lautet: Zweiradstyling.

Die Münchner selbst gaben sich sehr sachlich. »Die eigenwillige, ausgeklügelte Bugform, der Spoiler, die schräg geneigte Scheinwerferabdeckung, die sich ohne Wirbelkanten der Verkleidungsform anpaßt, die Integration von Blinkern, Spiegeln und des Handschutzes wirken zusammen, um alle für die Fahrstabilität bei hohen Geschwindigkeiten wichtigen Kriterien entscheidend zu verbessern«, lautete der hauseigene Kommentar zum neuen »Integralcockpit«.

Damit war die Diskussion eröffnet, und sie sollte hohe Wellen schlagen. »Einfach toll«, sagten die einen überwältigt, »prima für lange Strecken«, freuten sich die anderen. Aber auch »Segelschiff« war zu hören, »viel zu unhandlich« und »da kann ich ja gleich Auto fahren«.

Zum Thema »Verkleidung« geht ohnehin ein Riß durch die Motorradgemeinde: Der eine Teil lehnt sie kategorisch ab, der zweite akzeptiert höchstens ein sportliches kleines Lätzchen rings um den

Die Designer haben sich bei der R 100 RS auf den schmalen Grat zwischen Motorrad und Einspurauto gewagt. Wie man es auch betrachten mag: funktionell stimmt die Verkleidung.

Scheinwerfer, und der dritte schließlich, dem der Wind- und Regenschutz gar nicht wirksam genug sein kann, ist eher in der Minderheit.

Inzwischen ist der Streit, was die BMW betrifft, durch schlichte Gewöhnung beigelegt. Die R 100 RS ruft längst nicht mehr wie früher Volksaufläufe hervor, wenn sie einmal an einer Tankstelle steht. Und wer sie gar nicht mag, muß sich sagen lassen, daß BMW schließlich auch für andere Geschmäcker Passendes im Programm hat – es braucht ja nicht unbedingt das »Flaggschiff« zu sein.

Selbst die Tester, die sich über Sinn und Unsinn einer so voluminösen Verkleidung nicht minder uneins waren, regten sich wieder ab. Übereinstimmend hatten sie immerhin festgestellt, daß die Vorzüge des Integralcockpits – Teilwetterschutz, Fortfall des Winddrucks, Verminderung des Auftriebs bei hohem Tempo – ideal fürs Autobahntouring waren. »Mit dieser RS sind Reisedurchschnitte erreicht worden, die noch nie irgendeine andere Testmaschine zuließ«, schrieb »Motorrad« im Februar 1977.

Die Form folgt der Funktion: Das soll, nach strenger Lehrmeinung, der oberste Grundsatz beim Styling von Motorrädern sein. Nur was einen technischen Sinn hat, ist auch schön – der Zweck heiligt also die ästhetischen Mittel.

Im großen und ganzen ist das Motorrad diesem Anspruch bisher gerecht geworden. Es bietet immer noch Technik optisch aus erster Hand. Während Autos schamhaft verstecken, was zu ihrer Fortbewegung dient, ja den Betrachter (und den Käufer) sogar mit Blech-Couture und Lack-Glamour bewußt davon ablenken, tragen Motorräder ihre Kraft noch zur Schau und zeigen, was sie sonst noch haben.

Die reine Funktionalität sucht man allerdings auch hier schon vergebens. In die Motorradfabriken sind die Designer eingezogen, die sich als Vermittler zwischen den technischen Notwendigkeiten und dem Zeitgeschmack verstehen. Sie bestimmen inzwischen, was als schön zu gelten hat, und sie setzen die Signale, an denen der Käufer zum Beispiel Sportlichkeit, hohe Leistung, Reisequalität erkennt.

Daß sie mitunter Begeisterndes zuwege bringen (besonders wenn ihre Studios in Italien stehen), sei gar nicht geleugnet. Aber manchmal werden sie, umgekehrt, dem Motorrad auch überhaupt nicht gerecht. Wer Gags probiert, ist freilich bald vergessen – wie die Heckflossen und Haifischmäuler, die einmal die Autos der fünfziger Jahre verunzierten.

Die Marke BMW hat, was das Styling der Motorräder betrifft, nur wenige böse Flecken auf der Weste. Die Maschinen mit dem weiß-blauen Emblem am Tank wollten stets mehr sein als scheinen. Zu ihrem Ruf, unkompliziert und dauerhaft zu sein, hätte ein verspieltes Design, Kunst um der Kunst willen, also nicht gepaßt.

Die ersten Modelle, bis 1929, zeigten einen sauberen, funktionellen Stil. Jedes Teil gab zu erkennen, welche Rolle ihm zugedacht war – da war nichts verkleidet oder versteckt. Mit dem Preßstahlrahmen der R 11 wurde diese ehrliche Linie zwar nicht verlassen, aber doch schon ein wenig lascher eingehalten; es bedurfte vieler Zierlinien, um die breiten Blechflächen leichter erscheinen zu lassen, die ersten Ansätze für ein zweckgerichtetes, ja Schwächen vertuschendes Styling im heutigen Sinn sind erkennbar.

1936 kam dann jene BMW, die viele Kenner für die optisch ausgewogenste, die schönste halten: das Modell R 5. Dieser Zweizylinderboxer ist ein Bild ruhiger Harmonie, nirgends stößt das Auge an. Schon die Teleskop-Hinterradfederung ab 1938 störte mit ihren vertikalen Linien wieder den kritischen Blick des Ästheten – ein Fehler, der erst 1955 mit der Vollschwingen-BMW beseitigt wurde. Diese freilich sah vorneherum nicht eben begeisternd aus; die schlichte, zweckbetonte Form einer Telegabel war durch das Rohrgewirr der Langarmschwinge nicht gleichwertig zu ersetzen.

Doch auch mit der Rückkehr der Teleskopfederung sollte es wieder neue stilistische Rückschläge geben: Die Serie /5 von 1969 wirkte mit ihrem kurzen Radstand allzu gedrungen, und vor allem der Motorblock, dessen Gehäuse jetzt alle Nebenaggregate mit umschloß, sah schwer und klotzig aus (was sich auch zehn Jahre später noch nicht geändert hatte).

Immerhin, jetzt konnte man erstmals auch eine BMW bekommen, die nicht schwarz war. Bislang hatten es die Münchner mit Henry Ford gehalten, der sein berühmtes T-Modell lange Zeit ausschließlich in Schwarz geliefert hatte – einer Farbe, die nach Meinung vieler gar keine Farbe ist, obwohl sie sehr elegant aussehen kann.

Höhepunkte der siebziger Jahre waren die verkleideten Modelle: als erstes die R 90 S mit dem kleinen Cockpit, später R 100 RS und R 100 RT. Für nicht wenige Motorradfreunde jedoch ist etwas anderes der große Wurf, nämlich die Baureihe R 45/R 65. Für sie wurde eine sehr reizvolle Form gefunden – kompakt, aber doch zierlich, harmonisch und aus jeder Perspektive fotogen. So haben sich viele Freunde der Marke die BMW von heute vorgestellt: traditionsreiche Technik mit moderner Linie. Am Markterfolg der kleinen Modelle hat bestimmt auch ihr gutes Aussehen seinen Anteil.

Nicht verschwiegen seien allerdings zwei krasse Mißgriffe, die sich BMW im Styling geleistet hat. Sie zeigen, daß es auch bei den besten Absichten Ausrutscher geben kann. Der eine Sündenfall war eine Teilserie der R 17 von 1935: Mit ihren geschweiften Kotflügeln war sie eine Art bayerischer Barock auf Rädern, und sie steht mit ihrer mißverstandenen Stromlinie neben manchen Autos jener Jahre, die sich erstmals aerodynamisch gaben und glauben machen wollten, Rundungen und nach hinten fließende Linien seien gleichbedeutend mit Windschlüpfigkeit.

Zum zweiten Mal daneben lag BMW mit der Serie /5 des Baujahrs 1972. Ihr hatten die Stylisten, auf Wünsche aus Amerika hin, allerlei Chromzierat an Tank, Seitenverkleidungen und Bremstrommeln verpaßt. Das war viel zu grell ge-

Mit dem Tachometer am Lenker fing es an – zu einer Zeit, als Instrumente noch längst nicht serienmäßig waren.

Die erste BMW mit Tachometer im Scheinwerfer war die R 4 (links oben). Erst 35 Jahre später kam ein Drehzahlmesser dazu (Serie /5, oben). Ihn hatten seither alle BMW, außer der R 80 G/S (links).

Völlig neue Aussichten bot die R 100 RS: An die Stelle einzelner Instrumente trat ein ganzes Cockpit, das auch über Zeit und Bordspannung informiert.

Ein wenig vom Charme alter Uhren strahlt das weiße Zifferblatt des Tachometers aus. Schon 1926 war er vom Lenker in den Tank gewandert, und da hatte er auch noch seinen Platz, als in den dreißiger Jahren die R 11 – Bild oben – gebaut wurde. Der Tankrucksack war damals noch nicht erfunden: Er hätte die Skala zugedeckt.

schminkt, ein böser Bruch mit alten Untertreibergewohnheiten.

Zur Ehrenrettung für BMW sei festgehalten, daß die beiden Wechselbälge nur kurz produziert wurden. Die R 17 verschwand 1937 in der Versenkung, und die /5 von 1972 wurden schon ein Jahr darauf von der wieder ansehnlichen Serie /6 abgelöst.

Styling bedeutet nicht immer den großen neuen Wurf. Es bedeutet auch viele kleine Schritte im Detail. Gerade hier kann man beobachten, wie sich Technik und Geschmack ändern, gegenseitig beeinflussen und manchmal auch im Wege stehen. Der Werdegang einzelner Teile an den BMW-Motorrädern seit 1923 bietet genug Beispiele dafür.

Instrumente: Wer wollte, konnte schon für die erste R 32 einen Tachometer mit Kilometerzähler haben. Zur Serienausstattung gehörte er noch nicht. Ausgesehen hat er wie eine richtige alte Uhr, und er steckte, wie eine Blüte am Stiel, an einer langen Welle, die zum Vorderrad führte.

Schon 1926, an der R 42, bot er sich freilich eleganter dar. Er hatte einen neuen Platz im Tank gefunden, und angetrieben wurde er vom Getriebe her. Auch fast in der ganzen Preßstahlrahmenzeit blieb das Instrument mit seinem hübschen weißen Zifferblatt im Treibstoffbehälter – nicht gerade ideal im Blickfeld des Fahrers, aber jedenfalls besser untergebracht als etwa am Lenker.

Dann waren aber ausnahmsweise einmal die Einzylinder Vorreiter eines neuen Stils: An der R 4 wanderte der Tachometer 1934 in den Scheinwerfer, wo er für lange Zeit die passende Unterkunft gefunden haben sollte. Der Mode folgend wurde sein Zifferblatt schwarz, auch für die Ablesbarkeit wurde einiges getan. Doch eine bedeutsame Neuerung gab es erst 1969 mit der Serie /5: In die Tachoskala wurde ein kleiner – viele Tester bemängelten: allzu winziger – Drehzahlmesser eingebaut, der erste überhaupt an einer Serien-BMW. Er mußte größer werden, da gab es kein Pardon, und das bedeutete, daß die Instrumente das Scheinwerfergehäuse wieder verlassen mußten.

1973, mit der Baureihe /6, bekamen die BMW-Motorräder also ein zeitgemäßes Cockpit zwischen Scheinwerfer und Lenker, in dem Tacho und Drehzahlmesser gleichberechtigt nebeneinander ihre Meßpflichten erfüllen konnten, zwischen sich eine Kette von Kontrolleuchten. Und auch auf diesem Gebiet gebührt der Preis für die harmonischste Lösung des Instrumenten-Problems der R 45/65, bei der die Uhren mit einer Prallplatte auf dem Lenker in einem formschönen Gehäuse vereinigt sind. Ohne Drehzahlmesser muß – und kann – die R 80 G/S auskommen.

Der Tank bis 1929: Kantig und unter den Rahmenrohren hängend.

Bis 1936: Erstmals rund, aber unschön in den Preßstahlrahmen gequetscht.

Bis 1955: Schlank und schnittig, mit eingebautem Werkzeugkasten.

Bis 1969: Eiform und drei Liter Benzin mehr an Bord.

1972: Stilbruch für den Export mit viel unnötigem Chrom.

Bis heute: Schwierige Form mit Langstrecken-Volumen.

Besonders gelungen: Der große und doch zierliche Tank der R 45/65.

Tank: Es begann bei der R 32 mit einem kantigen Treibstoffbehälter, der unter dem oberen Rahmenrohr aufgehängt war. So kam man zunächst mit einfachen Formen, ohne komplizierte Nähte, Taschen und Winkel, aus. Erst 1929, mit der R 11, bekam der BMW-Tank jene Rundungen, die er im Prinzip bis heute behalten hat. Allerdings mußte er sich hier zwischen den beiden parallelen Oberzügen des Preßstahlrahmens einquetschen lassen, so daß seine Konturen gar nicht recht zur Geltung kamen.

Erst die R 5 brachte 1936 den heute noch üblichen Satteltank, der mit einem breiten Innentunnel über das obere Rahmenrohr gestülpt ist wie der Sattel über den Pferderükken. Ein Teil seines Volumens wurde allerdings von einem Werkzeugfach eingenommen, das mit einem Deckel, von oben erreichbar, schön säuberlich wie ein Kasten vor Regen und Staub geschützt wurde (bei früheren BMW-Zweizylindern steckte das Werkzeug in einer Höhlung im Motor-Getriebe-Block).

Bei diesem schlanken Satteltank mit vierzehn Liter Inhalt blieb es dann auch nach dem Krieg. Mit der R 51/3 wuchs allerdings sein Volumen auf siebzehn Liter, und bei den Vollschwingen-BMWs von 1955, aber nur bei den Zweizylindern, wanderte der Werkzeugkasten von der Oberseite des Tanks hinter das linke seitliche Gummikniekissen (dessen erster Vorläufer 1928 an der R 52 zu finden war).

Mit der Serie /5 kam dann der bullige 24-Liter-Tank, freilich nur als Extra, der Serienbehälter faßte 18 Liter. Der Großtank ließ die BMW zwar nicht gerade elegant aussehen, festigte aber ihren Ruf als Langstreckenmotorrad, mit dem man sich nicht immer von Tankstelle zu Tankstelle hangeln mußte.

Mit der Baureihe /7 wurden 24 Liter Standard, aber in eleganter geformtes Blech verpackt: Im Kniebereich war der Tank schmaler, im vorderen Teil dafür um so breiter, doch insgesamt weniger klobig als früher. Des bisher schönsten Benzinbehälters freilich können sich die Modelle R 45/65 rühmen: Ihm sieht man seine 22 Liter wirklich nicht an, er ist ein Meisterstück der Blechmaßschneiderei.

Der Zweck war schon bei der R 32 der gleiche wie heute: Es sollte nachts hell sein vor der BMW. Die Technik hat allerdings immer bessere Scheinwerferformen hervorgebracht.

R 12 (1935).

Rahmenfest integriert: R 100 RS.

R 80 G/S.

Sattel mit Zugfeder: R 32.

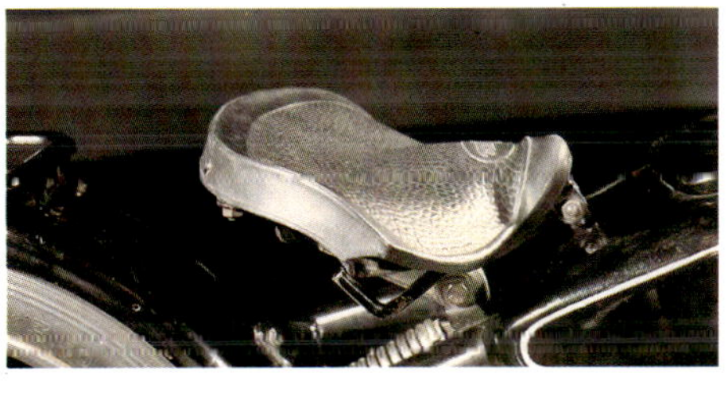

Gummi für mehr Komfort: R 51.

Erst 1960 wurden Fahrer und Sozia auf die gleiche Bank gesetzt – wie heute auf der R 100 CS.

Bezug in modischer Farbe: R 80 G/S.

Scheinwerfer: Um das Scheinwerferstyling der ersten BMW gab es keinen Streit – sie hatte nämlich noch keine Leuchte vorn. Nur gegen Aufpreis gab es eine kleine Laterne – immerhin schon elektrisch, während 1923 noch manches Motorrad mit einer Karbidfunzel fahren mußte.

Erst mit der R 11 von 1929 wurde die Beleuchtung zur serienmäßigen Ausstattung. Dann gab es aber schon gleich einen schönen großen Scheinwerfer hoch oben über dem Lenker, der von 1935 an, wie heute noch, verdrehbar zwischen zwei Haltern an der Telegabel befestigt war. Dabei ist es im Prinzip geblieben – nur die Lichtleistung ist natürlich, von den wenigen Watt der dreißiger Jahre bis zur Lichtflut der H4-Lampen von heute, gewaltig gestiegen.

Sattel/Sitzbank: Bis weit in die fünfziger Jahre hinein gehörte zum Motorrad der Sattel. Der Abschied von diesem Stück Fahrrad fiel deshalb so schwer, weil es mit den Federungsqualitäten der Radaufhängungen bis dahin ziemlich im argen lag. Selbst eine Geradwegfederung am Hinterrad teilte noch soviel Stöße an Fahrer und Sozia aus, daß beide sehr froh über die zusätzliche Stoßdämpfung eines ordentlichen Sattels waren.

Von 1923 an hatten sich die Sättel der BMW-Motorräder lange Zeit eigentlich nur dadurch unterschieden, daß immer abwechselnd die Druckfeder- und die Zugfederpartei unter den Konstrukteuren die Oberhand hatte. Eindeutig besser war offenbar keine der beiden Möglichkeiten, denn der Kampf wogte unentschieden hin und her, bis die R 5 mit einem Gummischwingsattel, der sogar in Federweichheit und Höhe verstellbar war, den Streit auf dritte Weise entschied.

Auch die Vollschwingen-BMWs kamen 1955 noch mit einem Sattel dieser Art auf den Markt, und erst bei der R 50 S/69 S entschlossen sich die Münchner für eine – noch ziemlich unharmonisch zwischen Tank und Hinterkotflügel thronende – Doppelsitzbank. Von der /5-Serie an gab es dann die heute bekannten Bänke, als deren stilistische Höhepunkte bei BMW die Einzelsitzbank der R 100 RS und der modisch orangerote Bezug bei der R 80 G/S gelten können.

In der Sattelepoche bis 1955 hatte übrigens jede BMW noch einen Gepäckträger über dem Hinterrad. Trittbretter für die Fahrerfüße gab es bis zur R 17, die R 5 brachte dann 1936 die bis heute üblichen Fußrasten, die bei den Einzylindern schon 1933 eingeführt worden waren.

Mehr als zwei Jahrzehnte lang war dann der »Fischschwanz« Mode, also das flache Endstück des Auspufftopfs.

In den ersten zehn BMW-Jahren saß der Auspufftopf noch unter dem Motorblock.

Der ringsherum runde Auspufftopf kam 1955 und blieb bis heute – später jedoch ohne den Rohrstummel am Ende.

Der Knick im Topf – seit der /5-Serie 1969 – gefällt nicht jedem, aber er ist nützlich.

Auspuffanlage: Die ersten BMWs entließen ihre Auspuffgase noch aus kurzen Rohren, deren Schalldämpfer direkt unter den Fußbrettern endeten. Erst die R 63 hatte 1928 Auspuffrohre, die bis in Höhe der Hinterachse gezogen waren und in einem eleganten flachen »Fischschwanz« mündeten.

Die ersten richtigen Auspufftöpfe am Ende der Rohre waren an der R 11 Serie V von 1934 zu finden, und das setzte die optischen Maßstäbe bis 1955, als an der R 67/3 die Fischschwänze ihren Abschied nehmen mußten.

Mit der /5-Serie wurden die Auspufftöpfe für mehr Kurvenschräglage hinten höhergelegt. Dieser Knick gefiel nicht jedem, doch seine Vorzüge wurden rasch erkannt: ein Zeichen dafür, daß Motorradfahrer auch ungewöhnliche Formen akzeptieren, wenn sie nur einer besseren Funktion dienen. In dieser Beziehung hat BMW seine Freunde selten enttäuscht. Sie haben das ihrerseits mit mehr Markentreue belohnt, als den meisten Fabrikaten jemals zuteil wurde.

Die Freunde

Deutschschweizer BMW Motorradclub

Urs Biefer, Baumaschinist von Gossau, Ernst Sauter, Chefmonteur von Zürich, Hubertus Jäger, Fahrlehrer von Schwerzenbach, Kurt Wirz, Eisenwarenhändler von Dübendorf, Alois Müller, Verkäufer von Urdorf, Bruno Ernst, Motorradkurier von Langnau, Andreas Rengel, Elektromechaniker von Dänikon, Felix Thoma, Chauffeur von Dietikon, Bruno Suter, Elektroinstallateur von Zürich, Johann Hugener, Schosser von St. Gallen, Albert Stoll, Bauamtsangestellter von St. Gallen, die Hausfrauen Elisabeth Thoma, Margrit Sauter, Rita Müller, Helga Suter: Man sieht schon – dieser Deutschschweizer BMW Motorradclub ist ein Verein von ganz normalen Leuten. Wenn er sich trifft, gibt das eine fröhliche Gesellschaft. Herkommen und Stand sind nebensächlich in dieser Freundesrunde. Hauptsache, man hat Spaß am Motorradfahren und schätzt die weiß-blaue Marke. Ihr haben sich die Männer und Frauen rund um Felix Thoma verschrieben.

Ein strahlender Sommertag oben auf dem Grimselpaß in der Schweiz. Auf der Terrasse des Hospiz eine fröhliche Gesellschaft, Männer und Frauen, die sich gut zu kennen scheinen. Und unten, auf dem Parkplatz, fast eine kleine BMW-Ausstellung: jüngere und ein wenig ältere Motorräder, sichtlich wohlgepflegt sie alle, und doch, wie man ebenso deutlich erkennen kann, keine Sonntagsmaschinen, die nur rund um den Kirchturm bewegt werden. Oben, beim Frühstück, geht es lustig zu; in bestem Schwyzerdütsch werden Scherze getauscht, man kann das Lachen eine ganze Strecke weit hören.

An ein paar Tischen unterhält man sich auch ernsthafter: Da sind offenbar technische Diskussionen entbrannt, für die man sich schon ein wenig Zeit nehmen muß. Daß vieles davon um das Thema BMW kreist, muß nicht verwundern. Denn der Treff im Grimsel-Hospiz ist eine der vier jährlichen Mitgliederversammlungen des »Deutschschweizer BMW Motorradclubs«. Ein kleiner, aber feiner Klub – nicht weil er elitär auf Beruf oder Herkommen sahe, sondern weil er nur Menschen bei sich aufnehmen will, die zu ihm passen und dem entsprechen, was er sich unter »dem BMW Fahrer« vorstellt. 25 Mitglieder haben sich bisher zu dieser kleinen Eidgenossenschaft zusammengefunden, und obgleich man später einmal auf vierzig oder gar sechzig kommen will, hat es mit dem Anwerben keine Eile.

Wie so manches Neue entstand der Deutschschweizer BMW Motorradclub aus einem Umsturz; keinem weltbewegenden, denn so kann man es nicht nennen, wenn im Säuliämter Motorrad-Club eines Tages ein paar BMW-Fahrer beschließen, eine eigene Sektion innerhalb der größeren Gemeinschaft aufzumachen. Felix Thoma aus Dietikon, Jahrgang 1917, hatte die Idee gehabt – und sich damit prompt ins Fettnäpfchen gesetzt. Die Klubfreunde betrachteten seine separatistischen Bestrebungen als unfreundlichen Akt, und so kam es, daß Thoma und einige Freunde ihren Austritt erklärten und ihren eigenen Verein aufmachten.

»Das war gar nicht so schlecht«, erinnert sich Rudolf Mundhenke aus Uitikon, Ex-Geschäftsführer einer Maschinenfabrik und Mitglied Nummer zwei des neuen Klubs, »denn die Umgangsformen bei den Säuliämtern waren ziemlich rauh. Uns BMW-Leuten gefiel das nicht so sehr.« Und Felix Thoma pflichtet bei. BMW-Fahrer haben mehr Anstand als andere, meint er; sie sind keine Rowdies und bewegen keine Krachtüten.

Fritz Schwarzbach aus Zwillikon, Ernst Sauter aus Zürich und Alois Müller aus Urdorf, sämtlich von Anfang an dabei, sehen es ebenso. Gegen immer wieder einmal aufkeimenden Widerstand wurde der neue BMW-Club auch »rasserein« erhalten. Nur wer vom BMW-Motorrad auf einen BMW-Wagen umsteigt, darf stimmberechtigt im Verein bleiben. Wer ein anderes Fabrikat bevorzugt, kann nur außerordentliches Mitglied sein. »Wenn einer in den Yamaha-Klub geht, dann geht er halt in den Yamaha-Klub«, meint Mundhenke kategorisch dazu.

Felix Thoma ist viel zu bescheiden, als daß er seine Verdienste und seine Tätigkeit für den Deutschschweizer BMW Motorradclub besonders herausstreichen würde. Er ist ein grundehrlicher, pflichtbewußter Mann, der schon viele Jahre eines ordentlichen und nicht immer leichten Arbeitslebens hinter sich hat – gutbürgerlich im besten Sinne. Omnibus- und Lastwagenfahrer von Profession (Camion-Chauffeur sagt man in der Schweiz), transportiert er heute mit einem »dicken Brummer« im Dienst einer Dachpappenfirma deren Erzeugnisse durch das ganze Land, lädt alles selber ab und auf; kein Zuckerschlecken für einen über Sechzigjährigen. Am Lenkrad von Bussen hat er die schwierigen Pässe Furka und Grimsel über fünfzigmal »gemacht«. Aber das war Routine, drei Millionen Kilometer lang.

Richtig Spaß hatte er nur am Lenker seiner Motorräder, vor allem seinem letzten, einer R 69 S, mit der er in sechzehn Jahren nicht weniger als 320 000 Kilometer gefahren ist, erst solo, später mit Seitenwagen. Da hängen allerhand Erinnerungen dran: Jugoslawien, Italien, Frankreich, Holland, Belgien, Luxemburg, Österreich, Bundesrepublik Deutschland (hier gibt es freundschaftliche Verbindungen zum BMW-Motorradclub in Iserlohn), DDR, Polen und immer wieder die Tschechoslowakei waren Thomas Ziele. Übers Wochenende von Dietikon ins Riesengebirge – das war gar nichts Besonderes.

»Und glauben Sie ja nicht, ich sei da gemütlich wie ein Opa herumgefahren«, schmunzelt er, »nein, oft – wie man bei uns zu sagen pflegt – auf dem äußersten Zacken. Auf Ferienreisen hatte unser Gespann, mit meiner Frau, mir und dem Gepäck, ein Gewicht von 600 bis 650 Kilogramm.«

Das sind jetzt freilich nur noch Erinnerungen, dokumentiert auch in Hunderten von Fotos und 5000 Dias. 1976 mußte Felix Thoma nämlich sein Gespann verkaufen, aus gesundheitlichen Gründen; »ich bin aber nicht vom Motorradfahren krank geworden«, auf diese Feststellung legt er großen Wert. Daß er für das mehr als anderthalb Jahrzehnte alte Gespann noch 6000 Franken erlöste, beweist, wie gut er es gepflegt hatte.

Geschenkt hat er ihm allerdings nichts: Gefahren wurde im Sommer wie im Winter, bei zehn Grad minus halfen heizbare Lenkergriffe und ein Katalytöfchen im Seitenwagen über die schlimmste Kälte hinweg. So ging es zum Beispiel stets im Januar zum »Elefantentreffen« in die Bundesrepublik. In der wärmeren Jahreszeit lockten die Rennstrecken: Thomas bester Freund war der Schweizer BMW-Rennfahrer Florian Camathias, den er zu vielen Großen Preisen begleitete und von dem er auch sein Gespann gekauft hatte.

Nur einmal in der langen Zeit hat ihn die R 69 S im Stich gelassen, wegen eines Zylinders, der im Ersatzteillager fallengelassen worden und angerissen war und den ihm ein Händler für neu verkauft hatte; ein Kolbenklemmer war die Folge. »Sonst war nichts, außer dem gewöhnlichen Verschleiß. Verstehen Sie, warum ich immer nur BMW gefahren bin?«

»Manchmal muß ich durchblicken lassen, daß ich Hochschulabsolvent bin«: Rudolf Mundhenke aus Uitikon, Mitglied Nummer 2 des Deutschschweizer BMW Motorradclubs, sieht die Zweiradfahrer in den BMW Clubs manchmal ein wenig im Schatten der Auto-Leute.

*Glücklich mit BMW:
Felix Thoma.*

Auch die Arbeit für »seinen« Klub ist bei Felix Thoma eine Art Sympathiebeweis für die Marke. »Er gibt sich ungeheure Mühe«, lobt Rudolf Mundhenke, der mit seiner R 100 RS auch als Pensionär noch manchem Jüngeren davonfährt. »Das Beste: Er nutzt den Klub nicht ab mit den ewigen Wochenhocks. Nur viermal im Jahr gibt es eine Versammlung, weil die Leute ja aus allen Teilen der Schweiz kommen. Das Treffen findet immer wieder an verschiedenen Orten statt, so daß die Mitglieder das Gefühl haben, auch einmal in ihrer Region begrüßt zu werden.«

Zum Klubleben gehören auch eine oder zwei Ausfahrten im Jahr, über die gemeinsam entschieden wird. Sie werden jeweils von anderen Mitgliedern organisiert. Da geht es dann zum Beispiel ins Elsaß oder nach Bergamo, regelmäßig auch zum Internationalen BMW-Clubtreffen, zu dem die europäischen Klubs zusammenkommen. In Riva am Gardasee gibt es dann ein freudiges Wiedersehen mit BMW-Freunden aus ganz Europa. Zu den bedeutenden Veranstaltungen macht sich stets mehr als die Hälfte, oft sogar drei Viertel von Thomas Schäflein auf den Weg. »Wir fahren aber nicht gemeinsam, höchstens in kleinen Gruppen. Es ist ja nicht mehr möglich, zu zehn oder zwanzig beieinander zu bleiben.« Die Frauen sind, wo immer es geht, mit von der Partie und herzlich willkommen. Mitstimmen dürfen sie natürlich nur, wenn sie auch selber Mitglied sind.

Was der Klub sonst noch bietet? Hilfe in Rechtsfragen ist nicht vorgesehen; »bisher war's auch noch nicht nötig; wir hatten Glück – noch kein ernsthafter Unfall«, freut sich der Präsident. Man sorgt allerdings auch dafür, daß aus den Ausfahrten keine Wettrennen werden. Die einmal festgelegte Reihenfolge wird streng eingehalten, Überholen ist verboten (Mundhenke: »Wer sich nicht daran hält, wird ausgeschlossen«). Bleibt einer zurück, fährt der nächste nach vorn und stoppt die ganze Reisegesellschaft, damit Beistand geleistet werden kann.
Von derlei Pannenhilfe abgesehen, gibt es keine technische Unterstützung durch den Klub. Aber da sind einige Mitglieder, die anderen unter die Arme greifen können – Mundhenke zum Beispiel, der eine gut eingerichtete Kellerwerkstatt hat, oder der Zürcher BMW-Händler Walter Kleiner. Doch das soll auch nicht übertrieben werden, damit das Privatleben der Hilfsbereiten nicht allzusehr leidet. »Gottlob«, so Thoma, »gibt es auch nur sehr wenig Defekte.«

Rabatte auf Ersatzteile oder Reifen kann der Klub nicht beanspruchen; »da würden die Händler kopfstehen«, schwant es Mundhenke. Wenn einer seine eigenen Beziehungen hat, ist das seine Sache. So wird der Mitgliedsbeitrag von 15 Franken im Jahr in erster Linie für den »gesellschaftlichen« Teil des Klublebens bezahlt. Was hereinkommt, wird auch für die Mitglieder wieder ausgegeben – bei den Ausfahrten, für Telefon, andere Spesen und Porto. Daß es da genau zugeht, dafür sorgt nicht nur die sprichwörtliche Schweizer Gründlichkeit, sondern auch der Vereinsvorstand selbst.

Trotz der guten Beziehungen nach München, zu BMW, fühlen sich die Schweizer Freunde manchmal ein wenig zurückgesetzt. »Unter den BMW-Klubs werden die Autoklubs viel mehr poussiert«, stellt Rudolf Mundhenke fest, »weil der örtliche Präsident einen 633 fährt oder einen 528i, der Herr Doktor oder der Herr Professor. Da muß ich dann auch manchmal durchblicken lassen, daß ich Hochschulabsolvent bin – da ist die Basis gleich eine ganz andere. Auch in Riva wird die Motorradfahrergilde immer mit gewisser Reserve aufgenommen. Sie wird ein bißchen gestreichelt, weil sie ja das BMW-Image aufgebaut hat, aber die Autoleute werden hofiert.« Dem typischen listigen Lächeln, das Mundhenke dabei aufsetzt, kann man entnehmen, daß er hier ein klein wenig übertreibt. Aber im Kern gibt es da schon ein Problemchen. So schön es sein mag, Auto- und Motorradfahrer unter einer berühmten Marke

vereint zu sehen (das gibt es sonst nirgendwo), die Interessen streben doch deutlich auseinander. Die Zweiradler lieben eine andere Art von Geselligkeit, ungekünstelt und ohne Krawatte und Smoking; der Mensch interessiert sie mehr als sein Beruf, die Technik mehr als der Komfort, das Fahren mehr als das Ziel.

Dabei ist ein Klub wie der Deutschschweizer, also einer nur mit Motorrad-Mitgliedern, die große Ausnahme. Das normale im Kreis der Mitgliedsvereine sind die »gemischten« Klubs, zumindest in Deutschland und Europa. Der größte »reine« Motorradklub der Welt sind die »BMW Motorcycle Owners of America«; von ihm soll noch ausführlicher die Rede sein. Die älteren BMW-Klubs haben in der

Ganz obenauf: So fühlen sich die zwei Dutzend Freunde in ihrem Deutschschweizer BMW Motorradclub. Ein kleiner, aber feiner Verein – nicht weil seine Mitglieder elitäre Rosinen im Kopf hätten, sondern weil sie nur Menschen bei sich aufnehmen wollen, die ihrem Bild vom BMW-Fahrer entsprechen. Ein wenig fühlen sich alle BMW Clubs als etwas Besonderes. Die 25 von ihnen, die sich unter dem Dach des »BMW Clubs Europa e.V.« zusammengefunden haben, verpflichten sich sogar in der Satzung, das Ansehen von BMW zu unterstützen und ihre Mitglieder »zu sauberer, sportlicher Haltung anzuhalten«. Warum ist man in einem Motorradclub? Rudolf Mundhenke von den Deutschschweizern weiß es, zumindest für seinen Teil: Man muß die jungen Leute zwischen 18 und 25 zu etwas Vernünftigem bringen, ehe sie sich zusammenrotten und Dummheiten machen. Wird der Club gut geführt und bietet er ein interessantes Programm, tun sie auch eifrig mit – selbst wenn sie's nicht leicht zugeben, daß es ihnen gefällt. Über das unerschöpfliche Thema »Motorräder« reden sie alle gern, doch genauso über ihre Reisen, ihre Bekanntschaften, ihre nächsten Pläne. Und das alles kommt ungekünstelt, ohne Krawatte und Smoking: Der Mensch interessiert sie mehr als sein Beruf, die Technik mehr als der Komfort, das Fahren mehr als das Ziel.

Regel als Motorradfahrer-Vereinigungen angefangen, so der Senior unter ihnen, der BMW Club Düsseldorf e.V., der 1928 gegründet wurde.

Einen Zusammenschluß wie den heutigen »BMW Clubs Europa e.V.« gibt es erst seit 1962, als sein Vorläufer sich in Bad Homburg unter Vorsitz des damaligen BMW-Direktors Helmut Werner Bönsch konstituierte. Artikel 7 der Satzung enthält die »Philosophie« der BMW Clubs Europa: Die der Vereinigung angeschlossenen Klubs verpflichten sich, ihre Mitglieder zu sauberer, sportlicher Haltung anzuhalten; insbesondere verpflichten sie sich, das Ansehen der BMW AG in geeigneter Weise zu unterstützen. 1981 gehörten den BMW Clubs Europa e.V. 25 deutsche und vier ausländische Vereinigungen an. Als Forum, in dem auch die außereuropäischen BMW-Klubs zu Wort kommen können, wurde 1981 in Wien der International Council of BMW Clubs gegründet.

Warum ist man überhaupt in einem Motorradklub? Rudolf Mundhenke gibt für sich eine präzise Antwort. »Wissen Sie, vor allem weil es Leute geben muß, die Jugendliche zwischen 18 und 25 von der kriminellen Seite auf die andere ziehen müssen. Es hat viele junge Leute, die sich zusammenrotten und Dummheiten machen. Wenn sie aber ein Klub einigermaßen führt und versucht, interessante Programme zu bringen, dann machen sie gern mit – auch wenn sie's nicht zugeben und sagen ›das ist ein Seich‹. Aber wichtig ist, daß der Klub geführt wird. Das klingt zwar alles sehr nach Heilsarmee, aber so ist es. Eine gute Sache für die Jungen ist das, was ich ›BRT-Fahrten‹ nenne – BRT für ›beschleunigtes Reisetempo‹. Da werden dann samstags 400 bis 500 Kilometer abgespult, so, daß der letzte gerade noch mitkommt; ihm gegenüber muß der Rest fair sein. Da fahren wir zum Beispiel in zweieinhalb Stunden von Zürich an die italienische Grenze. Das muß einer schaffen, den San-Bernardino-Paß zum Beispiel mit zwischen 80 und 110 km/h. Und das bei jedem Wetter, damit die Leute üben, auch bei Regen schnell zu fahren – das kann man nämlich. So lernt jeder von jedem etwas. Das Ziel: Die Unfallzahlen müssen runter.«

Ernst Sauter – 24 Jahre Motorradfahrer, davon zehn auf BMW – pflichtet bei. Er kennt Thoma und Mundhenke schon seit über zwei Jahrzehnten. Zum Klub kam er, der früher nur auf englische Maschinen geschworen hatte, als er »das ewige Schrauben und Bauen unterwegs leid war« und auf die bayerischen Boxer umstieg. Auch an seiner ersten BMW, der R 69 S, gab es noch einiges zu tun, um sie über die 160000 Kilometer zu bringen, die er mit ihr zusammen zurückgelegt hat.

»Bei den heutigen ist man fast arbeitslos«, lächelt er und meint damit seine R100 RT. Sie stellt ihn sehr zufrieden, wie er sagt; der Auspuff ist freilich lauter als an der R 69 S, und wegen Ölnebels am Gehäuse mußte er ein paar Dichtungen wechseln. Aber aufs Fahrwerk läßt er nichts kommen. »Jedes mal erschreck' ich mich, wenn ich mich auf eine japanische Maschine setze und das Ding anfängt, sich in einer Kurve zu verwinden.« Ob den Münchnern jetzt die Ohren klingeln? Sauter jedenfalls hat seine Entscheidung getroffen. »Ich bin auf die Boxer festgefahren« – so formuliert er seine Liebe zur weiß-blauen Marke. Der Klub und seine Freunde sind ein fester Teil seiner Welt.

Felix Thoma, der Gründer, wird immer ein wenig wehmütig, wenn vom Motorradfahren die Rede ist. Ganz ist er noch nicht darüber hinweg, daß er jetzt nicht mehr auf zwei oder drei Rädern touren kann, sondern mit seinem BMW 316 auf vieren unterwegs ist. Im Grunde seines Herzens ist er ein Motorradmensch geblieben. »Versuchen Sie's mal«, sagt er mit einem Blick zurück, »nachts um zwölf Uhr auf der Klausenpaßhöhe bei Vollmond mit der BMW im vornehmen Gang hinunter in Richtung Urnerboden-Glarus zu fahren. Sie sehen im Mondschein die Berge und hören dank der leisen BMW die Glocken der Kühe, die Alphütten sind erleuchtet von einer schwachen Petroleumlampe – das ist doppelter Hochgenuß nach einem strengen Arbeitstag.«

Im Kreis seiner Klubfreunde ist Felix Thoma dort, wo es ihn hinzieht: wo über Motorräder gesprochen wird, über Motorradreisen, über Motorraderlebnisse. Und die Jüngeren im Verein spüren etwas von der dauerhaften Begeisterung, die das Motorrad wecken und immer wieder erneuern kann. Felix – das heißt glücklich, und Felix Thoma ist, auch ohne seine BMW, ein glücklicher Mensch geblieben, in seinen Erinnerungen und in der Sorge um »seinen« Klub.

Von München nach Spandau

Wo BMW Motorräder gebaut werden

Spandau liegt ganz im Westen von West-Berlin, dort, wo es früher nach Falkensee weiterging, nach Brieselang und nach Nauen am Havelländischen Luch, ganz ohne Umstände. Heute ist das etwas schwieriger geworden. Aber in Spandau fließt immer noch die Spree in die Havel, und nicht weit davon steht eines der ältesten Gebäude, deren sich die frühere Reichshauptstadt rühmen kann: der Juliusturm. Er ist ein Teil der berühmt-berüchtigten Zitadelle von Spandau, und für ein paar Jahrzehnte war er so etwas wie der Safe der Nation. Hier wurde nämlich von 1871 bis 1914 die Kriegsentschädigung aufbewahrt, die Frankreich an das Reich zahlen mußte – runde 120 Millionen Mark in Gold. Dieses hübsche Sümmchen wurde, wie man weiß, bald darauf wieder durchgebracht. Doch der Juliusturm steht immer noch und sieht aus, als sei er stolz auf seine goldene Vergangenheit. »Am Juliusturm« – das sollte also keine schlechte Adresse sein, und wer die Geburtsstätte der BMW-Motorräder sucht, wird sich diesen Straßennamen merken müssen.

Aber wie kommt die Motorradproduktion der Bayerischen Motoren Werke ausgerechnet ins Herz von Preußen? Nun, lange ist sie noch nicht dort. Als es mit den BMW-Zweirädern richtig losging, war das Unternehmen gerade mit Sack und Pack in die Hallen der ehemaligen Bayerischen Flugzeugwerke gezogen, in die Lerchenauer Straße in München-Milbertshofen. Dort wurde dann auch die erste R 32 gebaut, und dort lief 1969, also 46 Jahre später, die letzte R 69 S vom Band. Daß dazwischen auch im BMW-Werk Eisenach vorübergehend Motorräder produziert wurden, war eine durch den Krieg und die Heeresfertigung bedingte Episode.

Mit dem Erscheinen der /5-Serie, also mit dem Start von BMW in das jüngste Kapitel seiner Motorradgeschichte, stellte sich dringend die Frage nach einem neuen Produktionsort. Die Automobile der weiß-blauen Marke waren inzwischen so erfolgreich, daß die Milbertshofener Fertigungsstätten aus allen Nähten platzten. Und da man auch, was die künftigen Motorradstückzahlen betraf, recht optimistisch war, blieb nur ein Ausweg: Die Zweiräder mußten von ihrer alten Heimat Abschied nehmen.

Als neuer Standort bot sich eine Fabrikanlage in Berlin-Spandau an, die dreißig Jahre zuvor als Brandenburgische Motorenwerke von der Siemens & Halske AG an BMW verkauft worden war. Hier waren Flugmotoren hergestellt worden – unter anderem die für ihre Zuverlässigkeit bekannten Triebwerke für die legendäre Ju 52. Während des Krieges waren bis zu 10 000 Menschen im Schatten des Juliusturms und in den angegliederten Zweigwerken tätig. Nach 1945 wurde alles Brauchbare demontiert, und erst langsam entwickelte sich Spandau in den folgenden Jahren zu einem Zulieferer für BMW München.

Hier beginnt jetzt der Zusammenhang mit den Motorrädern: Denn schon 1949 waren für sie in Berlin Teile hergestellt worden. Als Vorreiter für die Neuregelung von 1969 wurde Ende der fünfziger Jahre die Motorenfertigung nach Spandau verlagert. Auch der endgültige Umzug geschah dann nicht Knall auf Fall, sondern gewissermaßen scheibchenweise ab 1966. Drei Jahre später jedenfalls war die gesamte Motorradsparte in Berlin versammelt, die erste R 75/5 verließ in Spandau die Produktionshallen. Das einzige, was noch fehlte – die Getriebefertigung nämlich –, wurde 1975 ebenfalls an die Havel verlegt. Im gleichen Jahr konnte schon Jubiläum gefeiert werden: Das 100 000. Motorrad war in Spandau fertiggeworden.

Trotz seiner Nähe zum Juliusturm ähnelt das Spandauer BMW-Werk nicht gerade einem frischgeprägten Goldstück. »Vereinigte Hüttenwerke«, sagen freche Berliner sogar respektlos dazu. In der Tat haben die Gebäude – zumindest manche von ihnen – schon einiges gesehen und erlebt. Von ganz früher, als hier noch eine Waffen- und Pulverfabrik stand, stammen noch die »Villa« am Zitadellenweg, der das ganze Gelände durchquert und seit 1979 für den allgemeinen Verkehr gesperrt wurde, das Kesselhaus, einige Hallen, die heute für die Vorfertigung genutzt werden, und das Verwaltungsgebäude. Kurz vor dem Krieg wurde der dreistöckige Trakt errichtet, in dem jetzt das Montageband, die Lackiererei und die Endkontrolle untergebracht sind. Nach 1969 wurde das kunterbunte Gemisch von Stilen, Bauhöhen und Fassaden um neue Tupfer bereichert: Versandhalle und Lager wurden neu gebaut, und 1979 kam als der modernste Teil eine große Halle im »Nordgelände« hinzu, die mit ihrer glatten Außenhaut in kühler Sachlichkeit im scharfen Kontrast zu den Backsteingebäuden des alten Werksteils steht. Sie war für eine Erweiterung der Motorradproduktion gedacht. Die Ansprüche der BMW-Autofertigung wuchsen aber rascher und stärker als die Expansion des Zweiradgeschäfts, und so wurde dieser Neubau für die Autoteileherstellung reklamiert. Um trotzdem das Motorradprogramm erweitern zu können, wurde der »Rohbau«, die

Rahmenschweißerei, in eine gemietete Anlage in Berlin-Reinickendorf verlagert.

In diesem Werk Breitenbachstraße beginnt heute jedes BMW-Motorrad seinen Lebensweg, bevor es in Spandau komplettiert und fertig montiert wird.

1969 hatte die Motorradfertigung in Spandau mit 400 Beschäftigten begonnen. Heute sind 1550 Mitarbeiter in den beiden Berliner Werken tätig – nicht gerechnet natürlich jene, die mit der Autoteileproduktion zu tun haben. Sechs von zehn BMW-Arbeitern sind hier Ausländer; die verschiedensten Nationalitäten sind vertreten, denn in Berlin ist der Facharbeitermangel besonders groß. Und fast jeder achte BMW-Werker in Spandau ist eine Werkerin: An einigen Arbeitsplätzen – etwa dort, wo die Zierlinien an Tanks und Kotflügeln mit dem Lackpinsel aufgetragen werden – sind Frauen mit ihren geschickten und ruhigen Händen gar nicht zu ersetzen. Ende 1981 lief alle vier Minuten ein Motorrad vom Band.

Damit es seinem Käufer keinen Kummer macht, wird in Reinickendorf und Spandau nach dem soliden Grundsatz »Vertrauen ist gut, Kontrolle ist besser« gehandelt. Jeder zehnte Mitarbeiter bei BMW Berlin ist ganz speziell und gezielt mit der Qualitätssicherung befaßt. Gerade in diesem Punkt hat die weiß-blaue Marke einen Ruf zu verlieren, den sie über mehr als ein halbes Jahrhundert aufbauen konnte. Wer freilich in Spandau die Entwicklungs- und Konstruktionsabteilungen für die Motorräder sucht, ist am falschen Platz; sie sind, wie auch Leitung und Vertrieb der BMW Motorrad-Sparte, in München geblieben.

Eine Produktion ist schlecht mit Worten zu beschreiben, man muß sie sich ansehen. So wird denn dieses Kapitel mit voller Absicht zum Spandauer (und Reinickendorfer) Bilderbogen.

Der fotografische Rundgang durch die Fertigung soll aber nicht nur die Stationen zeigen, die ein BMW-Motorrad vom ersten Rahmenrohr bis zum Verpacken in die Kiste durchläuft. Er soll auch die Menschen vorstellen, die daran tätig sind und ihr Teil dazu beitragen, daß Fahrfreude und Sicherheit auf den Boxermaschinen garantiert sind. Auch hier also: Ohne den Menschen geht es nicht.

Mehr als vierzig Jahre lang waren die BMW-Motorräder echt bayerische, genauer Münchner Produkte. Sie entstanden im Milbertshofener Werk im Norden der Stadt. Das Bild unten ist als eines der wenigen Dokumente aus den Anfängen übriggeblieben. Es zeigt die damalige »Serienfertigung« des ersten BMW-Modells R 32. Der Ort ist freilich ebenso passé wie die Zeit: Seit 1969 werden die weißblauen Maschinen in Preußen, in Berlin-Spandau, hergestellt.

Rohprodukte
Man kann nicht alles selber machen: Das gilt auch für das BMW-Werk Spandau. Ein Motorrad besteht aus vielen Teilen, die entweder – wie Reifen oder Glühlampen – fertig zugeliefert werden oder als Rohprodukte ins Haus kommen. Das Maß an zusätzlicher Bearbeitung, die »Wertschöpfung«, ist also recht unterschiedlich. Kurbelwellen (oben) und Kardanwellen (unten) werden als Rohlinge nach Berlin geschickt. Wie »roh« sie bei der Ankunft sind, kann man an den

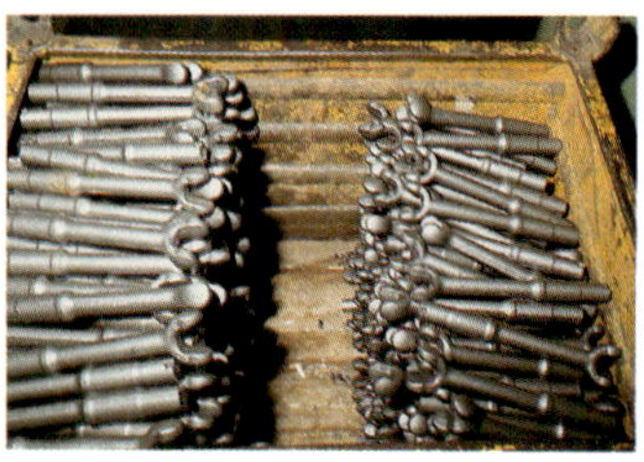

Antriebswellen sehen, während sich die Kurbelwellen in der Kiste schon montagefertig geschliffen präsentieren. Auch die bereits komplettierten Zylinderköpfe im mittleren Bild sind zuvor als Rohprodukte aus der Gießerei nach Spandau gebracht worden. Jetzt warten sie im Regal darauf, bald zusammen mit Zylindern, Kolben, Kurbeltrieb und Gehäuse Teil eines fertigen Motors zu sein.

Rahmenfertigung
Der Rahmen ist der wichtigste Bestandteil eines Motorrads, seine Seele, seine Identität. Von ihm hängen auch Fahrsicherheit und Lebensdauer der Maschine entscheidend ab. Entsprechend sorgfältig muß es bei der Rahmenfertigung zugehen. Sie ist übrigens nicht in Spandau zu Hause, sondern ein paar Kilometer weiter in Reinickendorf, an der Breitenbachstraße. Dort also beginnt der Lebensweg jedes BMW-Motorrads. Die angelieferten Rohre werden zunächst einmal in die vorgesehene Form gebogen. Dann geht es an den Zusammenbau. Der Rahmen wird als erstes (wie der Anzug beim Schneider) geheftet: Bereits da entscheidet es sich, ob er später »paßt«. Anschließend wird er »aus-«, das heißt fertiggeschweißt. Dazu gehört hohes fachliches Können (großes Bild). Für jeden Techniker ist eine saubere Schweißnaht nicht nur eine Augenweide, sondern auch ein Indiz (wenn auch noch kein endgültiger Beweis) für einwandfreie Arbeit. Der kritischste Produktionsschritt, das Verschweißen des Hauptrahmenrohrs mit dem Lenkkopf, wird freilich nicht dem Menschen mit seiner bisweilen schwankenden Tagesform überlassen. Dafür gibt es in Reinickendorf eine Konturenschweißanlage, die diese Aufgabe mit elektronischer Steuerung bewältigt. Auch das anschließende Richten des Rahmens – dabei werden Toleranzen im Zehntelmillimeter-Bereich ausgeglichen – geschieht automatisch. In einer Kontrollbank (oberes kleines Bild) wird das fertige Rückgrat des Motorrads dann noch einmal penibel vermessen und geprüft. Erst dann kommt der Rahmen ins Zwischenlager (unteres kleines Bild) – bereit zur kurzen Reise nach Spandau.

Galvanik

Das ist sozusagen die Bäder-Abteilung des Werks Spandau: Auf elektrochemischem Weg erhalten hier einige besonders ins Auge fallende Teile der BMW-Motorräder – zum Beispiel die Auspuffrohre und -töpfe – den Chromglanz, den die Käufer so schätzen. Zwei Stunden und zehn Minuten muß jedes Stück auf den verschiedenen Stationen zubringen. Zunächst wird das Rohteil an die Förderanlage gehängt. Dann geht es los mit Entfetten, Neutralisieren und

Spülen. Anschließend werden im Nickel-Seal-Verfahren zwei Schichten Nickel aufgebracht – insgesamt eine Auflage von reichlich drei Hundertstelmillimeter, die für den wichtigen Korrosionsschutz sorgt. Es folgen das Aktivieren mit Chromsäure und damit die Verchromung: zwar nur drei zehntausendstel Millimeter dick, aber entscheidend für den Glanz. Wie blanke Orgelpfeifen schauen die Auspufftöpfe dann aus.

Lackierung

Das elegante Kleid einer BMW: Das ist ihre Lackierung. Sie soll freilich mehr als nur schön sein. Sie muß auch das darunterliegende Material, wenn es korrosionsgefährdet ist, vor Rost schützen – über viele lange Jahre. Aus Gewichtsgründen wird für eine Reihe von Teilen der BMW-Motorräder Kunststoff verwendet, zum Beispiel für Kotflügel und Verkleidungen. Auch sie sollen sich selbstverständlich in glänzendem Lack präsentieren können. Die Arbeitsgänge unterscheiden sich allerdings von denen fürs Blech, und so gibt es in Spandau eine Kunststoff- und eine Blechlackiererei. Die Metallteile werden entfettet, phosphatiert und grundiert. Dann werden sie mit dem farbigen Decklack versehen: Das geschieht – wie das obere kleine Bild zeigt – in der Lackierkabine mit der Spritzpistole. Was in dem großen Foto darunter wie eine Reihe von Schinken am Haken hängt, sind fertiglackierte Tanks, die gerade durch die Einbrennanlage gelaufen sind. Bei den Kunststoffteilen (unteres kleines Bild) kann die aufwendige Vorbehandlung entfallen, es wird nur spritzlackiert und dann bei milderen Temperaturen getrocknet. Eine Arbeit, die sehr viel Geschick und eine ruhige Hand erfordert, ist das Ziehen der Zierlinien am

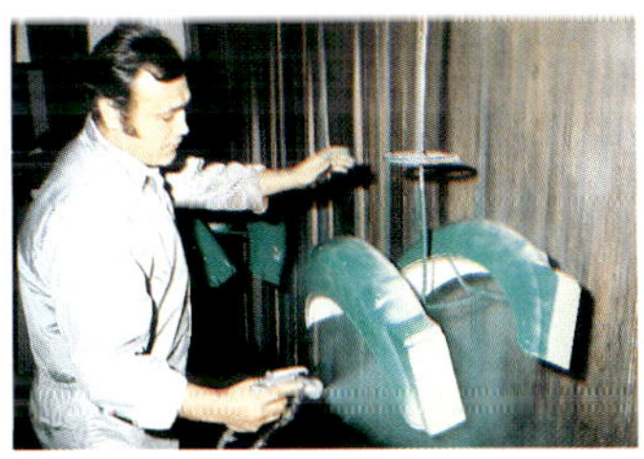

Tank und an der Verkleidung. Das ist ein Metier der Frauen: Mit feinem Pinsel malen sie ohne Schablone, »freihändig« die nur wenige Millimeter breiten Striche (großes Bild unten) – kaum zu fassen für den, der zuschaut.

Motorenbau
Um die Hundertstel geht es, wenn die Teile des Motors bearbeitet werden. Hier dominiert die spanabhebende Technik: Es wird geschliffen, gedreht, gebohrt, gehont. Elektronische Steuerungen (oberes kleines Bild) sorgen für äußerste Präzision. Eine hochmoderne Anlage dient in Spandau dem Schleifen der Hauptlager und der Lichtmaschinen-Kegel an der Kurbelwelle. Auch die Nockenwellen werden automatisch geschliffen.

Kontrolle
Vertrauen ist gut, Kontrolle ist besser: Nach diesem weisen Spruch handelt man auch bei BMW in Spandau. Wo Menschen tätig sind, kann es menschliche Fehler geben, und selbst Maschinen funktionieren nur dann genau, wenn man sie dauernd überwacht. Gerade in einer Großserienfertigung, wie sie für die Fahrzeugindustrie typisch ist, können schon kleine Lücken in der Produktionskontrolle weitreichende Folgen haben: Bis der Fehler offenkundig geworden ist, sind vielleicht schon viele Teile durchgelaufen und weiterverarbeitet worden. Da darf man also keine Risiken eingehen. Und so ist denn auch im Werk Spandau jeder zehnte Beschäftigte in irgendeiner Weise mit Kontrollaufgaben betraut. Das ermöglicht es, in weiten Bereichen des Herstellungsprozesses mit un- oder angelernten Kräften auszukommen. Auch die Kontrolleure werden übrigens beaufsichtigt: Das gilt nicht nur für die Menschen, sondern ebenso für die verwendeten

Genauigkeit ist beim Motorenbau die höchste Tugend: Der gute Ruf verpflichtet.

Meßgeräte, die sich durch ihre Tätigkeit abnutzen und verändern, bis sie nicht mehr die notwendige Zuverlässigkeit aufbieten können. Das große Bild zeigt ein Beispiel für den Aufwand, der für eine wirksame Kontrolle erforderlich ist. Hier ist eine Kurbelwelle sozusagen auf der Intensivstation: Eine ganze Batterie von Meßuhren ist angeschlossen, die jeden auch noch so geringen Höhenschlag, jede Unrundheit aufs präziseste melden. Nur eine einwandfreie Welle kann später im Motor bis zu 7000mal in der Minute – das sind 117mal in der Sekunde! – schwingungsfrei und mit langer Lebensdauer rotieren. Wenn sie dann ins Motorgehäuse montiert wird (kleines Bild), muß sie absolut in Ordnung sein: Jeder erst später entdeckte Mangel führt zu unverhältnismäßig hohen Kosten. Die Arbeit der Kontrolleure zahlt sich daher rasch aus – nicht zuletzt für den BMW-Fahrer, der das Motorrad kauft.

Bei der Bearbeitung des Kurbelgehäuses können moderne Maschinen viel Zeit sparen, indem sie mehrere Schritte im gleichen Arbeitsgang tun. Hier werden Bohrungen angebracht.

Motormontage

Während das stählerne Skelett der BMW-Motorräder in Reinickendorf zusammengeschweißt wird, entsteht ihr Herz, der Zweizylinder-Boxer, in Spandau. Schon hier, bei der Erstmontage des Triebwerks, bewährt sich etwas, das den BMW-Fahrern auch später bei Reparaturen zustatten kommt: die relativ einfache, unkomplizierte Konstruktion des Motors. Sie bedeutet freilich nicht Mangel an Präzision. Viel Mühe wird auf den exakten Zusammenbau verwandt.

Paarungen von Teilen, die miteinander harmonieren müssen, werden nach passenden Toleranzen ausgewählt. Und es wird mit Gefühl gearbeitet, nicht mit Gewalt: Man sieht es den Leuten an, die hier tätig sind. In dieser Phase der Produktion steht wieder der Mensch ganz im Vordergrund. Seine Erfahrung, seine trainierten Fingerspitzen können durch nichts so leicht ersetzt werden.

Ovalband

Eine der bescheidenen Attraktionen des Werks am Juliusturm ist das »Ovalband«, die Endstation der Motorenmontage. Hier dreht sich alles freilich nur scheinbar im Kreis. In Wirklichkeit hat auch dieses Mini-Fließband Anfang und Schluß. Sein dickes Ende ist der fertige BMW-Motor: Eine Runde ums Oval hat genügt, ihn aus vorbereiteten Teilegruppen entstehen zu lassen, unter dem Rattern der Druckluftschrauber. Auch das Getriebe ist mit dabei, denn

schon beim ersten weiß-blauen Modell war es, wie heute, mit dem Triebwerk in einem Block zusammengefaßt.

Zusammenbau

Bei der Endmontage laufen alle Fäden zusammen: Hier wird, auch für den Laien gut sichtbar, aus den vielen Teilen ein fertiges Motorrad. Das ist klassische Fließbandarbeit, wie sie seit Henry Ford üblich und selbstverständlich geworden ist. Rund anderthalb Stunden dauert es von Beginn des Zusammenbaus bis zur kompletten Zweizylinder-Maschine. Jeder Takt am Band ist viereinhalb Minuten lang. So können 100 Motorräder je Schicht hergestellt werden. 35 Werker, zwei Vorarbeiter und vier Kontrolleure – auch hier also wieder: einer von zehn – sind in diesem Teil des Spandauer Werks tätig. Damit in der bunten Reihe alles nach Bestellung läuft, also Hubraum, Farbe und Ausstattung stimmen, werden die passenden Aggregate und Teile positionsgerecht ans Band geliefert.

So wichtig wie im Autobau ist die »Hochzeit« von Fahrwerk und Karosserie:
Das Einfügen des Motor-Getriebe-Blocks samt Antrieb in den Rahmen.

Radmontage

Ein Motorrad heißt nicht ohne Grund »Motor-Rad«: Ohne Räder ist es hilflos wie ohne Motor. Erst wenn sie montiert sind, ist die Maschine komplett. Sie werden freilich nicht als letztes an das sonst schon fahrbereite Motorrad geschraubt – zumindest das Vorderrad nicht. Es bildet vielmehr zusammen mit der Teleskopgabel eine Baugruppe, die abseits vom Endmontageband vervollständigt und dann an die Fertigungslinie gebracht wird. Im Lager der Kunststofflackiererei wird dazu der passende – das heißt in der Farbe dem Kundenwunsch entsprechende – Kotflügel ausgesucht (oberes großes Bild). Derweil wird die Vorderradgabel mit der unteren Gabelbrücke verschraubt und, ein paar Meter weiter, auf das mit Lager und Bremsscheibe versehene Rad der Reifen montiert. Bremssattel, Steckachse und Kotflügel komplettieren den Vorderbau.

Damit der Kotflügel nicht verkratzt wird, bleibt er für die weitere Montage in seiner Folien-Haut.

Der vormontierte Vorderbau ist am Fertigungsband angekommen und wird mit dem Rahmen verschraubt.

Ist Fließbandarbeit langweilig? Ja und nein. Hier, wo das Hinterrad montiert wird, ist das Motorrad schon fast komplett. Der Mann am Band sieht, was seine Handgriffe für das fertige Produkt bedeuten, er hat eine genaue Vorstellung von dem, was er tut. Das ist nicht in allen Phasen der Herstellung so. Vielfach werden nur eingeübte Bewegungsabläufe wiederholt, ohne daß der Arbeiter weiß, welchen – oft mitentscheidenden – Wert sie für die Produktion eines einwandfreien Fahrzeugs haben. Die

Der Einbau des Hinterrads geht rasch und macht wenig Mühe: Das weiß später auch der Käufer zu schätzen.

Endmontage ist daher nicht nur für Werksbesucher die anschaulichste Station auf ihrem Weg durch die Hallen. Auch für die Beschäftigten ist die Arbeit in diesem Bereich attraktiv, selbst wenn der Zwang des strengen Zeittakts nachteilig erscheinen mag. Die Tätigkeit ist aber sauber und vergleichsweise leicht (denkt man etwa an die Kollegen, die wenige hundert Meter weiter im heißen Dunst der Härteöfen stehen), und man kann sich mit ihr und dem Produkt ohne Umschweife identifizieren.

Prüfstand

Jede Maschine, die vom Band kommt, muß auf den Prüfstand. Ein kurzes Programm wird auf der Rolle gefahren, damit der Motor zeigen kann, daß er ohne Beanstandung läuft. Helmtragen ist für die Männer auf dieser Station Pflicht: Wenn man sieht, wie eilig sie über den ölgetränkten Boden der Halle kurven, wird man das bestimmt nicht für übertriebene Vorsicht halten. Anschließend kommen die Motorräder zur »Fertigmacherei«, wo Zubehör und Sonderausstattungen montiert werden, und dann in die Konservierungskabine. Dort wird der Glanz von Lack und Chrom unter einem Wachsüberzug versteckt, der die Maschine auf ihrem oft weiten Weg zum Händler schützt.

Bevor die BMW-Motorräder auf die Straßen der Welt rollen können, müssen sie erst einmal in eine enge Kiste kriechen. Allzu sperrig Herausstehendes muß sogar vorher wieder abgeschraubt werden. Aber für den mitunter langen Transport bis ins Bestimmungsland ist eine stabile Verpackung nötig. Spandau wünscht gute Reise!

Riding a BMW

The Seguine Family

Brainerd, Minnesota, Juli 1979. Heiße Sommersonne über einem Land, das mit seinen Wäldern, Seen und braunroten Bauernhäusern auch Skandinavien sein könnte. Für Amerikaner ist das hier eine recht abgelegene Gegend: von Chicago immerhin 900 Kilometer entfernt, von den großen Menschenansammlungen des Ostens eine halbe Ewigkeit. Aber in diesen Tagen ist Leben in Brainerd – brummendes, fröhliches Leben. Eine BMW nach der anderen, teils einzeln, teils grüppchenweise, fährt in das 20000-Seelen-Städtchen am oberen Mississippi ein. Schwer bepackt sind die Maschinen, aber guter Dinge die Fahrer: Grüßende Hände heben sich, und wenn man erst einmal von der Sitzbank gestiegen ist, will das »Hello«-Sagen und Erzählen kein Ende nehmen. Denn Brainerd ist in diesen Tagen der Treffpunkt vieler BMW-Fans aus ganz Nordamerika. »The BMW Motorcycle Owners of America Inc.«, der BMW-Motorradclub der Vereinigten Staaten, ruft hier zu seiner großen Jahresrallye.

Unter den Hunderten von BMWs, die durch das Tor zum Rallyesammelplatz rollen, sind auch zwei R 90/6. Wie ungleiche Schwestern sehen sie aus, zwar beide rot-metallic lackiert, doch mit verschiedenfarbigen Verkleidungen an der Front. So brauchte man gar nicht die Codenamen für den Citizen-Band-Funk am Heck – »Red Baron« (Roter Baron) auf der einen Maschine, »Throttle Twister« (Gasgriffdreher) auf der anderen –, um sie auseinanderzuhalten. Ein schmächtiger Mann, dessen martialisch gezwirbelter Schnurrbart einen lustigen Gegensatz zu seinen hellen und freundlichen Augen bietet, sitzt in gelassener Langstreckenhaltung am Lenker der einen BMW, eine hübsche, rothaarige Frau mit modisch-großer Brille und stets zum Lachen bereitem Mund befehligt ebenso souverän die andere. Hinten, auf dem rückwärtigen Teil der Sitzbänke, die Ebenbilder der zwei: beim Vater ein junger Kerl, der schon ebenso geradeaus in die Welt guckt wie sein Vordermann, bei der Mutter ein amerikanischer Teenager zum Verlieben – eine junge Dame mit weißer Haut und Sommersprossen und natürlich den roten Haaren, die das Markenzeichen der ganzen Familie zu sein scheinen. Die vier, die so aussehen, als kämen sie von der grünen Insel Irland, tragen freilich einen eher französischen Namen. Bruce und Nancy Seguine – beide Ende der Dreißig –, Sohn Kent (17) und die ein Jahr jüngere Tochter Sheri sind jedoch waschechte Amerikaner und fühlen sich auch nicht anders. Sie leben im Staat Oregon, in Coquille, unweit der Pazifikküste, und sie haben die lange Reise nach Minnesota – 2139 Meilen, also reichlich 3400 Kilometer – in fünf Tagen hinter sich gebracht.

»80 Meilen in der Stunde sind wir meistens schon gefahren«, lächelt Bruce. 55 sind, wie man weiß, erlaubt, doch der Red Baron ebenso wie der Throttle Twi-

Sie passen zusammen wie die vier Viertelkreise im Markenzeichen ihrer BMWs: Vater, Mutter, Tochter und Sohn Seguine aus Oregon. Ein lustiges Quartett. Und sie haben gerade noch gefehlt in dem bunten Trubel (rechts), der sich »BMW MOA Rallye« nennt und der sich in jedem Jahr irgendwo in den Vereinigten Staaten wiederholt.

RESTRICTED

Windjammer II

Amerika, du hast es besser: Das mag mancher europäische Motorrad-Freund seufzen. Wer träumte im engen Deutschland nicht von einem Land voller weiter Landschaft, von endlosen Straßen, von unverbrauchter Natur, die auch für den Motorisierten offen ist? Die amerikanischen BMW-Freunde – wie Familie Seguine aus Oregon, die in diesem Kapitel stellvertretend für alle steht – wissen denn auch, was sie haben: nicht nur an der schönen Gegend, in der sie leben, sondern auch an ihren Maschinen aus Germany, die ihnen schon den ganzen Kontinent erschlossen haben. »Zuverlässig und komfortabel«, lobt Bruce Seguine seine zwei R 90/6. »Für uns hier drüben gibt es nichts Besseres. 500 Meilen am Stück – da lernt man ein Motorrad kennen und weiß bald, mit welchem man auf große Reisen gehen kann.«

ster sind mit Snoopergeräten (Radarwarnern) bestückt, die rechtzeitig Laut geben, wenn die Polizei auf der Lauer liegt. »Aber aus der Luft haben sie uns einmal erwischt«, fügt Nancy hinzu, und beide können eine Spur Anerkennung für die Cleverness der Gesetzeshüter, mit ihren Tempokontrollen vom Flugzeug aus, nicht verbergen.

Bruce Seguine ist Elektriker – angestellt, nicht selbständig – und hat schon eine bewegte Motorradvergangenheit hinter sich. Seit 1956 fährt er auf zwei Rädern, und fast ein Jahrzehnt zurück hat er sogar einen Motorradladen betrieben. Auf diese Weise hat er viele Fabrikate mit ihren Vorzügen und Schwächen kennengelernt. Daß er dann eines Tages eine R 50 S in Einzelteilen kaufte, mußte für ihn eine Art Schlüsselerlebnis gewesen sein: Er suchte – und fand – nämlich etwas, mit dem er guten Gewissens seine Frau auch einmal allein losschicken konnte. Nancy fährt zwar schon seit 1964 Motorrad, doch fürs Schrauben unterwegs hat sie weder Lust noch Sinn. Mit der BMW brauchte sie das nicht, und das hat Bruce dem Motorrad aus Bayern auch späterhin nicht vergessen. So wurden 1974 die beiden R 90/6 angeschafft – bei den amerikanischen Preisen eine ganz schöne Investition, zumal die Familie auch noch zwei Autos unterhält (Nancy, die als Sekretärin arbeitet, muß am Arbeitsplatz nett frisiert aussehen und kann daher leider nicht mit ihrer BMW und Schutzhelm ins Büro fahren).

Kleine Pause auf großer Tour: Bruce und Nancy haben abgesattelt. Jetzt heißt es Helm ab zum Frühstück. Viele Meilen sind noch zu fahren – doch das macht einem amerikanischen Motorrad-Fan erst richtig Spaß.

Hier, in Brainerd, hat der »Throttle Twister« 36 000 Meilen auf der Uhr, ohne daß – außer den Inspektionen – irgendetwas daran zu machen gewesen wäre. Der »Red Baron« ist schon bei 50 000 angelangt, mit etwas mehr Wehwehchen, aber zu Bruces hinlänglicher Zufriedenheit. »Ich mache alles an den Maschinen selbst«, läßt er wissen. »Die Händler in unserer Gegend haben zuwenig gute Leute. Das Arbeiten ist ja einfach: Man kommt überall prima dran.«

Inzwischen haben Sheri und Kent einen Zeltplatz gesucht. Die beiden R 90/6 werden abgesattelt: Aus den Packtaschen, seitlich vom Hinterrad, und aus dem Topcase am Heck kommt alles heraus, was man für die mobile Behausung braucht. Unter Bäumen wird das Zelt aufgestellt, nicht weit von dem Verbindungsweg, der zum Zentrum des Rallyegeschehens, dem Treffpunkt in der Mitte des Brainerd-Rennkurses, führt. Von Rennen kann hier an diesem Wochenende freilich keine Rede sein. Die vielen BMW-Fahrer sind wie auf Samtpfoten unterwegs: Anders würden sie ihre Achtzylinderautos auch nicht bewegen als die leisen Boxer aus Germany. Die Rennpiste selbst ist sogar tabu; der Klub nutzt nur das weitläufige Gelände, die Gebäude und sanitären Einrichtungen, die dort zur Verfügung stehen.

Aber auch in der Nähe gibt es die schönsten Ziele. Von Coquille, Oregon, ist es nicht weit zur Küste des Pazifik. Ein Motorrad-Ausflug ans Meer ist für die Seguines trotzdem immer ein spannendes Abenteuer: Ob die Fische beißen?

»Red Baron« und »Throttle Twister« auf dem Weg ins Wochenende: Die zwei R 90/6 sind für die langen Highways wie geschaffen.

Die beiden Junioren der Seguine-Familie haben ihre Arbeit getan. Das Zelt steht, die beiden Motorräder haben ein schattiges Plätzchen zugewiesen bekommen, der erste Erkundungsgang soll beginnen. Teenager Sheri fährt schon seit acht Jahren Motorrad, hat aber noch keinen Führerschein: Im weiten Oregon gibt es genug Möglichkeiten zu üben, ohne sich den Risiken des Straßenverkehrs auszusetzen. Kent ist ein Off-Road-Spezialist; seit fünf Jahren macht er das Gelände rings um Coquille unsicher – eine harte, aber gute Schule für perfektes Motorradfahren. Er will sich bald eine eigene BMW kaufen, Vater Bruce wird dann auf seinen Sozius verzichten müssen. Sheri, die immer mit Nancy zusammen die großen Touren der Familie mitgemacht hat, wird ihrer Mutter wohl noch ein wenig als Sozia erhalten bleiben: es sei denn, ein Freund mit Motorrad kreuzt eines Tages ihre Straße. Aber eine BMW, so meint die junge Dame, müßte es schon sein.

Wenn man Bruce Seguine danach fragt, warum er BMW fährt, bekommt man die gleiche Antwort, wie sie von fast allen Brainerd-Pilgern gegeben würde. »Sie ist leicht zu handhaben«, meint er mit einem anerkennenden Blick auf seine zwei R 90/6, »niedriger Schwerpunkt, kurvenfreudig. Und Kurven gibt's genug bei uns in Oregon. Vor allem aber: zuverlässig. Sie finden nur wenige Motorräder, mit denen Sie so problemlos auf Langstrecke gehen können. Und hier bei uns in Amerika sind fast alle Strecken lang. Über hundert Meilen mehr oder weniger wird gar nicht viel diskutiert. Was man da braucht, ist aber auch Fahrkomfort. Da ist die BMW genauso Klasse. Gewiß: Sie ist kein Sprinter. Vollbepackt, mit Kent und mir drauf, ist sie als Dragster, als Beschleunigungschampion, nicht geeignet. Doch wenn Sie am Tag 500 Meilen oder mehr abspulen wollen, kommt es darauf auch nicht an. Da zählen ganz andere Qualitäten.«

Nancy pflichtet bei. Sie ist eine zierliche Person, aber sie kommt müholos mit der R 90/6 zurecht. Wenn es dazu noch eines Beweises – außer den 3400 Kilometern von Coquille nach Brainerd – bedarf, bitte sehr: Den Rallyeslalom, der zum traditionellen Programm des Klubtreffens gehört, absolviert sie fehlerfrei, obwohl ihr »Throttle Twister« mit der riesigen Verkleidung nicht eben ein Musterbeispiel für Übersichtlichkeit ist. Sie macht mit Fingerspitzengefühl, wozu andere glauben Kraft aufwenden zu müssen.

Bruce und seine Familie sind nette, ruhige Leute – und damit stehen sie stellvertretend für praktisch alle BMW-Fahrer in Amerika. »Das finden wir wirklich gut an den BMW-Klub-Rallyes«, meint der Mann aus Coquille, »da gibt es keine

Tisch frei fürs Picknick – Nancy, Bruce, Sohn Kent und Tochter Sheri (von rechts) müssen sich jetzt erst einmal stärken. In einem »Farmers Market« haben sie Brathähnchen und Obst gekauft, und nun bedient man sich ungezwungen aus der Tüte. »BMW-Fahrer sind nette Menschen«, sagen die Seguines über die Leute, die sie jedes Jahr auf den Rallyes der BMW Motorcycle Owners of America treffen. Wie wahr das ist: Man braucht sich nur diese fröhliche und unzertrennliche Familie aus Oregon anzuschauen.

Rocker oder Rowdies, alles geht ordentlich zu, man lernt eine Menge reizender Menschen kennen.«

In der Tat: Kontaktschwierigkeiten gibt es keine. Der gemeinsame Nenner heißt BMW, und wenn nicht über Technik diskutiert wird, dann über große Fahrten, günstige Routen, die neuesten Tricks der Polizei. Freunde nutzen die Gelegenheit, um abende-, ja nächtelang beisammen zu hocken. So hat sich die Sektion Chicago des Klubs ein kleines Waldstück reserviert, in dem mit vielen Späßen und gegenseitiger Hilfe die Zelte aufgeschlagen werden. Jeder Neuankömmling wird mit Hallo begrüßt. Das Zusammengehörigkeitsgefühl – auch zwischen Mitgliedern, die sich noch nie gesehen haben – ist noch größer, als man es aus Europa kennt. Seine Wurzeln gehen tief, tiefer jedenfalls als bei der üblichen, in Amerika weitverbreiteten Vereinsmeierei.

Viele BMW-Fahrer in Amerika sehen sich als Elite auf zwei Rädern. Für sie gibt es nur ihre Marke, alles andere wird, mitunter sogar ein bißchen verächtlich, als »brand X« (»sonstige Marken«) abgetan. Unter den fast 10 000 Mitgliedern der BMW Motorcycle Owners of America dürfte sogar die Mehrheit dieser »BMW-über-alles«-Weltanschauung huldigen, und auch die Klubspitze – allen voran Präsident Keith Dempster, ein gewichtiger Restaurantbesitzer aus Iowa – tut einiges, um diese Denkweise zu fördern. Allerdings gibt es auch Gegenstimmen, sogar unter jenen besonders aktiven Viertausend, die zur Rallye nach Brainerd gekommen sind.

Bruce Seguine zum Beispiel hält nicht viel von elitärer Überheblichkeit. »Wir fühlen uns nicht als die Supermotorradfahrer«, wehrt er ab. »Wir fahren BMW, weil es uns Spaß macht und weil – na, das habe ich Ihnen ja schon gesagt. Aber deswegen sind für uns Honda-, Suzuki- oder Harley-Fahrer auch Leute.« Er räumt jedoch ein, daß sich die BMW-Fans im Durchschnitt ziviler und gesitteter verhalten als die Freaks anderer Marken. Auch im Urteil ihrer Mitwelt: Das hat sich vor allem bei den Klubrallyes der vergangenen Jahre gezeigt. Städte und ihre Bürgermeister, die zunächst von der Invasion mehrerer tausend Motorradfahrer gar nicht sehr angetan waren, zeigten sich nach Ende der Veranstaltung voll des Lobes. »Diese Leute sind unerhört diszipliniert – und außerdem lassen sie eine Menge Geld hier«, lautete die in Worte gekleidete Begeisterung. Inzwischen reißen sich Gemeinden in ganz Amerika darum, Gastgeber für die BMW-Rallye sein zu dürfen – übrigens das größte Ein-Marken-Treffen der Motorradwelt.

Auch »The Brainerd Daily Dispatch«, die Lokalzeitung des Rallyeorts, hatte ebenso wie Polizeichef Wayne G. Hasty keinen Grund zum Klagen – höchstens zum Wundern, was da so alles auf zwei Rädern und mit dem weiß-blauen Zeichen am Tank anrollte. Auch wer mit deutschen Augen zuschaute, durfte staunen: Denn Motorradfahren in Amerika (und damit auch das Motorrad selbst) ist ein ganz ander Ding als in Europa. Kaum eine BMW brummt in serienmäßigem Zustand über die Highways. Um sie erst einmal so richtig langstreckentauglich zu machen, begräbt sie ihr Fahrer fast unter einem Berg von Zubehör. Das wichtigste ist eine möglichst ausladende Frontverkleidung mit Windschutzscheibe und einer Menge Staufächer; die R 100 RT weist ein wenig in diese Richtung, doch ist ihr »Fairing«, die Tourenverkleidung, vielen Amerikanern noch nicht breit und voluminös genug. Dann werden riesige Packtaschen an den Seiten und am Heck montiert. Das CB-Funkgerät mit hochragender Antenne darf nicht fehlen, ebensowenig der Radarwarner. Gar nicht selten sind auch Radiogeräte zur Unterhaltung auf endlosen Landstraßen eingebaut. Die Fußrasten werden, zumindest für die Sozia, durch bequemere Trittbretter ersetzt, die Serienbank muß oft einem breiteren Möbel mit ausgeformten Sitzmulden weichen. Dazu gehören natürlich auch eine Rükkenstütze für den Beifahrer und, ebenso hübsch verchromt, Schutzbügel für die Zylinder des Boxermotors.

Der individuellen Verschönerung des Motorrads sind ebensowenig Grenzen gesetzt: Die Verkleidungsmalerei reicht von Zierlinien über Flammendekors bis zu künstlerischen Landschaftsbildern. Bisweilen muß die BMW sogar als Zugfahrzeug herhalten. Gepäck- und Zeltanhänger werden in vielen Varianten angeboten, und bei 55 Meilen je Stunde macht es wirklich nicht viel aus, ob hinter den zwei Rädern noch zwei weitere laufen oder nicht. Großer Beliebtheit erfreut sich noch (oder wieder) das Seitenwagenfahren – zum Teil mit Eigenkonstruktionen, die einen deutschen TÜV-Ingenieur erblassen ließen.

Auch die amerikanischen BMW-Fahrer sehen nicht unbedingt so aus, wie man sie sich im alten Europa vorstellt. Nur wenige von ihnen tragen eine Lederkombi oder sonst einen speziellen Motorradanzug. In der warmen Jahreszeit fahren sie in Jeans, und wenn es richtig heiß ist sogar ohne Jacke. Nicht alle tragen einen Schutzhelm, obwohl die BMW-Fans sicherheitsbewußter sind als die Liebhaber anderer Marken. Viel Individualismus waltet in Bekleidungsfragen: Cowboystiefel zum Beispiel sind, obwohl eher die Ausnahme, keineswegs verpönt, und wer mit einer Weste daherkommt, die über und über mit Rallye-Aufnähern bedeckt ist, wirkt durchaus nicht komisch, sondern wird als alter Fahrensmann respektiert.

Amerikas BMW-Fahrer sind weit entfernt von der sportlich-puristischen Einstellung, die ihre Kollegen im Heimatland der weiß-blauen Maschinen kennzeichnet. Drüben kann jeder nach seiner Fasson selig werden: Hauptsache, er ist sich des Wertes seines »Beemer« bewußt. »It's hard to be humble when you ride the best« (es ist schwer, bescheiden zu sein, wenn man das Beste fährt) – dieser stolze Spruch, von BMW-Fahrern geprägt, sagt alles.

Und auch Bruce Seguine, unser Freund aus Oregon, sieht das nicht anders. »Was wollen Sie? Bringen Sie mir ein besseres Motorrad für uns als eine BMW, wenn Sie können. Aber es gibt keins.«

Das Motorrad bleibt
Ein Blick voraus

BMW – das ist eine interessante Vergangenheit und eine respektable Gegenwart. Aber wie sieht es mit der Zukunft aus? Wird es auch morgen und übermorgen noch Motorräder mit dem weiß-blauen Markenzeichen am Tank geben? Schon zweimal war es gar nicht sicher gewesen, diese Frage noch mit ja zu beantworten.

Die Krise der sechziger Jahre wurde, wie man weiß, mit der Entscheidung für die neue /5-Serie beendet und bewältigt. Die Argumente für eine Fortsetzung der Münchner Motorradtradition wogen schwerer als kurzfristige wirtschaftliche Überlegungen – und der Erfolg hat dem auch recht gegeben. Doch Ende 1978 stand BMW, diesmal mitten in einer ringsum blühenden Zweiradkonjunktur, erneut am Scheideweg. Absatzstockungen für die großen Boxermaschinen brachten wieder alle Kritiker auf den Plan, die BMW schon seit Jahren wegen seines unbeirrten Festhaltens am Konzept von 1923 getadelt hatten. »Die Münchner schlafen«, hieß es da, und »der Zweizylinderboxer ist am Ende«.

Man rief nach Neuem und fragte sich zugleich, wie BMW, auf dem Motorradgebiet ein Zwerg, überhaupt noch gegen die übermächtige japanische Konkurrenz werde antreten können. Nicht wenige Fachleute gaben in diesen Monaten für die Zukunft der Maschinen aus Spandau keinen Pfifferling mehr.

Aber das zweite Wunder geschah: Wenn auch unter Schmerzen, hat sich BMW ein weiteres Mal für das Motorrad entschieden. Und bei genauerer Betrachtung ist auch dieser Entschluß weniger ein Wunder als das Ergebnis konsequenter Überlegungen: »Das Motorrad stützt das Image von BMW so stark ab«, heißt es in der Münchner Vorstandsetage, »daß es unsinnig wäre, davon nicht auch künftig zu profitieren.«

In der Tat ist BMW nicht nur ein Autokonzern mit anhängender Motorradfertigung. Wer die Geschichte des Hauses noch einmal rekapituliert, wird sich erinnern, daß aus dem Flugmotorenwerk BMW zunächst eine Motorradfabrik und erst sechs Jahre später ein Autohersteller wurde. Die ersten Wagen der Marke legten sich ins gemachte Bett. Das Renommee des Hauses »stand« bereits und war tragfähig genug, auch den Autos einen glatten Start zu ermöglichen. Es ist gut, daß man das bei BMW bis heute nicht vergessen hat.

Inzwischen sieht man in München das Motorradgeschäft auch unter einem weiteren, wirtschaftlich wichtigen Blickwinkel: Wie alle großen Autoproduzenten fürchtet man die vierrädrige Monokultur und sucht nach anderen, ergänzenden Tätigkeitszweigen. Eine solche »Diversifikation« liegt bei BMW, in Gestalt der Motorradfertigung, griffbereit im eigenen Haus.

Daß man sie als eigenständig betrachtet, hat man schon 1976 bewiesen, als die Motorradsparte ausgegliedert und in der neugegründeten BMW Motorrad GmbH verselbständigt wurde. Ziel der Manager im Hochhaus am Münchner Petuelring war es, diese Tochtergesellschaft für sich und auf lange Sicht lebensfähig und stark zu erhalten. 1980 allerdings wurde die GmbH wieder in die BMW AG eingegliedert, aus steuerlichen Gründen und ohne Verlust ihrer faktischen Selbständigkeit.

Aber zur Zukunft des BMW-Motorradgeschäfts gehört auch eine technische Perspektive. Nicht nur draußen, in den Fachzeitschriften und beim interessierten Publikum, sondern auch bei BMW selbst hat es da heiße Diskussionen gegeben. Sie spitzten sich stets auf die gleichen Fragen zu: Boxer – ja oder nein? Wenn ja, dann nur Boxer oder auch etwas anderes? Wenn nein, was an seiner Stelle?

Für den Zweizylinder-Boxermotor sprechen drei gewichtige Argumente. Einmal seine technischen Vorzüge, die ihn anderen Zweizylinderkonstruktionen – etwa in der Laufkultur und der Reparaturfreundlichkeit – überlegen machen; zum zweiten die Tatsache, daß BMW dieses Bauprinzip von Anfang an verwendet hat, es also nicht nur wie kein anderer beherrscht, sondern auch damit identifiziert wird; jeder kleine Junge weiß, daß eine BMW diesen charakteristischen Motor mit den seitlich herausstehenden Zylindern hat. Drittens das Prä, daß die Münchner mit dieser Konzeption am Weltmarkt praktisch alleine sind – ein deutlich erkennbarer Gegenpol zum japanischen Einerlei, das sich trotz seiner scheinbaren Vielfalt in wenigen Grundformen erschöpft.

Sich drei solche Vorteile entgehen zu lassen, wäre unklug – und so lautet denn die Devise bei BMW auch für die achtziger Jahre: Wir bleiben beim Boxer. Erstes Zeichen dafür ist 1980 die Enduroversion R 80 G/S, eine leichte große BMW, die für die Straße ebenso geeignet ist wie für nicht allzu schweren Off-Road-Einsatz und die anknüpfen soll an das wiedererwachte Interesse des Werks am Geländesport.

BMW will aber nicht nur beim Boxermotor, sondern in jedem Fall auch in der großen Klasse – jenseits von 600 und bis etwa 1000 cm³ – bleiben. Und hier beginnen sich die Sachen, wie Schillers Wallenstein sagte, hart im Raume zu stoßen: Denn mit Zweizylindern dieser Dimension sind die Abgas- und Lärmvorschriften der Zukunft – besonders in den Vereinigten Staaten – kaum mehr in den Griff zu bekommen.

Der Vierzylinder-Boxermotor ist kein Ausweg, denn er müßte wassergekühlt sein und brächte damit Gewichtsprobleme. Zu den Maximen von BMW gehört nämlich auch, möglichst leichte Motorräder zu bauen: So unterbieten die gegenwärtigen großen Boxermaschinen, etwa

Unvergleichliches Motorradfahren: Was auf der Welt könnte es ersetzen? Die Frage, man weiß es, ist müßig. Das Motorrad wird bleiben, solange es Menschen gibt, die es zu schätzen und zu nutzen wissen. Aber werden auch künftig BMW-Maschinen gebaut werden? Sich danach zu erkundigen muß erlaubt sein. Und die Antwort ist positiv: Auch und gerade jetzt. Schon zweimal hat man sich in München, gegen schwere Bedenken, fürs Motorrad entschieden. Schließlich sind die Zweiräder mit dem weiß-blauen Emblem bereits länger im Programm als die heute so dominierenden Autos von BMW – und das vergißt sich nicht leicht. Auch für die Leute draußen, die Käufer und die Fans, liegt viel vom guten Ruf des Hauses im Motorrad begründet. Es wäre unklug von BMW, diese tief wurzelnde Sympathie nicht mehr zu pflegen und ihre Vorteile nicht zu genießen. Und dann ist da noch ein wichtiges Argument: Jede Automobilfabrik auf der Welt fürchtet die vierrädrige Monokultur und sucht nach »Diversifikation«, nach anderen, ergänzenden Tätigkeitszweigen. BMW hat schon einen davon, die wohletablierte Motorradproduktion im Werk Spandau. Warum wohl sollte man auf sie verzichten?

die R 100 RS, ihre japanischen Konkurrenten um bis zu siebzig Kilogramm, mit allen greifbaren Vorzügen für Handlichkeit und Fahrsicherheit.

Die hubraumstarken BMWs von morgen werden also keinen Zweizylindermotor mehr und auch keinen Boxer-Vier haben, und sie werden ihren Gewichtsvorsprung halten – soviel steht jetzt schon fest. Ob von 600 bis 1000 cm^3 mit der gleichen Motorenbauart anzukommen ist oder ob man hier zweierlei anbietet, etwa einen Drei- und einen darauf aufbauenden Vierzylinder, muß noch entschieden werden.

Eine BMW mit weniger als 600 cm^3 Hubraum wird dagegen auch künftig am luftgekühlten Zweizylinder-Boxermotor zu erkennen sein. In dieser Klasse ist der Boxer, wie gesagt, noch voll konkurrenzfähig. Mehr noch: Er ist den anderen Motorenbauarten mit zwei Zylindern nach wie vor überlegen.

Die Spannweite für dieses herkömmliche BMW-Konzept sieht man in München zwischen 400 und vielleicht 550 cm^3; darunter wird – davon ist man überzeugt – in den achtziger Jahren der Einzylinder dominieren, ein Feld, auf dem BMW aus Kostengründen ohnehin nicht mithalten kann.

Der weiß-blaue Boxer von morgen wird seinem Vorgänger von heute freilich nur noch im Prinzip ähnlich sein. Eine Neukonstruktion soll seine gegenwärtigen Nachteile beseitigen, ohne seine Vorzüge anzutasten: eine gute Botschaft für alle Liebhaber dieser Triebwerke, die als BMW-Freunde erhalten oder gewonnen werden sollen.

In München wie in Berlin hat man sich schon längst die Ärmel hochgekrempelt, denn die Zeit drängt. Die Devise lautet: Wenn es auch in der Zukunft BMW-Motorräder geben soll, dann müssen sie ebenso unverwechselbar sein wie alle ihre Ahnen seit 1923. Diese Selbstverpflichtung, die auch wirtschaftlich sinnvoll ist, läßt viele Jahre interessanter BMW-Motorradtechnik erwarten.

Unverwechselbares Kennzeichen der BMW-Motorräder bis heute: der luftgekühlte Zweizylinder-Boxermotor. Seine Vorzüge sind unbestreitbar. Er läuft gepflegter als jeder andere Zweizylinder, er ist für Wartung und Reparaturen leicht zugänglich, er arbeitet stets gut gekühlt und er sorgt für einen niedrigen Schwerpunkt der Maschine. Und er ist typisch für das Münchner Unternehmen, das seine Technik durch jahrzehntelange Erfahrung gut in den Griff bekommen hat. Aber wird es den BMW-Boxer auch künftig noch geben? Bestimmt für die kleineren Hubräume bis etwa 600 cm³, wo seine Vorteile voll zu Buche schlagen.

Wie die traditionelle BMW Linie weitergeführt werden könnte, hat die Modellreihe R 45/65 angekündigt: unverkleidete Maschinen, die handlich und komfortabel sind.

Ein anderer, paralleler Weg deutete sich schon mit dem Erscheinen der R 100 RS (rechts) an: das große, vollverkleidete Tourenmotorrad an der Grenze zum »Einspurauto«. Die Studie BMW Futuro (rechts außen) weist in die gleiche Richtung.

Möglichkeit Nummer drei: die Sport-BMW. Der Erfolg der Enduro R 80 G/S zeigt, welche geräumigen Nischen der Motorradmarkt der Zukunft noch bieten kann.

BMW Fahrer heute

Wer mehr als ein halbes Jahrhundert lang Motorräder herstellt und verkauft, hat sich nicht nur etwas aufgebaut, das man heute »Image« nennt, Markenruf oder gar -ruhm, zumindest einen »Namen«. Er hat auch eine Anhängerschaft gewonnen oder sich herangezogen, die ebenso typisch ist wie das Produkt. So muß es nicht verwundern, daß BMW mit seinen sehr eigenständigen Konstruktionen und seinem immer etwas abseits der Masse stehenden Markenbild auch eine besondere Art von Käufern hat. Das braucht nicht nur ein Vorteil zu sein: Gewiß hat man so die treueren Kunden, aber man erreicht und interessiert nicht unbedingt Herrn Jedermann. Doch ein Unternehmen wie BMW, das sich mit seinen Produktionsstückzahlen ohnehin nicht an den Motorradgiganten aus Japan messen kann, sollte mit diesen Tatsachen recht gut leben können. Zumal ein kleiner elitärer Heiligenschein das Ansehen nur heben kann.

Wer kauft BMW-Motorräder? Wie sieht »der BMW-Käufer« von heute aus? Eines hat er von seinen vielen tausend Vorgängern übernommen: Er sucht das Besondere und findet es, so meint er, in den Boxermaschinen der weiß-blauen Marke. Dieser Blick fürs Ungewöhnliche macht ihn zugleich nur wenig anfällig für die Verlockungen anderer, selbst billigerer Angebote.

Auch das Erscheinen der neuen »kleinen« BMW-Motorräder R 45 und R 65 im Jahr 1978 hat daran nichts Grundlegendes geändert. Es hat zwar dem Interesse an der Marke eine etwas breitere Basis gegeben, gewiß auch – wegen der besseren Handlichkeit der neuen Modelle – mehr Frauen zu BMW geführt. Doch bedeutet die Entscheidung für das Spandauer Produkt nach wie vor zugleich eine ganz bewußte Entscheidung gegen alle Wettbewerber, die sich aus der Sicht der BMW-Freunde ohnehin nicht sehr stark voneinander abheben.

Läßt man die Statistik sprechen, so ist der durchschnittliche BMW-Käufer anfangs der achtziger Jahre ein Mann im Alter von 32, Absolvent einer Volks-, Berufs- oder Fachschule und verheiratet; er lebt in einer Kleinstadt, ist Handwerker oder Facharbeiter und verdient netto 1500 DM im Monat. Vor seiner BMW hat er schon zwei weitere Motorräder besessen, unmittelbar davor bereits eine andere Maschine dieser Marke. Er fährt ausschließlich zu seinem Vergnügen und legt im Jahr 13000 Kilometer zurück. Dieses Bild vom BMW-Fahrer ist, wie alle statistischen Durchschnitte, nicht falsch, doch zeigt es nur die halbe Wahrheit.

Weit aufschlußreicher ist zum Beispiel, daß jeder fünfte BMW-Käufer in seinem fünften Lebensjahrzehnt steht, daß immerhin jeder achte Hochschulbildung hat, jeder vierzehnte ein leitender Angestellter (aber auch jeder zehnte ein Student oder Schüler) ist und jeder dritte mit seiner Maschine täglich zur Arbeits- oder Ausbildungsstätte fährt. Jeder neunte verdient immerhin mehr als 6000 Mark netto im Monat, und für jeden 25. ist seine neue BMW mindestens das Motorrad Nummer zehn in seiner Karriere. Jeder sechste Käufer der Marke hat insgesamt zwei, jeder zwanzigste drei und mehr Maschinen im Stall, und durchaus nicht nur BMW. Drei Viertel aller BMW-Fahrer unterhalten neben ihrem Motorrad auch ein Auto, davon ein Drittel wiederum zwei Wagen oder gar mehr.

Wenn man diese Daten kennt, kristallisiert sich der Typus des BMW-Liebhabers schon klarer heraus: Er ist auf jeden Fall deutlich anders als der statistische Querschnitt der Bevölkerung. Fragt man ihn, warum er sich für die Marke BMW entschieden hat, weiß er rasch Antwort. Vor allem die Zuverlässigkeit und die einfache Wartung der weiß-blauen Maschinen haben es ihm angetan, ihre Langstreckentauglichkeit (hier spielt der traditionelle Kardanantrieb eine Rolle) und ihre Fahrwerksqualitäten, aber auch das Aussehen und die Wirtschaftlichkeit, guter Kundendienst und sichere Ersatzteilversorgung. Das sind nicht unbedingt die Motive, mit denen gemeinhin Motorräder gekauft werden. Die Vernunft behält die Oberhand über die Emotionen – was wiederum nicht bedeuten muß, daß BMW-Käufer keinen Spaß am Motorradfahren hätten. Aber nur jugendlicher Überschwang und sportliche Ambitionen allein bringen sie gewiß nicht auf eine der Münchner Maschinen.

Man hat BMW bisweilen vorgehalten, die weiß-blauen Motorräder könnten junge Leute nicht begeistern. Ein Körnchen Wahrheit ist daran. Achtzehnjährige lassen sich lieber vom jeweils Neuen faszinieren, das für sie den technischen

Fortschritt bedeutet. Eine traditionsgebundene Linie, selbst noch so vervollkommnet, übt auf die Jungen kaum den gleichen Reiz aus wie auf die gesetzteren Jahrgänge, denen ausgereifte Technik lieber ist als ungewisse Experimente. Auch mit ihren Preisen können BMW-Maschinen nicht die typischen Einsteiger-Modelle sein. Aber in München sinnt man schon auf Abhilfe: Moderneres Styling, so hofft man, wird mehr junge Leute auf BMW-Maschinen locken.

Ein Besuch bei drei BMW-Fahrern soll klären, wo die Statistik recht hat und wo nicht. Die drei allein können zwar nicht stellvertretend für alle stehen. Aber jeder für sich hat ein Stück von dem in Anspruch genommen und ausgekostet, was die Faszination von Marke und Produkt ausmacht. Für den einen ist BMW-Fahren ein Stück Lebensstil, ein erfüllter Traum. Für den zweiten – die zweite, denn es ist eine Frau – bedeutet es zugleich Selbstverwirklichung und Fernwehmedizin. Der dritte schließlich läßt sich, ganz rational, von der BMW-Technik und der Herausforderung durch Kurven und Geraden gefangennehmen. In jedem der drei steckt ein bißchen davon, was BMW-Fahrer von anderen unterscheidet. Wie Puzzleteile oder Mosaiksteinchen fügt sich ihr dreifaches BMW-Erlebnis ins Bild des Ganzen: der Begegnung mit dem Außergewöhnlichen.

Man sagt dem BMW-Fahrer nach, er habe ein elitäres Bewußtsein: Er fühle sich als etwas Besonderes und neige sogar dazu, auf andere Motorrad-Menschen herabzublicken. Nun, es mag auch solche geben. Die Mehrzahl aber ist weder krankhaft markenstolz noch gar überheblich. Ihre Loyalität zum Produkt ist freilich stärker ausgeprägt als bei vielen anderen Fabrikaten. Und da die Langstreckler und Tourenfreudigen in der BMW-Gilde häufiger sind als Schau-Reiter und Boulevardsportler, erscheint sie – und damit ihre Mitglieder – eigenbrödlerischer als sie es wirklich ist.

Gentleman driver

Sein schönes Haus steht in Glashütten, hoch über der Dunstglocke der Stadtlandschaft, die am unteren Main zwischen Frankfurt und Wiesbaden gewuchert hat. Wenn Manfred Zengerling auf seine Terrasse tritt, hat er den halben Taunus vor sich: sanft geschwungene Berg- und Hügelketten, Wälder, hier und da eine Ortschaft, ein paar Äcker und Straßen – Motorradstraßen. Und wenn er in seine Garage geht, dann warten da nicht nur ein Porsche 928 und ein Mercedes 280 SL auf ihn, sondern auch eine BMW R 100 RS, weiß mit Rot abgesetzt, ein makelloses Schmuckstück.

Nur zum Anschauen ist das Topmodell aus dem Münchner Programm freilich nicht gedacht, auch wenn es – ohne Staub und Teerflecken – scheinbar unbenutzt neben den beiden Autos steht. Wer an schönen Wochenenden oder warmen Sommerabenden vor Zengerlings Haus Posto faßt, wird nicht vergebens auf den Herrn der schönen RS warten müssen. In seiner rot-weißen Lederkombination (in den Farben harmonisch zur Maschine passend) wie aus dem Ei gepellt, schiebt er die BMW vors Haus und läßt den Anlasser drehen. Bald darauf verhallt der markante Auspuffton des bayerischen Boxers, wenn sein Besitzer das stille Wohngebiet verläßt und Kurs nimmt auf die Bundesstraße 8. Ein paar Dutzend langersehnte Motorradkilometer liegen dann vor ihm – an den Rhein geht die Fahrt oder in den Hintertaunus, wo es noch richtig verwunschene Ecken und fast vergessene Nebensträßchen gibt. Oft kann sich der vielbeschäftigte Mann dieses Vergnügen nicht leisten. Aber wenn es ihm gelingt, kostet er es immer so aus, als wäre es das letzte Mal.

Mit dem Motorradfahren hat sich Manfred Zengerling mit Vierzig einen unerfüllten Jugendtraum verwirklicht, der sich auch – aber nicht nur – auf BMW bezogen hatte. Der erfolgreiche Unternehmer – Jahrgang 1937 und Gesellschafter einer Rohrleitungsbaufirma – war lange Jahre mit dem Aufbau seiner Existenz mehr als voll ausgelastet. Jetzt, wo er eher einmal zum Aufatmen kommt, kann er sich Wünsche erfüllen, die ruhig auch etwas kostspieliger sein dürfen.

Das Finanzielle hat allerdings beim Kauf seiner Motorräder (vor der RS besaß er schon eine R 100 S) keine entscheidende Rolle gespielt; mehr schon, daß er an der Marke BMW immer das Besondere geschätzt hat, an der R 100 RS die Eleganz des Stylings und ganz allgemein den guten Ruf der Zuverlässigkeit: Denn Manfred Zengerling will fahren, nicht basteln – ein empfindliches, pflegebedürftiges Motorrad kann er sich für seine karg bemessene Freizeit nicht leisten.

Das bedeutet nicht, daß er sich um seine schmucke Weißverkleidete nicht persönlich kümmert. Des Herren Auge macht das Vieh fett, heißt es, und so

Viele edle Pferdestärken in einem Stall: Der Herr über die PS weiß zu repräsentieren. Seine BMW R 100 RS fügt sich nahtlos in diesen Stil. Sie gibt ihm auch auf zwei Rädern das, was er von seinen vierrädrigen Begleitern gewohnt ist.

Mit seiner BMW hat sich Manfred Zengerling einen Jugendtraum erfüllt. Jahrelang hatte es für den vielbeschäftigten Unternehmer nur die tägliche Arbeit gegeben. Jetzt aber darf er sich schon einmal eine Stunde davonstehlen und Entspannung auf zwei Rädern suchen. »Da kann, ja muß ich total abschalten, es ist für mich der freiwillige Zwang zur absoluten Konzentration.« Schnelle Straßen und verwunschene Sträßchen zwischen Rhein und Lahn locken ins Motorrad-Vergnügen. Weil er nicht oft davon kosten kann, freut sich der sportliche Vierziger um so mehr auf seinen nächsten Ritt. Die makellos gepflegte R 100 RS, so möchte man glauben, kann es auch gar nicht erwarten.

greift der trimmfreudige Unternehmer regelmäßig zu Schwamm und Wasserschlauch, um die RS standesgemäß herauszuputzen. Denn ein wenig fühlt er sich auf seiner BMW doch als Elitefahrer, auch wenn das – wie er betont – für seine Wahl nicht maßgebend gewesen ist. Jedenfalls passen Schmutzkrusten und Dreckspritzer an der Maschine nicht zu seiner Art, sich zu präsentieren.

Wenn Manfred Zengerling seine BMW ausführt, ist das für ihn Erholung. »Da kann, ja muß ich total abschalten«, stellt er fest, »es ist für mich der freiwillige Zwang zur absoluten Konzentration.« Er fährt gern schnell; sein Stil ist elegant, wenn auch nicht profihaft perfektioniert. »Gelassen« nennt er sich selbst, das paßt gut zur Art der RS. Daß er Risiken meidet, ist fast selbstverständlich. »Überholchancen«, sagt er selbstbewußt, »erzwinge ich nicht – ich hole sie nach, wo sie gefahrlos genutzt werden können.« Deshalb fährt auch seine Frau gerne mit: Dann wechselt er den Einzelhöcker gegen die Doppelsitzbank und dreht eher noch etwas gelassener am Gasgriff. »Am Anfang war sie nicht so sehr dafür zu haben«, erinnert er sich, »da hat sie sich arg verkrampft.« Inzwischen ist sie gern mit von der Partie, wie auch die Kinder Vaters Zweiradbegeisterung teilen: Der Sohn fährt Mofa, die Tochter schon eine 400er Kawasaki.

Manfred Zengerlings Motorradfreuden kühlen selbst im Winter nicht völlig ab. Sind die Straßen trocken, ist er auch einmal im November oder Februar unterwegs, abgemeldet wird die Maschine nicht. Mehr als 5000 oder 6000 Kilometer im Jahr kommen so freilich nicht zusammen. Aber mit Sicherheit sind es intensiver erlebte Kilometer als bei vielen anderen Motorradfahrern. Die »Kanonenstraße« von Oberursel zum Feldberg, eine seiner Lieblingsstrecken, hinaufzufahren – »das ist für mich ein Riesenspaß, immer wieder«. Ein Gentleman-Rider auf seiner BMW: auch für den, der nur zusieht, ein schönes Bild.

Frau Langstrecke

»Mein Mann sagte immer: ›Du bist verrückt.‹« Die fröhliche Stimme mit dem rheinischen Tonfall, die das so trocken ausspricht, gehört zu Sibille Frings – und Sibille Frings gehört zu den wenigen Motorraddamen, die selbst abgebrühten Kerlen mit hoher sechsstelliger Kilometerausbeute noch etwas vorfahren. Auch wenn man's der zierlichen und hübschen Vierzigerin nicht glauben will: Sie ist eine Langstreckenexpertin von hohen Graden. Wer in ihrem Haus in Roisdorf bei Bonn zu Gast ist, dem zeigt sie gern ihre Trophäen. Allein 55 Pokale stehen dort als Erinnerungen an 300 000 erfolgreiche Motorradkilometer. »Oft habe ich den Gesamtsieg und den Damenpreis gemeinsam hereingefahren«, freut sie sich. Ob die Schwarzpulverrallye im Odenwald, ob die Pfadfindertrophäe von Ernst Leverkus (»Klacks«), ob das Treffen der WIMA (Women's International Motorcycling Association) in Finnland – überall kennt man Sibille Frings und respektiert sie nicht nur, sondern mag sie. Mit ihrer ansteckenden Lustigkeit ist sie die gute Laune selbst. Und ihre BMWs – früher eine R 60/5, heute eine R 90/6 – gehören zu »Frau Langstrecke« wie die eine Hälfte zur anderen.

Obwohl sie schon früh vom Motorradvirus befallen wurde, dauerte es doch viele Jahre, bis sie ihren ersten Langstreckenwettbewerb fuhr. Schon mit fünfzehn Jahren saß sie zum ersten Mal auf einer Maschine, der 200er Zündapp eines jungen Mannes aus der Nachbarschaft. Natürlich ohne Führerschein (damals, 1951, war das noch nicht so wichtig), aber glücklich: »Ich fuhr einfach los, durch den Ort, durch den nächsten Ort, oben über den Berg . . .« Später lernte sie nicht nur ihren Mann, sondern auch dessen DKW RT 175 kennen – und kaum hatten die beiden geheiratet, fing die frischgebackene Frau Frings an zu sticheln: »Laß uns doch mal ne Größere kaufen!« Die Größere war eine 350er NSU Consul, mit der die zwei leider einen bösen Auffahrunfall auf der Autobahn hatten, dann ein Consul-Gespann und schließlich, 1962, die erste Weiß-Blaue. An diesen Kauf würde sich »Frau Langstrecke« wohl noch in hundert Jahren erinnern: wie sie mit einem Bekannten im Auto nach Herborn im Westerwald fuhr (sie hat bis heute nur den Motorrad-, keinen Personenwagenführerschein), sich auf den ersten Blick in das R-60-Gespann mit nur 1000 Kilometern auf dem Zähler verliebte und, wieder daheim, eine schlaflose Nacht verbrachte vor Angst, jemand könnte inzwischen mehr bieten als ihre 3500 Mark.

Am nächsten Tag, nach Dienstschluß, sah man den Postbeamten Frings auf dem Weg nach Herborn, er mußte den Kauf perfekt machen. Und als nachts um ein Uhr der sonore Auspuffton eines Boxermotors in Roisdorfs Straßen zu hören war, löste sich die Spannung: Zwei Stunden lang hockte dann ein überglückliches Ehepaar vor der schmucken BMW und konnte sich nicht satt daran sehen. »3500 Mark – das war früher eine Errungenschaft, das kann man sich heute gar nicht mehr vorstellen«, erinnert sich Sibille Frings. Und sie hat auch nicht vergessen, wie hart sie für ihre Träume arbeiten mußte. Damit das Geld reichte, wurde nämlich nebenher mit der Landwirtschaft angefangen. Obst und Gemüse gedeihen prächtig im milden Bonner Talkessel, und so konnten Frühaufsteher bald täglich einer ungewöhnlich motorisierten Gärtnerin begegnen, um vier Uhr auf dem Weg zur Markthalle: Frau Frings mit ihrem BMW-Gespann. Sehen konnte man sie freilich

nur von der linken Seite her; rechts türmten sich im Seitenwagen Kisten und Steigen so hoch, daß die Chefin der Fuhre nicht mehr darüber hinweggucken konnte. Aber da sie alles sehr ordentlich verzurrt hatte, »das schwere Zeug, Äpfel und Birnen, nach unten, das leichte, Petersilie und Blumen, oben drauf«, hat sie unterwegs nie etwas verloren. Es sei denn, endgültig, ihr Herz an die BMW.

Viele tausend Kilometer sind in der Vitrine versammelt: »Frau Langstrecke« rollten die Pokale nur so zu. Ihr sind sie Erinnerungsstücke und Zeichen der Selbstbestätigung zugleich. Und das strahlende Gesicht unter dem Helm ist keine Pose.

Mit dem Gespann blieb freilich nur wenig Zeit für Touristisches – abgesehen von der »Jumbo-Rallye« für körperbehinderte Kinder, an der Sibille Frings alljährlich im holländischen Arnheim teilnahm, und gelegentlichen Samstagsausflügen. Aber als sie eines Tages die Ausschreibung für eine Langstreckenveranstaltung mit zusätzlichen Aufgaben in die Hand bekam, sprang der Funke über: »Na ja, dann machste das mal«, sagte sich die resolute Rheinländerin, ließ Sauerkirschen Sauerkirschen sein und griff zu Karte, Lineal und Bleistift.

Fahrten dieser Art werden nämlich nicht nur auf der Straße gewonnen, sondern schon am Schreibtisch. »Da muß nicht nur der Auspuff, sondern auch das Köpfchen rauchen«, freut sich »Frau Langstrecke«, und sie verdankt es nicht zuletzt ihrer minuziösen Vorbereitung, daß sie so viele Pokale im Schrank stehen hat. Ob es um die meisten gefahrenen Kilometer geht oder im Gegenteil darum, bestimmte Orte (mitunter nach Anfangsbuchstaben sortiert) mit der geringsten Distanz untereinander zu verbinden – immer wieder hat sie die Nase ganz vorn. Auch technische Wettbewerbe schrecken sie nicht: Reifenmontieren in 2:03, Vergaser auseinander- und wieder zusammenbauen in 4:08 Minuten – das muß ihr erst mal einer nachmachen. Sie hat ein Händchen für Motorräder. Ihre R 60/5 lief über 70000 Kilometer ohne Probleme, »wie eine Eins«. Das Gespann hatte es davor auf mehr als 200000 Kilometer gebracht – mit nur einer Motorüberholung.

Schwierigkeiten mit dem Gewicht der BMW? »Wissen Sie, ich bin von der Landwirtschaft her immer schwere Arbeit gewohnt gewesen. Man muß als Frau wissen, was man kann und was man nicht kann.« Bisher ist sie – toi, toi, toi – noch nie »mit der Maschine geflogen«.

Und wie kaltblütig eine Motorraddame sein kann, hat sie unlängst bewiesen, als ihr im Altmühltal bei 120 km/h ein Rehbock ins Vorderrad lief. »Ich hab nicht gebremst, nur die Knie fest an den Tank gedrückt und gedacht, laß kommen, was kommt.« Es kam nichts, außer daß der Vierbeiner – ohnehin ein einjähriger Abschußbock – unweit im Straßengraben sein Leben aushauchte. Der Jäger, der ihn einsammelte, konnte es gar nicht fassen: kein Sturz, nur ein paar Rehhaare an der Auspuff-Überwurfmutter. Und eine völlig gefaßte Fahrerin, die noch auf eigene Faust auf Nachsuche gegangen war, damit das arme Tier nicht unnötig lange leiden mußte. »Ich glaube, ich hatte den lieben Gott hintendrauf sitzen«, sagt sie, wenn sie heute diese Geschichte erzählt.

Das ist keine schlechte Begleitung, wenn man, wie Sibille Frings, immer alleine fährt. Ihr Mann ist inzwischen ins Auto umgestiegen, aber der Sohn hat die Motorradbegeisterung geerbt, seit seine Mutter mit ihm vor Jahren zur TT-Woche auf die Isle of Man gefahren ist. »Frau Langstrecke« läßt es inzwischen auch etwas ruhiger angehen mit den Veranstaltungen. »25000 oder 30000 Kilometer im Jahr, wie früher – das muß ja nicht unbedingt sein.« Ihr Mann ist nicht böse darüber. »Das sind meine schlaflosen Nächte«, zwinkert er und deutet auf die dichte Reihe der Pokale. Aber Abschied vom Motorrad, von BMW, nimmt Sibille Frings deshalb noch lange nicht.

Technik-Fan

Im Winter im Keller, im Sommer an der Wisper: So sieht, ein wenig vereinfacht, Manfred Heims Motorradfahrerleben aus. Der Keller – das ist seine private Werkstatt in Hofheim im Taunus, wo er wohnt und im Hauptberuf, ein paar Kilometer weiter, ein großes Mineralöltanklager leitet. Die Wisper – das ist ein Flüßchen in einem idyllischen, engen Tal, das sich von Bad Schwalbach hinunter an den Rhein zieht und dessen Name für Manfred Heim nicht mehr und nicht weniger bedeutet als »die Wispertalstraße«, eine Art aufgeknoteter, für jedermann zugänglicher Nürburgring.

Manfred Heim hat's mit der Technik: der Fahrtechnik sowohl als auch der Motorradtechnik im engeren Sinn. Und er ist Perfektionist. Er hat schon einige Motorräder besessen, zuletzt eine BMW R 100/7 und neuerdings eine R 65. Aber er ist keiner von denen, die sich eine Maschine nur zum Fahren kaufen.

Wie er das statt dessen macht – da braucht man nur seine neue R 65 zu fragen. Die wurde im Winter gekauft, vor Weihnachten noch, denn nur dann hat unser Technik-Fan genügend Zeit, sie bis zum Frühjahr seinen Wünschen anzupassen. Mit null Kilometer auf dem Tacho ist sie erst einmal in den Keller gekommen und »aufgemacht« worden. »Man muß ja gucken, was die Berliner da alles für einen Murks zusammengebastelt haben«, schmunzelt Heim, und in der Tat hat er, bei früheren Gelegenheiten, schon falschherum eingebaute Ventilfedern und Bohrspäne in Ölwegen gefunden. Und wenn er den Motor einmal auseinander hat, dann werden gleich die Kanäle ein bißchen egalisiert (»ich will nicht sagen poliert«) und leichtere Kolben und Kolbenbolzen eingebaut – das bringt 150 Gramm weniger an bewegten Massen.

Zum Spaß am Bauen kommt nicht selten die Freude an der BMW-Technik. Originalton Heim: »Man kann immer wieder beobachten, daß die BMW-Leute unwahrscheinliche Akribie üben in Detailverbesserungen. Ich hab mir überlegt, wie ich das jetzt an der R 65 mit der Entlüftung mache, die – solange ich BMW-Mo-

Wenn die neue BMW geliefert worden ist, fängt das Vergnügen für Manfred Heim an: aber nicht auf der Straße, sondern erst einmal im Keller. Die noch Jungfräuliche wird dort zerlegt und verbessert.

Ein echter Fan muß seinem Motorrad auch einmal zu Füßen liegen können, wenn's nötig ist. Manfred Heim genießt jede Stunde, die er in seiner Werkstatt mit der neuen R 65 verbringen kann. Bald darf die BMW zum ersten Mal hinaus – zur Wisper.

torräder kenne – in den rechten Ansaugkanal geführt wird. Und bei höheren Drehzahlen hatte ich immer das Gefühl, daß die Öldünste die Leistung dieses Zylinders reduzieren, so daß der Motor nicht mehr ganz gleichmäßig läuft. Ich hab mir jetzt überlegt, wie man beide Zylinder gleichmäßig in der Leistung halten kann. Viele entlüften ja ins Freie, aber das möchte ich wegen des Umweltschutzes nicht tun. Ich hab mir also gedacht, ich müßte die Entlüftung teilen mit so einem T-Stück und dann in beide Zylinder zumindest theoretisch gleich viel von diesen Öldünsten bekommen. Ich hatte das auf dem Papier schon halb fertig, wie ich das machen werde, und prompt – ich baue den Luftfilterkasten ab und merke, die BMW-Leute haben genau das gemacht, was ich machen wollte. Aber das hätten sie eigentlich schon vor dreißig Jahren tun können.«

Reichen solche Entdeckungen aus als Grund, BMW zu fahren? Für Manfred Heim kommt noch mehr dazu. »Einer, der auf einem Zweirad fahren und nicht dabei immer das Gefühl haben will, daß da unter ihm sich Kolben bewegen und daß die Drehzahl stimmen muß zum Schalten, einer, der einfach auf dem Zweirad fährt, weil ihm das mehr Spaß macht als in so einer Blechkiste drinzusitzen – der wird von der BMW abgehen und sich eine Japanerin kaufen. Aber wenn ich fahre, dann tu ich das eigentlich nicht nur um des Fahrens willen oder um des Fortbewegens willen oder aus Freude am Einspurfahrzeug, sondern von der Technik her. Jeder Schaltvorgang ist für mich eine Freude, zusätzlich. Ich bin immer voll dabei. Es darf nicht klacken, und ich freu mich jedes Mal, wenn ich's hingekriegt habe. Aber man muß sich voll da drauf konzentrieren – sonst laß' ich es lieber gleich sein.«

Heims Kellerarbeit hat, das gibt er selbst zu, freilich auch etwas mit der Bewältigung des Winters zu tun. »Ich schraube sozusagen vor, denn in der Saison habe ich keine Zeit dafür« – das ist nur die eine Seite. »Jede Schraube und Mutter an diesem Motorrad wird zwei- bis dreimal nachgecheckt, ob sie auch wirklich fest genug ist, mit Drehmomentschlüssel selbstverständlich, damit's auch lange genug dauert, denn der Winter ist lang. Ich halte mich täglich unter unsäglichen Qualen zurück, das Ding wieder zusammenzubauen – das muß ganz, ganz langsam gehen, wie in der Liebe, damit man länger was davon hat. Nur wenn man sich sagen kann ›du könntest ja gar nicht fahren, selbst wenn du wolltest‹, ist der Winter leichter zu überstehen.«

Aber das nächste Frühjahr kommt bestimmt, und in aller Herrgottsfrühe startet Manfred Heim dann zur Wisper. Was er dort tut, ist Perfektionstraining mit programmiertem Lustgewinn. Dafür hat er auch die 100/7 gegen die 65 vertauscht: Kürzerer Radstand und geringeres Eigengewicht (33 Kilogramm sind das »Abspeckziel«) bringen mehr Handlichkeit. »Ich glaub', ich kann mich mit der Kleinen auf der Großen selbst überholen«, freut sich der Edelbastler, und das bedeutet nicht wenig. Seine Freunde wissen nämlich, daß er ein verdammt beherzter Fahrer ist, der einen ungemein sauberen Kurvenstil zeigt und an dem dranzubleiben schon einige Kunstfertigkeit erfordert. An der Wisper, wo er jeden Stein und jeden Grashalm kennt, würde ihn wohl auch ein Rennfahrer kaum überholen können.

Aber er ist natürlich kein Kamikaze-Mann. »Es gibt da keine Seitenwege und Fußgängerpassagen; man kann relativ ungefährlich einen schnellen Strich fahren.« Die Ideallinie zieht er nur auf der rechten Straßenhälfte, und mit mehr Dampf als normal ist er auch bloß dort unterwegs, wo er Bescheid weiß. »Zugegeben: Das Risiko ist nie hundertprozentig auszuschalten. Aber das ist ja genau das, was wir auch brauchen. Irgendwo muß man ja so 'nen Kitzel im Bauch haben – der Adrenalingehalt muß ansteigen, sonst fehlt irgendwas bei uns.«

Auf Wiedersehen an der Wisper.

Er baut nicht nur gern, er kann auch fahren: Der Technik-Fan und seine BMW in voller Schräglage.

Zwischen Faszination und Ernüchterung

Menschen auf Motorrädern

Motorradfahren: Das ist Begeisterung, Selbstbestätigung, Erlebnis, vielleicht gar Abenteuer. Es ist jedenfalls mehr als schlichte Fortbewegung auf Rädern. Man wird davon gepackt wie von einem Fieber – so plötzlich und so heftig. Und man muß, wenn es soweit ist, einfach hindurch. Den einen schüttelt es arg, der andere bleibt cooler – aber niemand kommt unbeeindruckt davon. Die Folgen, darauf muß man gefaßt sein, sind oft lebenslänglich: Wer mit Achtzehn Spaß am Fahren hatte, hat ihn oftmals auch mit Sechzig noch. Das gibt es nur selten bei sportlichen Liebhabereien – beim Segelfliegen zum Beispiel, wo Erfahrung ein ebenso wichtiges Qualitätsmerkmal ist wie beim Motorradfahren.

Daß man auf zwei Rädern jung und vielleicht auch ein bißchen verrückt bleibt, ist nicht nur ein Werbespruch, sondern die reine Wahrheit.

Wäre es etwa vorstellbar, daß ein Autofahrer am Ende eines Ausflugs sagen könnte: »Wo ich gewesen bin? Keine Ahnung. Aber da waren Kurven – phantastisch. Diese langgezogene linke da hinter dem Dorf mit dem spitzen Kirchturm, da bin ich im vierten voll durch.

Und dann diese Kombination, kurz bevor wir rechts abgebogen sind: Da muß man die Ideallinie auf den Zentimeter genau fahren. Hoffentlich find' ich die Stelle noch mal wieder.« Darüber kann man lächeln oder den Kopf schütteln – daß der Kerl weder die schöne Aussicht von der Höhenstraße genossen noch die Barockkirche in S. wahrgenommen hat. Aber derlei totale Faszination, solche Hingabe ist heute so selten geworden, daß sie als Wert an sich zu bewundern ist.

Im übrigen: Nicht jeder Motorradfan ist in diesem Sinne »spinnert«. Es gibt andere, Wanderer und Landschaftsgenießer, die vielleicht glatter ins gutbürgerliche Schema passen, ohne deswegen schlechtere Motorradfahrer zu sein. Auch hier kann nämlich jeder nach seiner Fasson selig werden: So wie das Angebot an Maschinen von der Enduro bis zum Superrenner, von einer Handvoll PS bis zu acht Dutzend reicht, so gibt es viele Arten, auf dem Motorrad glücklich zu werden und zu sein.

Und glücklich zu bleiben? Da muß man die bunte Pracht der Werbeprospekte für einen Moment vergessen. Die Welt des Motorradfahrens ist zwar schön, aber sie ist nicht heil – wie alles, was in Menschenhand gegeben ist. Auch Blut und Tod können sich mit dem Motorrad verbinden, Schmerz, Trauer und Fragen, die keiner beantworten kann. Leichtsinn, Übermut und Unvermögen fahren nicht selten mit, und die unerbittlichen Gesetze der Physik rächen sich sofort, wenn man sie mißachtet. Die wachsende Verkehrsdichte ist zu einer unmittelbaren Bedrohung geworden: Es gibt kaum mehr Platz für Fahrfehler mit dem Motorrad, und immer mehr häufen sich die Unfälle, bei denen Ursache und Schuld nicht beim Partner auf dem Zweirad zu suchen sind.

Die Wiedergeburt des Motorradfahrens, der Markterfolg gerade der großen Hubräume, hat auch unerwünschte Fransen am schönen Teppich entstehen lassen – von den vergleichsweise ungefährlichen Rücksichtslosen, die mit ausgeräumten Auspufftöpfen durch stille Wohnviertel heulen, über die Drogen- und Sektenszene bis hin zu echter Motorradkriminalität.

Auch für den, der dem Motorrad ohne Wenn und Aber zugetan ist, stehen Faszination und Ernüchterung dicht beieinander. Wer BMW fährt, könnte sich freilich beruhigen: Die weiß-blauen Boxermaschinen sind, da eher von Erfahrenen bevorzugt, keine typischen »Unfäller-Hobel«, sie reizen auch wenig zum Frisieren und werden von Rockern verschmäht. Doch mitgegangen heißt mitgefangen und mitgehangen – vom Negativbild des Motorradfahrers kann man sich auch mit dem Erwerb einer BMW nicht automatisch freikaufen. Aber danach kann man alles tun, um den Ruf der BMW-Freunde zu rechtfertigen, eine Art Elite unter den Motorrad-Anhängern zu sein. Dazu zu gehören, ist kein schlechtes Gefühl – und die Umwelt weiß es ebenfalls zu schätzen.

Diese Umwelt wird immer enger und empfindlicher, und wenn es nach manchen Kulturkritikern und Naturaposteln ginge, dürfte es schon jetzt eigentlich gar keine Motorräder mehr geben. Gewiß: Nötig sind sie vielleicht nicht – wenn sie es auch eines Tages, wegen ihres geringeren Benzindursts, wieder werden könnten. Aber wie viele Dinge sind wirklich notwendig? Und was bliebe uns, wenn alle anderen gestrichen würden?

Der Gang durch mehr als ein halbes Jahrhundert BMW-Motorradgeschichte hat es gezeigt: Interessante Technik und Menschen, die sie mit Begeisterung zu nutzen verstehen, sind ein Stück unseres Lebens. Ohne sie, mit allen ihren positiven und negativen Seiten, wäre die Welt ärmer. Und so möchte man sich auch die Zukunft nicht ohne Motorräder vorstellen. Es wird immer Frauen und Männer geben, die ein Zentaurenerlebnis der üblichen Blechbüchsenexistenz vorziehen, zwei Räder wählen statt vier. Ihnen sei dieses Buch gewidmet.

M
LX 3644

Rund um das Motorrad 1920–1980

1920 In Deutschland gibt es 75000 Autos, in den Vereinigten Staaten 9,2 Millionen. Auf je drei Autos kommt im Deutschen Reich ein Motorrad.

1921 Das erste Motorrad von BMW: Flink – ein kleiner Zweitakter.

1922 Die Kraftfahrzeugsteuer wird in Deutschland eingeführt, die erste Straßentankstelle öffnet in Berlin-Schöneberg; Benzin kostet im Dezember 686 Mark der Liter.
Der Zweizylinder-Boxermotor M 2 B 15 von BMW ist serienreif. Helios – das erste von BMW hergestellte Motorrad mit Boxermotor

1923 Kleinkrafträder brauchen in Deutschland keine Haftpflichtversicherung mehr. Die ersten Tankwagen auf den Straßen.
Chefkonstrukteur Max Friz entwickelt die R 32, die erste echte BMW 500 cm³, 8,5 PS. Rudolf Schleicher, später Versuchs- und Konstruktionschef, kommt zu BMW.

1924 Erstes Fließband in der deutschen Autoindustrie (bei Opel). Die Bilux-Glühlampe wird erfunden, die erste Verkehrsampelanlage installiert. Zum ersten Mal werden mehr als 100000 neue Führerscheine in Deutschland ausgestellt. Die Zeitschrift »Motor und Sport« wird gegründet.
BMW wird durch Franz Bieber erstmals Deutscher Meister der 500-cm³-Klasse.

1925 Der Nürburgring wird gebaut. Das Radio bringt Straßenzustandsberichte als Kraftfahrerservice. Erstmals mehr als 100000 Motorräder in Deutschland.
Als erste BMW mit ohv-Zweizylindermotor erscheint die R 37.
BMW baut auch Einzylinder-Motorräder (R 39).

1926 Rudolf Schleicher auf BMW gewinnt als erster Deutscher eine Goldmedaille bei der Sechstagefahrt. Beginn der Kompressorentwicklung für Renn- und Rekordmaschinen von BMW. Ernst Henne wird für BMW als Rennfahrer engagiert.

1927 Erstmals werden in Deutschland mehr als 100000 Kraftfahrzeuge im Jahr produziert. Leuna liefert Hydrierbenzin. Die Oktanzahlskala für Kraftstoffe wird eingeführt.
Rudolf Schleicher geht von BMW zu Horch.

1928 Neu: Raketenauto, Holzvergaser, Kombiwagen. Motorräder bis 200 cm³ werden am 1. April in Deutschland steuer- und führerscheinfrei.
Die erste 750-cm³-Maschine von BMW (R 62).

1929 Erstmals mehr als eine Million Kraftfahrzeuge in Deutschland. Neunzig Prozent der Autos werden auf Raten gekauft. 24. Oktober: »Schwarzer Freitag« an der New Yorker Börse, Beginn der Weltwirtschaftskrise.
BMW führt den Preßstahlrahmen für seine Motorräder ein. Ernst Henne fährt seinen ersten Weltrekord auf BMW.

1930 Vollgummireifen werden in Deutschland verboten. Neu: Autowaschanlagen, Auto-Skihalter. »Die drei von der Tankstelle« – ein erfolgreicher Film mit Lilian Harvey.

1931 180000 Berufskraftfahrer in Deutschland sind arbeitslos. Alle 4,5 Kilometer gibt es im Durchschnitt an deutschen Straßen eine Tankstelle; Benzin kostet je Liter 36 bis 40 Pfennig, in den Vereinigten Staaten 4,5 Pfennig. Die ersten Leitplanken werden montiert.
Rudolf Schleicher kommt zu BMW zurück.

1932 In den deutschen Autofabriken wird im Januar nur noch zu einem Drittel gearbeitet. Erste Nur-Autostraße in Deutschland – von Köln nach Bonn. Wiesbaden veranstaltet eine »hupfreie Woche«.
BMW baut sein erstes eigenes Auto.

1933 30. Januar: Deutschland am Scheideweg – das Dritte Reich beginnt. Neue Personenwagen und Motorräder sind steuerfrei. 96 Deutsche teilen sich in ein Personenauto.

1934 Erstmals mehr als eine Million Motorräder in Deutschland.

1935 Die erste Autobahnteilstrecke in Deutschland wird fertig.
BMW bringt als erster Motorradhersteller eine Teleskopgabel in der Serie. Die Königswellen-Kompressor-Rennmaschine von BMW wird erstmals eingesetzt.

1936 Neu: Benzineinspritzung, Kunstharzlackierung. Die ersten Testfahrten mit Professor Porsches Volkswagen beginnen.
Die BMW R 5 wird vorgestellt: Motor, mit zwei Nockenwellen, ganz neu konstruiert, geschweißter Rohrrahmen.

1937 Erstmals mehr als eine Million Personenwagen in Deutschland.
Ernst Hennes letzter Weltrekord für BMW – gültig bis 1951.

1938 Die »Stoppstraße« wird eingeführt. Österreich stellt auf Rechtsverkehr um.
Erstmals Hinterradfederung bei BMW-Serienmotorrädern. Schorsch Meier wird Europameister der 500-cm³-Klasse auf der Kompressor-BMW.

1939 Der Haftpflicht-Versicherungszwang wird in Deutschland eingeführt. Die Fertigung des Volkswagens beginnt. Benzin zum Einheitspreis: 40 Pfennig der Liter. Die ersten Scheibenbremsen werden erprobt. Meier siegt als erster Ausländer in der Senior T. T. auf der Isle of Man. 1. September: Der Weltkrieg beginnt.

1941 Bei BMW wird die Produktion des schweren Heeresgespanns R 75 aufgenommen.

1946 BMW wieder am Start: Schorsch Meier wird im Rennsport erneut aktiv.

1948 In den drei westlichen Besatzungszonen Deutschlands gibt es etwa so viele Autos wie 1927 im Deutschen Reich. Die TÜV-Prüfung im Zweijahresturnus wird eingeführt.

1949 Autos bekommen Blinker statt Winker. Das erste HD-Motoröl am deutschen Markt.
Das erste BMW-Motorrad nach dem Krieg, die R 24.

1950 Benzin kostet in der Bundesrepublik Deutschland 50 Pfennig der Liter.

1951 Die Flensburger »Verkehrssünderkartei« wird eingerichtet. Erste Internationale Automobil-Ausstellung nach dem Krieg.

1952 In München wird der erste »Zebrastreifen« auf die Fahrbahn gemalt.

1953 Neu in Deutschland: Schülerlotsendienst, Parkuhren. In einem Preisausschreiben wird der Name »Moped« erfunden.
BMW-Rennmaschine RS wird in der 500-cm³-Klasse eingesetzt. Schorsch Meier beendet seine Rennfahrerkarriere.

1954 Die Polizei benutzt »Pusteröhrchen«, um alkoholisierte Kraftfahrer zu überführen.
Erste Gespannweltmeisterschaft auf BMW (Noll/Cron).

1955 Höhepunkt der Motorzweiradproduktion in Deutschland: fast 1,1 Millionen Stück. Der Gastarbeiterzustrom in die Bundesrepublik beginnt.
BMW führt den Schwingrahmen für seine Motorräder ein.

1956 Ende des Motorradbooms in Deutschland: Die Zulassungszahlen fallen um 38 Prozent. Die bis heute gebräuchlichen Kraftfahrzeugkennzeichen werden in der Bundesrepublik Deutschland eingeführt. Die deutsche Industrie produziert erstmals mehr als eine Million Kraftfahrzeuge.

1957 Der Wankelmotor läuft im Versuch. Benzin kostet an deutschen Tankstellen zwischen 62 und 67 Pfennig der Liter.

1958 Der Motorradbestand in der Bundesrepublik Deutschland geht zurück; dafür nimmt die Zahl der Autos schnell zu (Ende des Jahres auf knapp drei Millionen).

1959 Die erste Transistorzündung. Die Scheibenbremse geht in Serie – in einem Auto, dem BMW 502.

1960 Auf je 13 Bundesbürger kommt ein Auto. Die Japaner sind erstmals auf der Motorradausstellung in Frankfurt vertreten.

1961 Neu: Sechsspurige Autobahn (Köln-Leverkusen), Spikesreifen. Noch jeder neunte Beschäftigte fährt mit dem Motorrad zur Arbeit. Die Japaner beginnen mit dem Motorradverkauf in der Bundesrepublik.

1962 Die ersten Autos mit Sicherheitsgurten.

1963 Für den Lohn von 1507 Arbeitsstunden kann man sich in der Bundesrepublik einen Personenwagen kaufen. Motorradbestand sinkt unter eine Million. Das erste Auto mit Wankelmotor. Gründung des Verbands der BMW-Clubs.

1964 Schon jeder neunte Autobesitzer in der Bundesrepublik hat einen Zweitwagen. 2,3 Millionen Kraftfahrer sind in der Verkehrssünderkartei registriert.

1965 Erstmals über 10 Millionen Autos in der Bundesrepublik Deutschland

1966 Über 10 Milliarden DM werden für den Straßenbau ausgegeben. Max Friz, der Vater des ersten BMW-Motorrads, stirbt.

1967 Deutsche Motorzweiradproduktion auf dem Tiefpunkt. BMW stellt die Fertigung von Einzylindermaschinen ein.

1968 Schon fast 1000 japanische Motorräder im Jahr in der Bundesrepublik zugelassen.

1969 100000 Gastarbeiter in der Fahrzeugindustrie. Neu: H 4 Halogenlicht. Ordnungswidrigkeitengesetz mit Bußgeldkatalog wird eingeführt. Die geringste BMW-Motorradproduktion seit dem Wiederaufbau: 4701 Stück. BMW-Motorradfertigung wird von München nach Berlin-Spandau verlegt. Serie /5 von BMW – eine komplette Neukonstruktion: Gleitlagermotor, Rückkehr zur Telegabel.

1970 Der niedrigste Benzinpreis seit 1950: 55 Pfennig je Liter.

1971 Erstmals Abgasgrenzwerte für Autos in Deutschland. Die Frankfurter Automobilausstellung wird abgesagt. Mehr als 15 Millionen Kraftfahrzeuge in der Bundesrepublik.

1972 Erste Oldtimerauktion in Deutschland. Der Motorradbestand nimmt erstmals seit den fünfziger Jahren in der Bundesrepublik wieder zu. BMW Motorsport GmbH gegründet.

1973 Im Herbst: erste Energiekrise. Das 500000. BMW-Motorrad. Mit der Serie /6 kommt die erste BMW mit 900 cm³.

1974 Richtgeschwindigkeit 130 km/h auf deutschen Autobahnen.

1975 Erstmals mehr als 20 Millionen Kraftfahrzeuge in Deutschland.

1976 Nur noch 0,15 Gramm Blei je Liter Benzin erlaubt. Der Benzinpreis steigt in der Bundesrepublik erstmals auf mehr als eine Mark. Haftpflicht-Versicherungsprämien nach Regionalklassen. BMW-Motorräder: Der volle Liter Hubraum ist mit der Baureihe /7 erreicht. R 100 RS als erstes Motorrad mit serienmäßiger Vollverkleidung.

1977 Erstes Treffen des BMW-Veteranen-Clubs Deutschland, in München.

1978 Antiblockiersystem für Autos serienreif. Mit den Modellen R 45/R 65 gibt es wieder »kleine« Zweizylindermotorräder von BMW.

1979 BMW hält – nach den vier großen japanischen Herstellern – unangefochten den fünften Platz am deutschen Motorradmarkt. BMW kehrt zum Werks-Geländesport zurück.

1980 Die erste Enduro von BMW: das Modell R 80 G/S, tauglich für Straße und Gelände. Die Zukunftsstudie BMW Futuro wird auf der Kölner Zweiradschau gezeigt.

1981 Der Benzinpreis erreicht in der Bundesrepublik 1,50 D-Mark. Eine BMW R 80 G/S gewinnt die Rallye Paris–Dakar.

Die Boxer

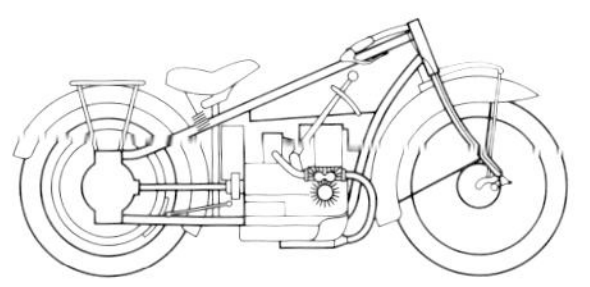

R 32 1923–1926
500 cm³ sv 8,5 PS (6,3 kW)

R 37 1925–1926
500 cm³ ohv 16 PS (12 kW)

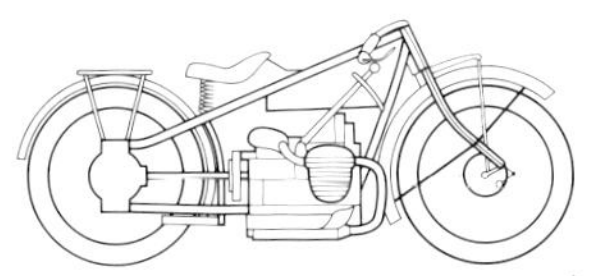

R 42 1926–1928
500 cm³ sv 12 PS (9 kW)

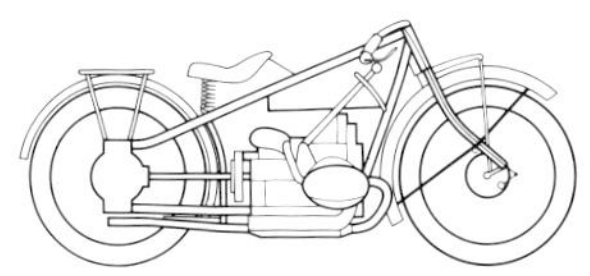

R 47 1927–1928
500 cm³ ohv 18 PS (13 kW)

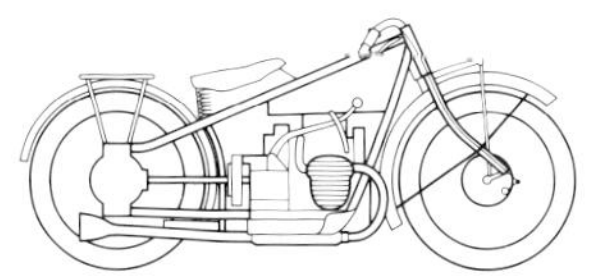

R 52 1928–1929
500 cm³ sv 12 PS (9 kW)

R 57 1928–1930
500 cm³ ohv 18 PS (13 kW)

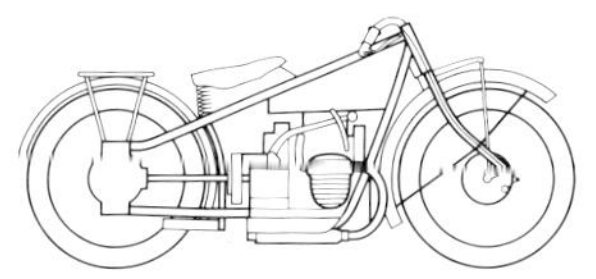

R 62 1928–1929
750 cm³ sv 18 PS (13 kW)

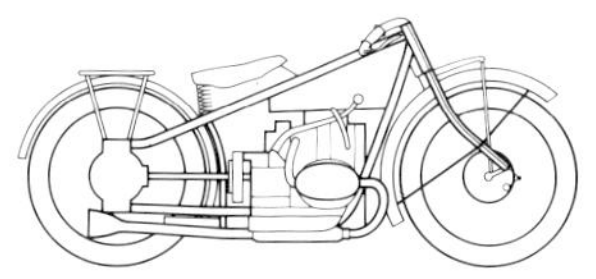

R 63 1928–1929
750 cm³ ohv 24 PS (18 kW)

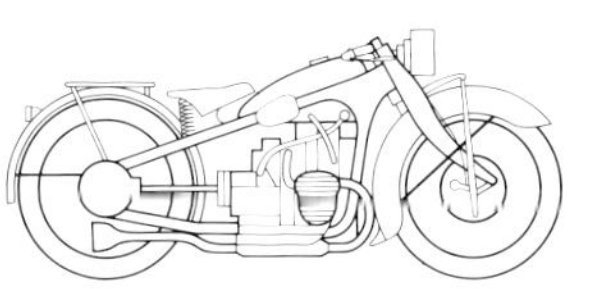

R 11 Serien I–IV 1929–1933
750 cm³ sv 18 PS (13 kW)

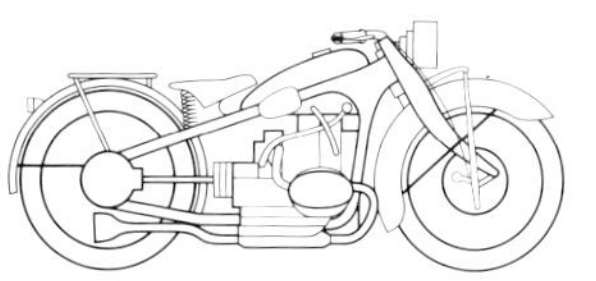

R 16 Serien I und II 1929–1932
750 cm³ ohv 25 PS (18 kW)

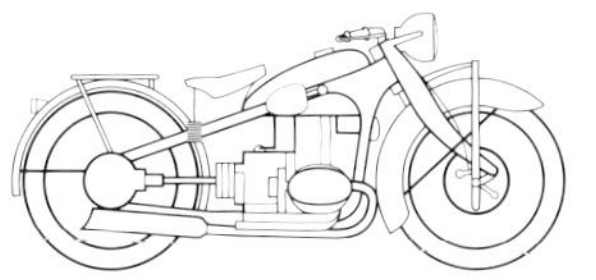

R 16 Serien III–V 1932–1934
750 cm³ ohv 33 PS (24 kW)

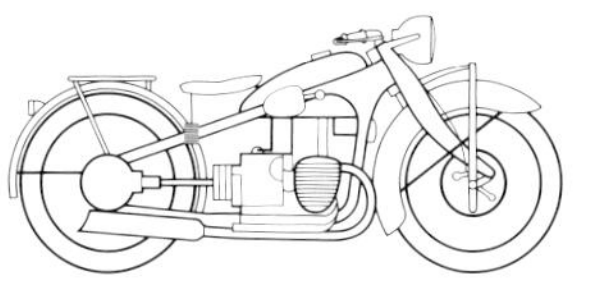

R 11 Serie V 1934
750 cm³ sv 20 PS (14 kW)

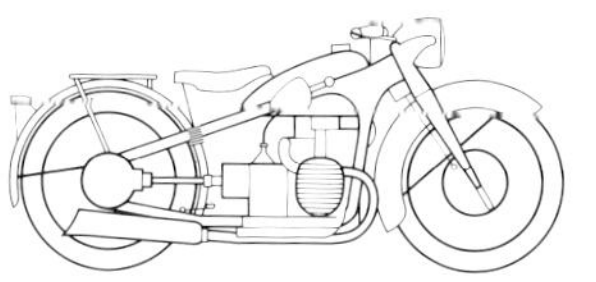

R 12 1935–1938
750 cm³ sv 18/20 PS (13/14 kW)

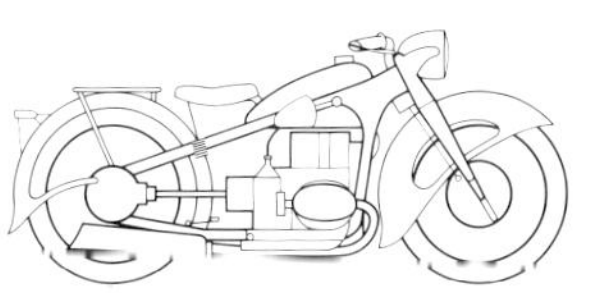

R 17 1935–1937
750 cm³ ohv 33 PS (24 kW)

Gelöteter Rohrrahmen, Vorderrad an gezogener Kurzschwinge, Trommelbremse vorn, Keilklotzbremse, ab R 42 Kardanbremse hinten, Motor mit längsverripptem, ab R 37 querverripptem Zylinder, Dreiganggetriebe

Preßstahlrahmen, Vorderrad an gezogener Kurzschwinge, ab R 12 Teleskopgabel, Trommelbremse vorn, Kardanbremse (ab R 12 Trommelbremse) hinten, Dreigang-, ab R 12 Vierganggetriebe

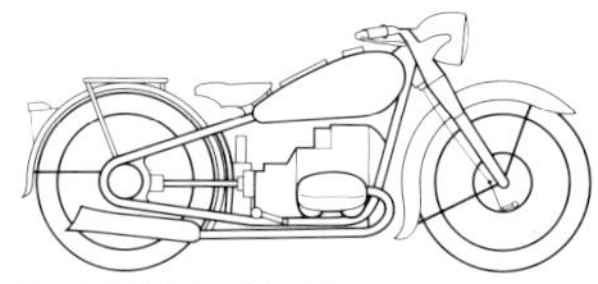

R 5 1936–1937
500 cm³ ohv 24 PS (18 kW)

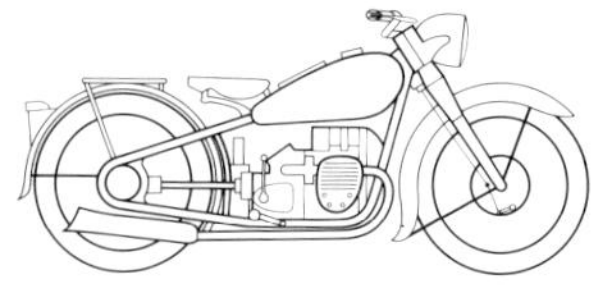

R 6 1937
600 cm³ sv 18 PS (13 kW)

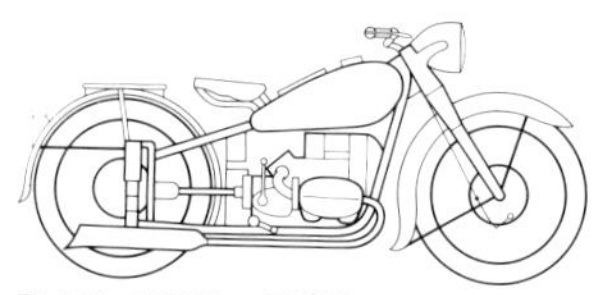

R 51 1938–1939
500 cm³ ohv 24 PS (18 kW)

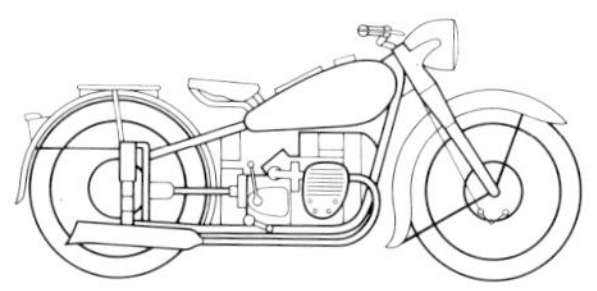

R 61 1938–1939
600 cm³ sv 18 PS (13 kW)

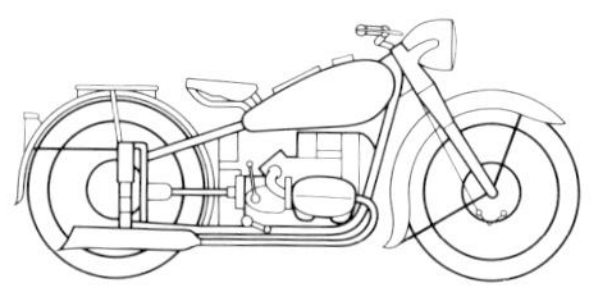

R 66 1938–1939
600 cm³ ohv 30 PS (22 kW)

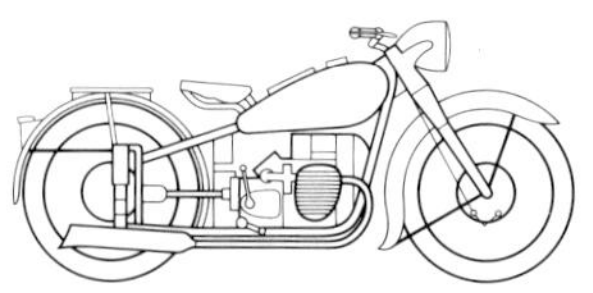

R 71 1938–1939
750 cm³ sv 22 PS (16 kW)

R 75 1941–1944
750 cm³ ohv 26 PS (19 kW)

Geschweißter Rohrahmen, Teleskopgabel vorn, ab R 51 Geradwegfederung hinten, vorn und hinten Trommelbremsen, bei R 75 hydraulisch betätigt (einschließlich Seitenwagen), ohv-Motoren mit zwei Nockenwellen, Vierganggetriebe

R 51/2 1950
500 cm³ ohv 24 PS (18 kW)

R 51/3 1951–1954
500 cm³ ohv 24 PS (18 kW)

R 67 1951
600 cm³ ohv 26 PS 19 kW)

R 67/2 1952–1954
600 cm³ ohv 28 PS (21 kW)

R 68 1952–1954
600 cm³ ohv 35 PS (26 kW)

R 67/3 1955–1956
600 cm³ ohv 28 PS (21 kW)

Geschweißter Rohrahmen, Teleskopgabel vorn, Geradwegfederung hinten, Trommelbremse vorn (ab 1952 Duplexbremse) und hinten, ab 1954 Vollnabenbremsen, Motor mit zwei, ab R 51/3 mit einer Nockenwelle, Vierganggetriebe

R 50 1955–1969
500 cm³ ohv 26 PS (19 kW)

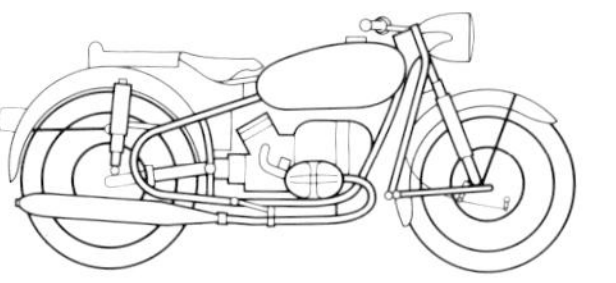

R 69 1955–1960
600 cm³ ohv 35 PS (26 kW)

R 60 1956–1969
600 cm³ ohv 28 PS (21 kW)

R 50 S 1960–1963
500 cm³ ohv 35 PS (26 kW)

R 69 S 1960–1969
600 cm³ ohv 42 PS (31 kW)

Geschweißter Rohrahmen, geschobene Langschwinge mit Federbeinen vorn, Schwinge mit Federbeinen hinten, Duplex-Trommelbremse vorn, Trommelbremse hinten, Motor mit Tellerfeder-Kupplung, Vierganggetriebe

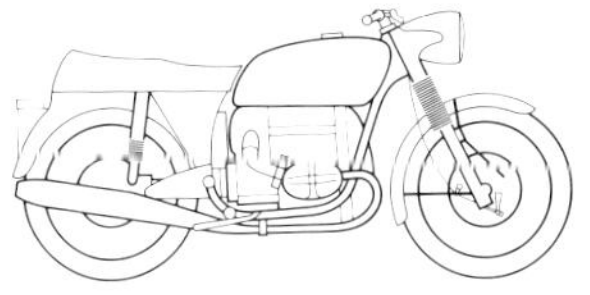

R 50/5 1969–1973
500 cm^3 ohv 32 PS (24 kW)

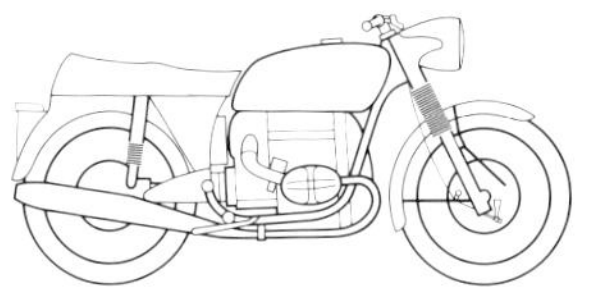

R 60/5 1969–1973
600 cm^3 ohv 40 PS (29 kW)

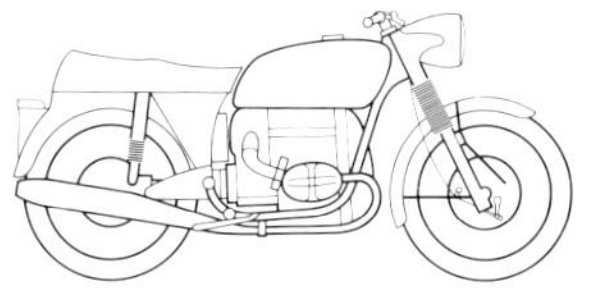

R 75/5 1969–1973
750 cm^3 ohv 50 PS (37 kW)

R 60/6 1973–1976
600 cm^3 ohv 40 PS (29 kW)

R 75/6 1973–1976
750 cm^3 ohv 50 PS (37 kW)

R 90/6 1973–1976
900 cm^3 ohv 60 PS (44 kW)

R 90 S 1973–1976
900 cm^3 ohv 67 PS (49 kW)

Geschweißter Rohrrahmen, Teleskopgabel vorn, Schwinge mit Federbeinen hinten, Duplex-Trommelbremse (ab R 75/6 Scheibenbremse, R 90 S Doppelscheibenbremse) vorn, Trommelbremse hinten, gleitgelagerter Motor, Viergang-, ab R 60/6 Fünfganggetriebe, ab R 60/5 Elektrostarter

R 60/7 1976–1978
600 cm^3 ohv 29 kW (40 PS)

R 75/7 1976–1978
750 cm^3 ohv 37 kW (50 PS)

R 100/7 1976–1978
980 cm^3 ohv 44 kW (60 PS)

R 100 S 1976–1978
980 cm^3 ohv 47 kW (65 PS)

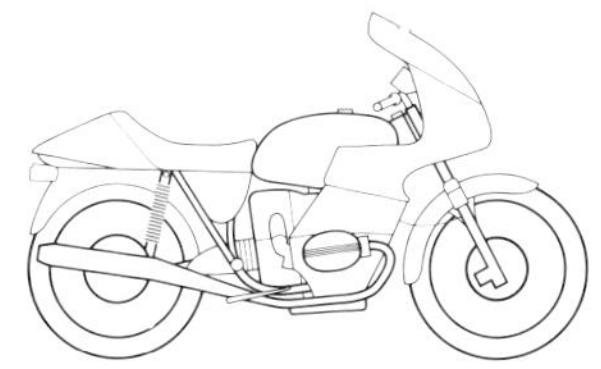

R 100 RS 1976–
980 cm^3 ohv 51 kW (70 PS)

R 80/7 1978–1980
800 cm^3 ohv 37/40 kW (50/55 PS)

R 45 1978–
470 cm^3 ohv 20/26 kW (27/35 PS)

Wie Serie /6, R 100 RS und R 100 RT mit serienmäßiger Vollverkleidung, ab 1978 bei R 100 RS/RT Scheibenbremse hinten; R 45/65 in vielen Details von den größeren Modellen abweichend; R 80 G/S auch für leichtes Gelände geeignet, einarmige Schwinge hinten, kontaktlose Zündung

R 65 1978–
650 cm^3 ohv 33/37 kW (45/50 PS)

R 100 T 1978–1980
980 cm^3 ohv 47 kW (65 PS)

R 100 S 1978–1980
980 cm^3 ohv 51 kW (70 PS)

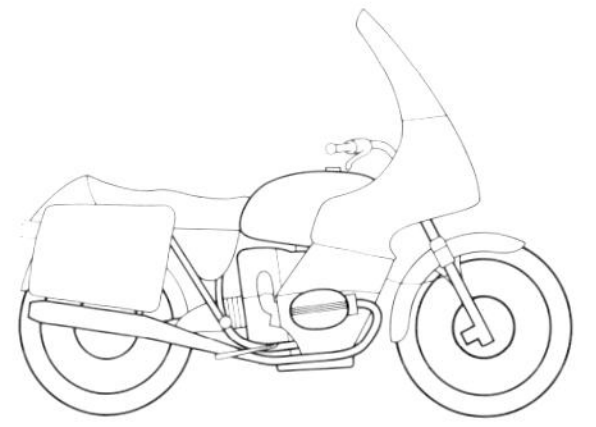

R 100 RT 1979–
980 cm^3 ohv 51 kW (70 PS)

R 100 1980–
980 cm^3 ohv 49 kW (67 PS)

R 80 G/S 1980–
800 cm^3 ohv 37 kW (50 PS)

R 100 S 1980–
980 cm^3 ohv 51 kW (70 PS)

R 65 LS 1981–
650 cm^3 ohv 37 kW (50 PS)

Die Einzylinder

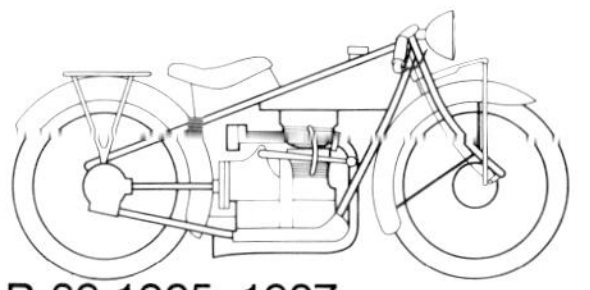

R 39 1925–1927
250 cm³ ohv 6,5 PS (4,8 kW)

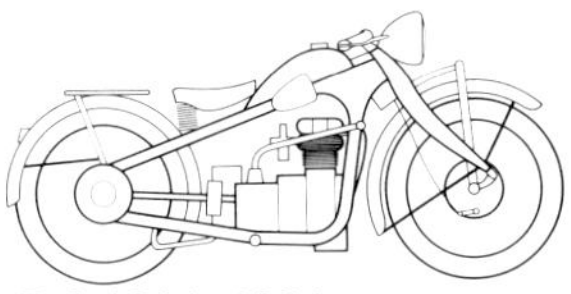

R 2 1931–1934
200 cm³ ohv 6 PS (4,4 kW)

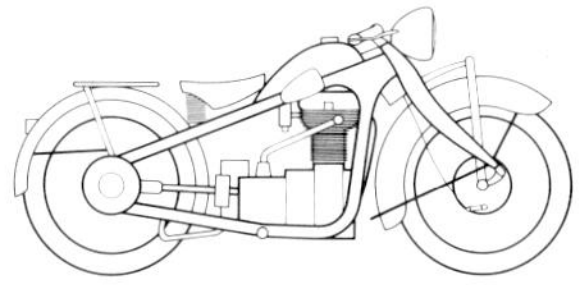

R 4 1932–1933
400 cm³ ohv 12 PS (9 kW)

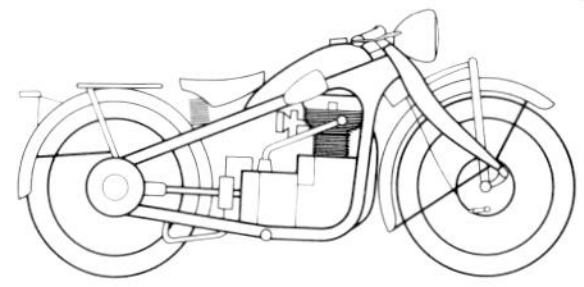

R 2 1935–1936
200 cm³ ohv 8 PS (6 kW)

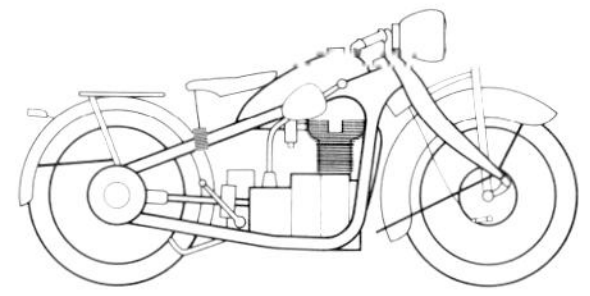

R 4 1934–1936
400 cm³ ohv 14 PS (10 kW)

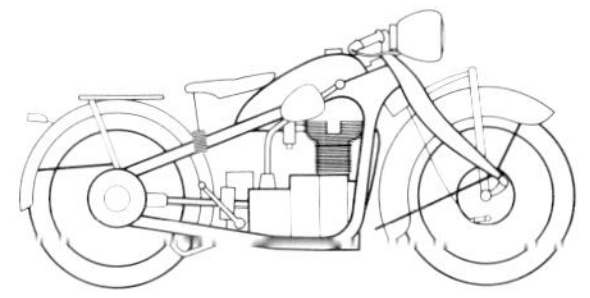

R 3 1936
300 cm³ ohv 11 PS (8 kW)

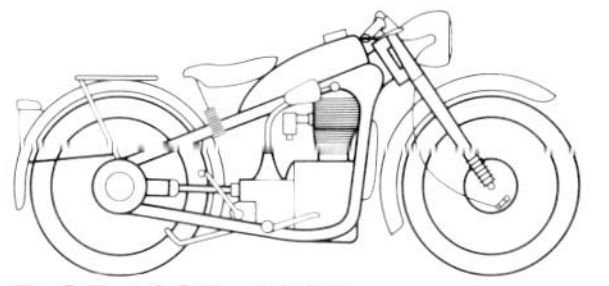

R 35 1937–1939
350 cm³ ohv 14 PS (10 kW)

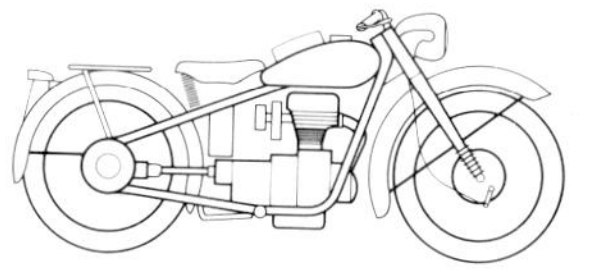

R 20 1937–1938
200 cm³ ohv 8 PS (6 kW)

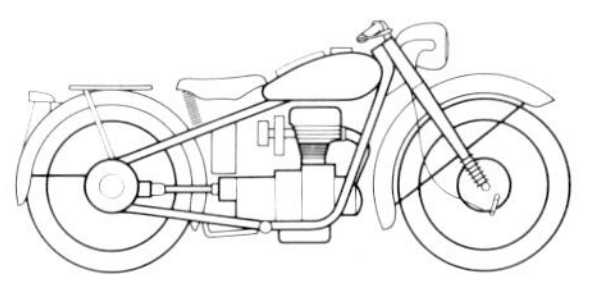

R 23 1938–1939
250 cm³ ohv 10 PS (7 kW)

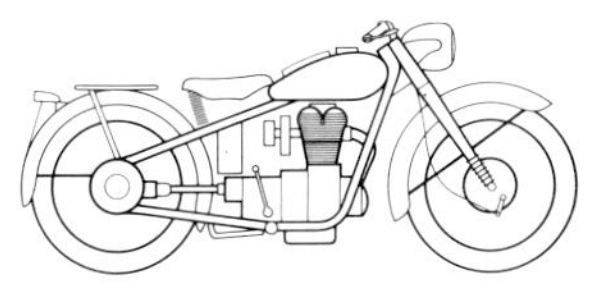

R 24 1949
250 cm³ ohv 12 PS (9 kW)

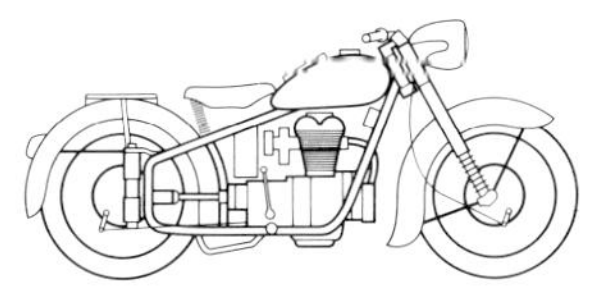

R 25 1950
250 cm³ ohv 12 PS (9 kW)

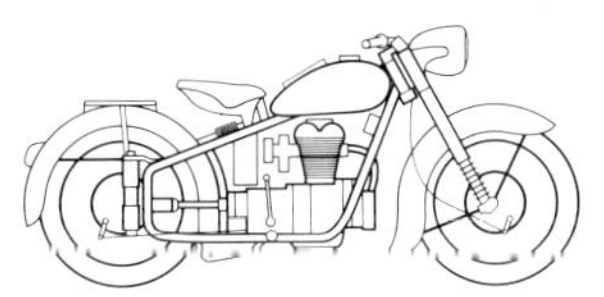

R 25/2 1951–1953
250 cm³ ohv 12 PS (9 kW)

R 25/3 1953–1955
250 cm³ ohv 13 PS (10 kW)

R 26 1955–1960
250 cm³ ohv 15 PS (11 kW)

R 27 1960–1967
250 cm³ ohv 18 PS (13 kW)

Gelöteter Rohrrahmen, ab R 2 Preßstahlrahmen, ab R 20 geschraubter Rohrrahmen, gezogene Kurzschwinge (ab R 35 Teleskopgabel) vorn, ab R 25 Geradwegfederung hinten, Trommelbremse vorn, Kardanbremse (ab R 2 Trommelbremse) hinten, Dreigang-, ab R 4/1933 Vierganggetriebe (außer R 20 und R 23)

Typenregister
Die Boxer

Typenregister
Die Einzylinder

Namensregister

Sachregister

Bildnachweis

Seite	
6	Süddt. Verlag
7–8	Karsten de Riese
11–13	Süddt. Verlag
14–15	BMW AG
16	BMW AG
17	Dr. Helmut Krackowizer BMW AG
18	Ullstein-Archiv
19	Dr. Helmut Krackowizer
20	Büro Aicher
21	Erasmus Grüttefien
22–23	BMW AG
24–25	Büro Aicher
26	BMW AG
27	Otto Steinfellner (links), Dirk Reinartz
28	Otto Steinfellner, Dirk Reinartz (oben)
29–31	Otto Steinfellner
32–34	Dirk Reinartz
35	Erasmus Grüttefien
36	Büro Aicher
37	BMW AG
38	Büro Aicher
39	Erasmus Grüttefien, BMW AG (unten)
41	Gerold Lingnau
42–49	BMW AG
50–51	Erasmus Grüttefien, BMW AG
52	BMW AG
53	BMW AG, Erasmus Grüttefien
54–59	Bundesarchiv
60	E. Grüttefien
61	Büro Aicher
62	BMW AG, Erasmus Grüttefien
63–69	E. Grüttefien
70–73	Erwin Tragatsch
74	Horst Baumann
75	Agence France-Presse
76–77	Horst Baumann
78–81	Transports M. P.
82–83	Karsten de Riese
84	Erasmus Grüttefien (links), BMW AG
85	Erasmus Grüttefien (unten), BMW AG
86–87	(Detailfotos), BMW AG, Erasmus Grüttefien
88–89	Zeitschrift »Motorrad«, BMW AG (oben)
92–98	Helmut Claus
99–104	E. Grüttefien, BMW AG
105–109	Erasmus Grüttefien
111	Stark-Otto
112–113	BMW AG
114–119	Stark-Otto, Pavel Sticha, Erasmus Grüttefien, BMW AG
120	Ed Dull
121	Gerold Lingnau
122–126	Ed. Dull
128–129	Erich Reismüller
130	BMW AG
131	Büro Aicher (Zeichnungen), BMW AG
132	Pavel Sticha
133	Karsten de Riese
134–135	Erasmus Grüttefien
136	Sibille Frings
137–139	Erasmus Grüttefien
140	Karsten de Riese
141	Erich Reismüller, Karsten de Riese
142–143	Karsten de Riese
149–153	Büro Aicher

Die BMW Edition im ECON Verlag bildet ein exklusives Programm von Büchern rund um die Welt des Automobils und des Motorrads. Sie sind geschrieben von Kennern ihres Themas, in der Regel von bekannten Journalisten und Schriftstellern ihres Fachs; illustriert von den besten deutschen Fotografen und mit zum Teil niemals zuvor gezeigtem Archivmaterial; gestaltet von dem Designer Otl Aicher, dem auch die Olympischen Spiele München 1972, die Lufthansa und das ZDF ihr Design verdanken.

Die BMW Edition vereinigt zum erstenmal Markenportraits des Automobil- und Motorradherstellers BMW mit einer fesselnden Industriegeschichte und mit einem Buch über den Motorsport, wie man es von diesem Unternehmen erwarten darf: sorgfältig entwickelt, modern und klar gestaltet, gut verarbeitet und nicht nur für den Tag geschaffen. Alle Bände nutzen erstmals auch das gesamte dokumentarische Material für ihr Thema. Alle Bände sind als gemeinsame Bücher von BMW und ECON werksüberprüft – ein Gütesiegel, das nur diese Edition hat. Alle Bände sind reich illustriert und hervorragend gestaltet. Sie sind zusammen ein Ganzes: die Welt von BMW.